宏观经济学
macro-economics

◎ 颜芳芳　徐祗坤　靳迎迎　主编

中国农业科学技术出版社

图书在版编目（CIP）数据

宏观经济学 / 颜芳芳，徐祗坤，靳迎迎主编. —北京：中国农业科学技术出版社，2018.12

ISBN 978-7-5116-3943-1

Ⅰ.①宏⋯ Ⅱ.①颜⋯②徐⋯③靳⋯ Ⅲ.①宏观经济学 Ⅳ.①F015

中国版本图书馆 CIP 数据核字（2018）第 282080 号

责任编辑	闫庆健　王思文
文字加工	辛　岭
责任校对	贾海霞

出 版 者	中国农业科学技术出版社
	北京市中关村南大街 12 号　邮编：100081
电　　话	（010）82106632（编辑室）　（010）82109702（发行部）
	（010）82109709（读者服务部）
传　　真	（010）82106625
网　　址	http：//www.castp.cn
经 销 者	各地新华书店
印 刷 者	北京富泰印刷有限责任公司
开　　本	787 mm×1 092 mm　1/16
印　　张	14.5
字　　数	359 千字
版　　次	2018 年 12 月第 1 版　2018 年 12 月第 1 次印刷
定　　价	40.00 元

◆◆◆ 版权所有・翻印必究 ◆◆◆

《宏观经济学》
编写人员

主　编：颜芳芳　徐祗坤　靳迎迎

副主编：闫　文　张　明　李英薇　王　箐
　　　　周玉梅　郑　慧

参　编：王海潮　刘　浩　田励平　高雅斌
　　　　裴　钰　赵　利　赵素娟

内容提要

宏观经济学是经济和管理类专业本科生的基础课和必修课，在人才培养方案中占有非常重要的地位。教材的特色是注重学生经济学思维的培养，通过专栏和案例等形式突出知识的应用性和实践性。同时，通过知识拓展来满足不同层次学生的学习需要。本教材的特色主要体现在以下三个方面。

第一，着眼于突出理论的实用性和对学生应用能力的培养。以通俗的语言文字、简单易懂的数学模型、直观形象的几何图形，说明宏观经济学理论，让学生对宏观经济学基本理论能够形成简明、清晰和准确的了解。不但能帮助学生树立起正确的现代宏观经济思想和观点，而且也能为其学习应用经济学和相关理论打下较坚实的基础。

第二，对比较复杂和难以清楚阐述的细节性经济事实和政策进行条理、明确和细而不繁的陈述，并运用系统、综合和整体思想把相关内容整合起来，让学生们更好地学习和掌握。

第三，突出体现了方便学习和自主学习的作用。通过设置专栏或案例内容，帮助学生对课程内容的理解，做到了学以致用，把学习和应用相结合。在每章结尾给出了启发式思考题，有利于调动学生自主学习的积极性，把教、学、用融为一体。

本书的编写和分工：第一章、第二章由李英薇撰写；第三章及各章术语中英文对照由闫文撰写；第四章和附录由张明撰写；第五章、第七章由颜芳芳撰写；第六章由靳迎迎撰写；第八章、第九章由王箐和张明撰写，徐祗坤参与了所有章节的修订。此外，周玉梅、郑慧、王海潮、刘浩、田励平、高雅斌、裴钰、赵利、赵素娟也承担了部分内容的撰写以及文献查询、排版、校稿等大量工作。全书由徐祗坤、颜芳芳进行统稿。

目　　录

第一章　导　论 ··· (1)
　　第一节　宏观经济学研究对象 ··· (1)
　　第二节　宏观经济学研究方法 ··· (4)
　　第三节　宏观经济学基本内容和理论体系 ······································ (6)
第二章　国民收入核算 ·· (10)
　　第一节　宏观经济总量基本含义 ·· (10)
　　第二节　总产出、总收入和总支出 ·· (17)
　　第三节　国民收入核算方法 ·· (18)
　　第四节　国民收入核算的恒等关系 ·· (23)
第三章　简单国民收入决定 ·· (29)
　　第一节　均衡产出 ·· (29)
　　第二节　消费与储蓄 ·· (31)
　　第三节　两部门经济中均衡国民收入的决定 ···································· (36)
　　第四节　三部门经济中均衡国民收入的决定 ···································· (40)
　　第五节　四部门经济中均衡国民收入的决定 ···································· (46)
第四章　国民收入决定：IS-LM 模型 ·· (50)
　　第一节　投　资 ·· (50)
　　第二节　产品市场的均衡——IS 曲线 ·· (55)
　　第三节　利　率 ·· (61)
　　第四节　货币市场均衡——LM 曲线 ··· (68)
　　第五节　IS-LM 模型 ··· (72)
第五章　国民收入决定：AD-AS 模型 ·· (79)
　　第一节　总需求曲线 ·· (79)
　　第二节　总供给曲线 ·· (84)
　　第三节　AD-AS 模型 ··· (91)
第六章　宏观经济政策 ·· (97)
　　第一节　宏观经济政策概述 ·· (97)
　　第二节　财政政策 ·· (100)
　　第三节　货币政策 ·· (112)
　　第四节　财政政策和货币政策的混合使用 ······································ (124)
第七章　失业与通货膨胀理论 ·· (129)
　　第一节　失　业 ·· (129)

第二节　通货膨胀 …………………………………………………（139）
　　第三节　菲利普斯曲线 ……………………………………………（151）
第八章　经济增长与经济周期理论 ……………………………………（157）
　　第一节　经济增长理论 ……………………………………………（157）
　　第二节　经济周期理论 ……………………………………………（171）
第九章　开放经济下的经济模型 ………………………………………（180）
　　第一节　国际收支与汇率 …………………………………………（180）
　　第二节　开放条件下宏观经济政策：IS-LM-BP 模型 …………（191）
　　第三节　固定汇率制度下的宏观经济政策 ………………………（193）
　　第四节　浮动汇率下的宏观经济政策 ……………………………（196）
附录：宏观经济学流派 …………………………………………………（202）
　　第一节　古典学派 …………………………………………………（202）
　　第二节　凯恩斯学派 ………………………………………………（204）
　　第三节　货币主义学派 ……………………………………………（207）
　　第四节　新古典经济学派 …………………………………………（211）
　　第五节　新凯恩斯学派 ……………………………………………（217）
参考文献 …………………………………………………………………（224）

第一章 导 论

学习目标 通过本章的学习,掌握宏观经济学的基本概念、研究对象和研究方法,了解宏观经济学的形成和发展,以及本课程的理论结构。

知识点 宏观经济学的概念;宏观经济学的研究对象;宏观经济学的研究方法;宏观经济学的理论体系。

注意点 宏观经济学与微观经济学的联系与区别。

与研究单个市场、单个经济主体以及价格的微观经济学相对,宏观经济学是对整个国民经济进行研究。它能帮助我们找到某些重大问题的答案,这些问题是关于一个国家甚至是整个世界的经济:什么因素决定了经济的增长?为什么2018年6月美国的失业率是3.8%,而日本同期失业率为2.2%?通货膨胀是怎么发生的?政府在刺激增长、限制通货膨胀和降低高失业率的各项活动中遵循了哪些经济原理?一个国家的经济变动为什么会影响其他国家的经济?全球经济体系对国民经济的运行有何影响等。在全球经济艰难复苏的当下,这些或许正是我们想要迫切了解的。

第一节 宏观经济学研究对象

一、什么是宏观经济学

20世纪,经济学的一个最重大的突破是宏观经济学的产生与发展。实际上,经济学诞生之初是没有宏观、微观之分的。直到20世纪30年代,随着凯恩斯的《就业、利息和货币通论》一书出版,宏观经济学才在凯恩斯的收入和就业理论的基础上,逐渐发展成为当代经济学中的一个独立的理论体系。当时经济统计学家开始大量收集经济中企业和家庭产量、收入、储蓄、消费和投资等相关个体数据,在此基础上进行总体统计以此来描述总体经济行为。宏观经济学是在对企业和家庭的个体决定进行研究的微观经济学基础之上,数以百万、千万计的个体决定形成的经济整体趋势。

(一)宏观经济学的含义

宏观经济学又称大经济学,是微观经济学的对称。宏观经济学是现代经济学的一个分支。它是以整个国民经济的经济行为为研究对象,研究国民经济运行中各有关经济总量的决定及其变动,以解决失业、通货膨胀、经济波动、国际收支失衡等问题,实现长期稳定的发展。宏观经济学是将整个经济运行作为一个整体来进行研究的,着重考察和说明国民收入、就业水平、价格水平等经济总量的决定过程、波动原理，故又被称为总量分析或总量经济学。

虽然一个国家的经济生活依赖于企业、工人、消费者以及政府官员等数以千万计的个体行为，但是宏观经济学关注的焦点只在于这些个体行为汇集而产生的总体结果。

（二）宏观经济学的基本框架

宏观经济学包括宏观经济理论、宏观经济政策和宏观经济计量模型。

1. 宏观经济理论包括：国民收入决定理论、投资理论、货币理论、失业与通货膨胀理论、经济周期理论、经济增长理论、开发经济理论等。

2. 宏观经济政策包括：经济政策目标、经济政策工具、经济政策机制（即经济政策工具如何达到既定的目标）、经济政策效应与运用。

3. 宏观经济计量模型包括：根据各派理论所建立的不同模型。这些模型可用于理论验证、经济预测、政策制定，以及政策效应检验。

以上三个部分共同构成了现代宏观经济学。现代宏观经济学是为国家干预经济的政策服务的。战后凯恩斯主义宏观经济政策在西方各国得到广泛的运用，在相当大程度上促进了经济的发展，但是，国家对经济的干预也引起了各种问题。

（三）宏观经济学与微观经济学的区别

微观经济学研究的是一棵棵的树木，宏观经济学研究的是树木组成的森林生态系统，不学习宏观经济学就会只见树木不见森林。二者是紧密相连的。首先，微观经济学与宏观经济学是互相补充的。微观经济学是在假定社会资源已经充分利用的前提下研究如何达到最优配置问题；而宏观经济学是在假定社会资源已经合理配置的前提下研究如何达到充分利用问题。其次，微观经济学与宏观经济学都是实证分析。第三，微观经济学是宏观经济学的基础。

但是宏观经济学与微观经济学也存在较大的区别，主要表现在以下几个方面。

1. 研究对象不同。微观经济学的研究对象是单个经济单位，如家庭、厂商等。正如美国经济学家 J·亨德逊（J·Henderson）所说，居民户和厂商这种单个单位的最优化行为奠定了微观经济学的基础。而宏观经济学的研究对象则是整个经济，研究整个经济的运行方式与规律，从总量上分析经济问题。正如萨缪尔森所说，宏观经济学是根据产量、收入、价格水平和失业来分析整个经济行为。美国经济学家 E·夏皮罗（E·Shapiro）则强调了宏观经济学考察国民经济作为一个整体的功能。

2. 解决的问题不同。微观经济学要解决的是资源配置问题，即生产什么、如何生产和为谁生产的问题，以实现个体效益的最大化。宏观经济学则把资源配置作为既定的前提，研究社会范围内的资源利用问题，以实现社会福利的最大化。

3. 研究方法不同。微观经济学的研究方法是个量分析，即研究经济变量的单项数值如何决定。而宏观经济学的研究方法则是总量分析，即对能够反映整个经济运行情况的经济变量的决定、变动及其相互关系进行分析。这些总量包括两类，一类是个量的总和，另一类是平均量。

4. 基本假设不同。微观经济学的基本假设是完全理性、完全信息、市场出清，认为"看不见的手"能自由调节实现资源配置的最优化。宏观经济学则假定市场机制是不完善的，政府有能力调节经济，通过"看得见的手"纠正市场机制的缺陷。

5. 研究对象不同决定了研究内容不同。微观经济学的中心理论是价格理论，还包括消费者行为理论、生产理论、分配理论、一般均衡理论、市场理论、产权理论、福利经济学、管理理论等。宏观经济学的中心理论则是国民收入决定理论，还包括失业与通货膨胀理论、经济周期与经济增长理论、开放经济理论等。

二、宏观经济学研究的主要问题

宏观经济学主要研究整体经济及其运行规律，以产出、失业、通货膨胀这些大范围内的经济现象为研究对象，其目的是对产出、失业以及价格的变动做出经济解释。一国的资源是否被充分地利用？社会能否实现充分就业？是否存在一些闲置未用的被浪费的资源？社会生产能力是否在增长？一国的货币购买力是否稳定？国际贸易中外汇是否平衡？其具体的内容主要包括经济增长、经济周期波动、失业、通货膨胀、国家财政、国际贸易等方面，涉及国民收入及全社会消费、储蓄、投资及国民收入的比率，货币流通量和流通速度，物价水平，利息率，人口数量及增长率，就业人数和失业率，国家预算和赤字，进出口贸易和国际收入差额等方面。归纳起来，宏观经济学的核心问题就是国民收入，并由此引出经济增长、经济周期波动、失业和通货膨胀等主要问题。

（一）国民收入

国民收入是指一国消费者在一定时期所获得的收入，它在数值上也等于该国在这一时期的产出。国民收入反映了一国经济的总体规模，它既直接体现了该国消费者当前的物质生活水平，同时也构成了未来经济增长的基础。国民收入是如何构成的？它的大小受到哪些因素的影响？它反过来又会影响哪些宏观经济变量？这是宏观经济学最为关注的问题，凯恩斯的宏观经济理论中最主要的内容就是围绕一国国民收入的决定因素所展开的研究。因此，凯恩斯的宏观经济理论也被称为国民收入决定理论。

（二）经济增长

宏观经济学重视一国的长期繁荣。在10年甚至更长的时期里，一国经济的增长是决定其国民实际的工资生活水平增长率的关键因素。人们都想知道成功地保持经济增长的秘方中究竟包括哪些对策，为什么当一个国家出现高投资率和高储蓄率时总能极大的推动经济的增长，预算赤字和产业政策对提高生活水准有何作用，还有投资在研究与开发和人力资本方面的重要地位等。

（三）经济波动

衡量一国经济中生产的最重要的一个指标是国内生产总值（GDP），比较近30年来美国GDP的数值，我们发现国内生产总值的增长可以在长期里为正值，但年度与年度之间并不是平滑的。实际上，在某些时候GDP从上一年至下一年实际上是下降的。下降的时期通常持续一年至两年，然后，国内生产总值又开始上升。这种短期波动称为经济波动。

理解经济波动是宏观经济学的一个主要目标，为什么会出现经济波动？在一个特定的经济波动周期里，生产下降的严重程度是由什么决定的？导致生产暂时性下降的经济力量是什么？又是什么使得经济恢复增长？经济波动是由无法预料的某些因素和事件造成的，还是由可预测的某些力量所引致？政府政策能否消除经济的短期波动？

（四）失业

失业率是宏观经济学考察的一个关键变量，它度量的是当前没有工作而正在积极寻找工作的人数占全部劳动力的比例。经济波动引起的失业加剧，失业率增加，是各国政府在制定宏观经济政策时所着重考量的。宏观经济学探索失业的根源，并根据分析结果给出各种对策，比如：采取刺激需求的政策或改革劳动市场制度，减少对不工作的激励或提高工资的灵活性等。

（五）通货膨胀

通货膨胀的原因是什么？如何控制它？经济学家已经认识到市场经济中高通货膨胀的负面影响。市场经济将价格作为衡量经济价值的尺度和引导商业行为的手段。而在市场价格迅速上升的时期，这个尺度势必失去意义，传统经济学原理中的某些行为将失灵，从而引起决策失误。因此，在宏观经济政策中，保持稳定的价格成为日益强调的目标。

第二节　宏观经济学研究方法

一、总量分析方法

宏观经济学研究的对象是经济的总体行为，因此，它的基本研究方法是考察经济的总体趋势，采用总量分析法，即对能够反映整个经济运行情况的经济变量的决定、变动及其相互关系进行分析。这些总量包括两类，一类是个量的总和，另一类是平均量。因此，宏观经济学又称为"总量经济学"。

对于这个"总量"，只是我们在表述某些经济现象时的一个比较抽象的概念。例如，提到一个国家的总产出时，由于它可以生产的产品种类众多，如小麦、啤酒、汽车等计量单位无法直接加总，但这些商品都可以体现为市场上的某一个等价交换物，比如我们最常用的货币。因此，通过货币，我们就可以把物质形态不同的产品的各种产量统一折合为市场价值，从而加总。

在采用总量分析方法的时候，我们需要注意的是：尽管微观是宏观的基础，但总体经济行为并不完全能够通过对个体的简单加总从而得到，有些时候微观个体的行为根本就不能直接加总。

二、静态分析、比较静态分析、动态分析方法

静态分析就是分析经济现象的均衡状态以及有关的经济变量达到均衡状态所需要具备的条件，它完全抽掉了时间因素和具体变动的过程，是一种静止地、孤立地考察某些经济现象的方法。

比较静态分析就是分析在外生变量发生变化以后，经济现象均衡状态的相应变化，以及有关经济总量在达到新的均衡状态时的相应变化，即对经济现象有关经济变量一次变动（而不是连续变动）的前后进行比较。也就是比较一个经济变动过程的起点和终点，而不涉及转变期间和具体变动过程本身的情况，实际上只是对两种既定的自变量和它们各自相

应的因变量的均衡值加以比较。

动态分析则对经济变动的实际过程进行分析，其中包括分析有关总量在一定时间过程中的变动，这些经济总量在变动过程中的相互影响和彼此制约的关系，以及它们在每一时点上变动的速率等。这种分析考察时间因素的影响，并把经济现象的变化当作一个连续的过程来看待。

在宏观经济学中，较多采用的是比较静态分析和动态分析方法。凯恩斯在《就业、利息和货币通论》一书中采用的主要是比较静态分析方法。而其后继者们在发展凯恩斯经济理论方面的贡献，主要是长期化和动态化方面的研究，如经济增长理论和经济周期理论。

三、存量分析与流量分析方法

流量和存量是经济分析中的两个重要概念。流量是指带有时间跨度或在一个时段上所累积变动的量。存量则指在某一时点上存在的某种经济变量的数值。例如：2017年，全国共有各级各类学校51.38万所，比上年增加2 015所。这里的51.38万所是存量，是通过各年份的学校建设最终达成的学校数量；2 015所是2017年里这个时间段所增加的学校数量，是流量。又例如：2017年华为在中国累计专利授权数量64 091件，而2017年华为的中国专利授权数量3 293件。64 091件是一个存量，是历年来华为公司不断研发申请所获得专利授权总和，而3 293件是2017年这个时间段里增加的，是一个流量的概念。流量来自存量，流量又归于存量之中，即存量只能经由流量而发生变化，如新增加的国民财富是靠新创造的国民收入来计算的。

对经济活动进行全面反映的国民经济核算就是从存量和流量两个方面来进行，并将二者紧密结合起来，但实际分析中更侧重于使用流量分析，因为宏观经济学最初的研究重点是经济萧条问题。凯恩斯认为，经济萧条是一种短期现象，其原因是有效需求不足，即这一段时期消费需求和投资需求不足。消费需求和投资需求都是流量的概念，对它们的研究属于流量分析。侧重于流量分析的做法实际上反映了一种认识，即认为经济萧条与该经济体系长期积累的资本存量和劳动力存量并不具有重要的联系，问题只是短期内总需求不足。这种认识当然不一定正确，但却可以使分析变得相对简单。因此，从认识论上说，这种分析上的侧重是可取的，当然，更进一步的研究还必须考虑存量因素，宏观经济学对经济波动和经济增长的研究就非常注重对存量的分析。

四、实证分析与规范分析方法

实证分析方法是西方经济学研究方法的核心。实证分析又称实证方法，就是从某个可以证实的假说前提出发，构建理论模型，通过可获得数据样本的计量和检验，判断理论模型的真伪，并进一步分析经济行为的动机和预测经济后果的一种分析方法。采用实证方法时，人们一般只考虑经济事物之间关系的规律，并在这些规律的作用下，分析和预测经济行为的效果。

实证分析是一种根据事实加以验证的陈述，而这种实证性的陈述则可以简化为某种能根据经验数据加以证明的形式。实证分析力求回答经济活动"是什么"的问题，在分析时应撇除价值取向和意识形态的影响。在运用实证分析法研究经济问题时，就是要提出用于解释经济现象的理论，并以此为根据做出预测。这也就是形成经济理论的过程。

规范分析与实证分析剥离价值判断不同，规范分析掺揉着一定的价值判断，提出分析和处理问题的标准，研究经济活动如何达到或者符合这些标准，并以此作为经济决策的前提和制定经济政策的依据。规范分析力求回答经济活动"应该是什么"的问题。这里的价值判断是指经济事物的社会价值，即某一经济事物是好还是坏，该做还是不该做，如何去做的问题。

当我们在学习经济学时，要记住实证分析与规范分析的区别。当然，实证表述与规范表述也是相关的，关于经济如何运行的实证观点影响关于什么政策合意的规范观点。许多经济学内容仅仅是努力解释世界的运行；但经济学的目标往往是改善世界的运行。当你听到经济学家做出规范表述时，你就知道，他们已经跨过界线从科学家变成了决策者。

第三节　宏观经济学基本内容和理论体系

一、宏观经济学的基本内容

宏观经济学的研究对象是社会的整体经济行为及其后果，其核心理论是国民收入，宏观经济学的最终目标是寻找保持国民收入稳定增长的对策。因此，宏观经济学研究的主要内容就是国民收入的决定。要想弄明白国民收入这个核心问题，就需要了解国民收入从何而来？受什么因素影响？该怎么做能增加国民收入？因此，就引出了以下几个问题：一是国民收入如何核算（国民收入核算理论），二是国民收入如何决定（国民收入决定理论），三是如何实现国民收入的稳定增长（国民收入增长理论）。围绕这几个问题，形成宏观经济学的基本框架，如图1-1。

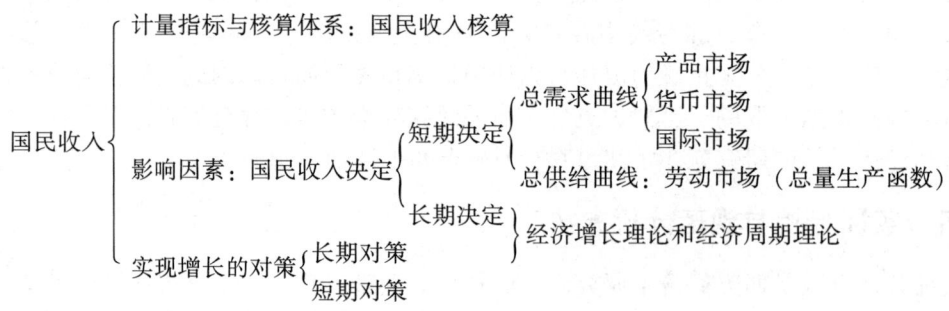

图1-1　宏观经济学框架图

二、宏观经济学理论体系的发展

（一）萨伊定律与古典宏观经济模型

萨伊是18世纪末和19世纪初的法国著名经济学家。他认为，商品的买卖实际上只是商品和商品的交换，在交换中，货币只是在一瞬间起了媒介作用。卖者得到了货币，马上又会购买商品，所以卖者同时就是买者，即供给者就是需求者。一种产品的生产给其他产品开辟了销路，供给会创造自己的需求，不论产量如何增加，产品都不会过剩，至多只是暂时的积压，市场上商品的总供给和总需求一定是相等的，这就是著名的萨伊定律。

古典宏观经济模型是对萨伊定律的全面论证。其基本观点是，由于价格机制是健全的，资本主义市场经济经常处于充分就业的状态。该模型主要内容包括，总产出等于总供给；总供给主要取决于劳动力市场的供求状况；工资的灵活变动使劳动力市场实现充分就业均衡，从而使总产出量达到最大；利息率的灵活变动使投资与储蓄趋于一致；货币数量决定总需求，并在总供给不变的情况下，直接影响价格水平。

(二) 凯恩斯宏观经济学的形成和发展

凯恩斯革命是指凯恩斯的经济理论对宏观经济学的古典学派进行了带有革命性质的批判，建立了现代宏观经济学，其标志是1936年《就业、利息和货币通论》一书的出版。凯恩斯革命主要表现在三个方面，经济学研究的重点从稀缺资源最优配置转移到怎样克服资源闲置问题上来；资本主义市场经济经常运行在小于充分就业的状态中；政府应采取积极干预经济政策，促使充分就业的实现。凯恩斯理论的核心内容是有效需求理论。

从20世纪40年代、50年代以来，凯恩斯的理论得到后人的进一步拓展，使之不断完善和系统化，从而构成了凯恩斯宏观经济学的完整体系。这些拓展主要体现在希克斯和汉森同时创建的"IS-LM模型"、莫迪利安尼提出的"生命周期假说"、弗里德曼提出的"永久收入说"、托宾对投资理论的发展、索罗等人对经济增长理论的发展以及克莱因等人对宏观经济计量模型的发展。在众多经济学家的努力下，日趋完善的凯恩斯宏观经济理论与微观经济学一起构成了经济学的基本理论体系，这一理论体系也被称为"新古典综合派"。

(三) 新古典学派与新凯恩斯学派的争论

从20世纪70年代开始，西方发达国家出现的"滞胀"现象，严重地动摇了凯恩斯主义的统治地位。凯恩斯的宏观经济理论既不能在理论上对这种现象进行令人信服的解释，又不能在实践上提出有效的政策措施，其内在合理性和可解释性遇到了根本性的挑战，古典学派和凯恩斯理论的"综合"因而受到了许多经济学家的怀疑，其中以货币主义和理性预期学派的影响最大。以卢卡斯为代表的理性预期学派认为，在理性预期下，市场能够自动出清，政府对经济的干预是没有必要的，这又回到了古典学派的主张，因此理性预期学派也被称为"新古典学派"。由于以弗里德曼为代表的货币主义的理论主张和新古典学派基本一致，货币主义往往也被看成是新古典学派的一个组成部分。另一方面，凯恩斯理论也在不断发展，在吸取了理性预期的某些研究成果后，出现了"新凯恩斯学派"。目前，宏观经济学的争论主要在新古典学派和新凯恩斯学派之间展开，其争论的主要内容集中在市场机制的有效性和政府干预经济的必要性两个方面，而且这种争论还将继续进行下去。宏观经济理论的学派之争是宏观经济学的又一大特色，这也是与微观经济学不同的地方。

关于宏观经济学流派，可以在本书的附录中具体了解。

【专栏1-1】九阴和九阳：意见相反的两位经济学家都可获得诺贝尔奖

宏观经济学中的各个流派，就有如武侠小说中的各个门派，相互之间内功、招式各有不同，甚至可能会像九阴真经和九阳神功一样套路截然相反。宏观经济学许多新古典综合派的代表人物获得了诺贝尔经济学奖，如萨缪尔森、莫迪里安尼、托宾、索洛等，但宏观经济学也并不是新古典综合派一统天下。强调凯恩斯主义的国家干预想法的新古典综合派获得过多次诺贝尔经济学奖，强调自由放任的货币主义者和理性预期学派的佛里德曼和卢卡斯也分别获得了诺贝尔经济学奖。还有研究国民收入体系的库兹涅茨和斯通也分别于1971年和1984年获奖。为什么这些经济学家研究观点完全相反，但都可以获得诺贝尔奖呢？

在日常生活中，我们都知道"地球是圆的，不能说成地球是方的"，这是物理学等很多自然学科的特点，黑的就是黑的，白的就是白的。如果白的是对的，那么黑的就是错的。而在经济学，特别是宏观经济学则不完全是这样，"持不同观点"的两位宏观经济学家，可能都会获得诺贝尔经济学奖。而这两位虽然同为诺贝尔经济学奖得主，但关于某个宏观经济现象的观点可能完全相反。比如，关于2009年次贷危机引起的经济危机将持续多久的问题，2009年诺贝尔经济学奖得主克鲁格曼认为将持续很长时间，而在2008年底的时候，1996年诺贝尔经济学奖得主莫里斯则认为经济危机估计两年就会过去。2011年保罗克鲁格曼在其《中国会崩溃吗》中宣称："现在，这个泡沫（中国经济）显然正在破灭"，中国经济"正在变成世界经济的又一危险区域"和"危机的新震源"。而与此同时，多位经济学奖获得者又表示中国经济会"软着陆"。

宏观经济学就是这样一门门派林立、观点多样、争论不断的发展中的经济科学。

资料来源：部分内容引自武拉平主编的《宏观经济学案例集》案例3：有趣的宏观经济学，由中国人民大学出版社2013年出版。

本章术语中英文对照

Economics 经济学

Microeconomics 微观经济学

Macroeconomics 宏观经济学

National Income（NI）国民收入

Economic Growth 经济增长

Unemployment 失业

Inflation 通货膨胀

Aggregate Analysis 总量分析

Static Analysis 静态分析

Comparative Static Analysis 比较静态分析

Dynamic Analysis 动态分析

Flow 流量

Stock 存量

Empirical Analysis 实证分析

Normative Analysis 规范分析

思考题

1. 理解宏观和微观的联系：每个个体的理性决策一定会形成集体的理性选择吗？在幼儿园的六一节目表演中，邀请了每个孩子家长一排排坐在小板凳上观看，想想可能出现什么情况？第三排的一位家长想拍个最好的照片，他把手中的相机举得很高，对他来说这是最好的选择么？第四排他后面的家长视线被挡住了，对他来说最好的选择是什么？当每个家长都要选择最理性的选择，最终结果会如何？形成的集体选择是理性的吗？需要幼儿园老师维持秩序吗？

2. 2018年，中美贸易战爆发。美方提出将对2 000亿美元输美产品加征关税，并提高加征税率，为捍卫中方自身合法权益，中国政府依据《中华人民共和国对外贸易法》等法律法规和国际法基本原则，对原产于美国的5 207个税目约600亿美元商品，加征5%~25%不等的关税。诸多行业受到影响。例如大豆，从美国进口的大豆占比已经不到三分之一，而且美国大豆在我国只能用来榨油，表现在豆油价格上可能会上升。我国现在进口1吨大豆加上关税的价格为3 750美元，比原来多了750美元，平摊到每千克豆油价格可能高几元钱，对老百姓生活的影响不大。之前进口猪肉价格为每千克10元至11元，加征关税以后为每千克17元多。如果美国对我国500亿美元商品开征25%的关税，预计影响我国GDP约0.10%到0.12%；如果在这个基础上对2 000亿美元商品加征10%的关税，预计影响我国GDP约0.20%到0.25%。贸易战对中国带来的影响是存在的。从资料中可以如何理解微观经济与宏观经济的关系？

第二章 国民收入核算

学习目标 通过本章的学习,要求掌握各宏观经济总量的含义与相互关系,熟悉国民收入核算方法。

知识点 各宏观经济总量的概念;核算国民收入的基本方法;总产出、总收入、总支出的含义与相互关系;国民收入的衡量方法;国民收入核算中的恒等关系。

注意点 国民收入核算的恒等关系。

宏观经济学把总体经济活动作为研究对象,研究经济中的总量问题。在各式各样的总量中,尤以国内生产总值、国民生产总值等总量最为基础和重要。因此,阐明国内生产总值及国民生产总值、国民收入等有关总量的规定及核算方法是学习宏观经济学的第一步。

国民收入核算是适应宏观经济管理需要,在国民收入统计的基础上演化而来。国民收入核算不仅对国民收入统计具有重要意义,而且为宏观经济学的产生奠定了重要基础。正如著名经济学家 J. 托宾所说:"如果没有国民收入核算和近四十年来其他方面统计的革新与改进,当前的经验宏观经济学便是不可想象的"。

20 世纪 30 年代末,以凯恩斯的收入决定理论模型为指导,把收入和支出联系起来,采用会计的账户形式建立了一套具有充分逻辑结构的国民会计账户,国民收入核算体系产生并发展。学习宏观经济学的前提是掌握国民收入核算体系,这种核算体系也是世界上绝大多数国家所使用的,本章主要讲述国民收入核算体系。

第一节 宏观经济总量基本含义

经济学中所讲的国民收入是分析评价社会经济活动成就的一个广泛的概念,包括国内生产总值、国民生产总值、国民生产净值、国民收入、个人收入和个人可支配收入等总量指标。本节将对以上几个主要的总量指标的基本含义作具体介绍。

一、国内生产总值

(一)国内生产总值(GDP)

国内生产总值是指在一定时期内(通常为一年),一个国家(或地区)运用生产要素所生产出的全部最终产品(物品和服务)的市场价值,常被公认为衡量国家经济状况的最佳指标。它不但可反映一个国家的经济表现,更可以反映一国的国力与财富。

在理解国内生产总值的概念时,要注意以下几点。

第一，国内生产总值指一国在本国领土内所生产的产品与服务的市场价值，这些产品与服务既包括本国企业在本国内所生产的，也包括外国企业或合资企业在本国生产的产品与服务。即凡是本国领土上生产所获得的收入都算作本国的 GDP，而不管这种收入是本国居民生产的还是外国居民生产的。

第二，国内生产总值是指在一定时期（通常为一年）内生产出来的产品的总值，因此，在计算时不应包括以前所生产的产品的价值。国内生产总值是一个流量，而不是一个存量，核算时必须规定一个时间单位。一般来说是以年为时间单位。例如，以前所生产而在该年所售出的存货，或以前所建成而在该年转手出售的房屋，其产生的价值都不应计入当年国内生产总值。

第三，国内生产总值是指最终产品的总值，因此，在计算时不应包括中间产品产值，最终产品是指一定时期内生产的并由最后使用者购买的产品和服务，中间产品则是指用于再出售而供生产别种产品用的产品。具体计算国内生产总值时，常采用增值法，即只计算在生产各环节上所增加的价值，此方法的优点是，无论把哪种产品作为最终产品，都可避免国内生产总值的重复计算。按照增值法所计算出来的衣服价值见表2-1。

表2-1　按照增值法所计算衣服的价值

生产阶段	产品价值	中间产品成本	增值
棉花	10元	—	10元
棉纱	15元	10元	5元
棉布	20元	15元	5元
上衣	30元	20元	10元
合计	75元	45元	30元

按照增值法的原则，上衣是最终产品，其产值为30元，而不是45元，更不是75元了，因此，如果对最终产品和中间产品不加以区分的话，则会出现重复计算的错误。

第四，这里所讲的产品及服务是指生产并且进入市场的。以三次产业分类法为准，所有从事三次产业的活动都是生产性活动，他们的收入都是生产性收入。募捐、政治宣传、宗教信仰等活动都不是生产性活动，这些活动得到的收入都不是国民收入。国民收入仅仅计算通过市场交换得到的收入，家庭主妇的家务劳动、自给自足的生产则不计算在国民收入之中。

第五，国内生产总值是一定时期内（通常指1年）所生产而不是最终销售的最终产品的价值。若企业生产100万元产品，只售卖了80万元，所剩下20万元可看作企业资产买下来的存货投资，同样计入GDP。相反，虽然生产100万元产品，然而卖掉了120万元，则计入GDP的仍是100万元，只是库存减少了20万元而已。

第六，国内生产总值中的最终产品不仅包括有形的产品，而且包括无形的产品—服务，即要把旅游、服务、卫生、教育等行业提供的服务，按其所获得的报酬计入国内生产总值中，一些国家的无形产品——服务在国内生产总值中所占的比重越来越大。

第七，国内生产总值指的是最终产品市场价值的总和，这就是说要按这些产品的现期价格来计算。因为价格是变动的，所以国内生产总值不仅要受最终产品数量变动的影响，而且还要受价格水平变动的影响。

(二) 国内生产总值与国民生产总值 (GNP)

与国内生产总值相近的一个重要概念是国民生产总值，国民生产总值是指某国国民在一定时期（通常指一年）内运用各种生产要素所生产的最终产品（包括产品和服务）市场价值的总和。GDP 与 GNP 是两个既有联系又有区别的指标。它们都是核算社会生产成果和反映宏观经济的总量指标。但因其计算口径不同，二者又有所区别。

第一，GDP 是指一国领土范围内所生产的最终产品的价值总和，是一个地域概念，以地理上的国境为统计标准；GNP 是指一国国民所拥有的生产要素所生产的最终产品的价值，即本国国民生产的最终产品的价值总和，是一个国民概念，以人口为统计标准。因此，本国公民通过到国外工作或在国外投资所获得的收入（从国外得到的要素收入），应计入本国 GNP，但不计入本国的 GDP。而非本国公民在本国领土范围内的投资或工作所获得的收入（支付给国外的要素收入），计入本国的 GDP，而不计入本国的 GNP。

第二，GDP 强调的是生产创造的增加值，是"生产"的概念；GNP 则强调的是获得的原始收入，是"收入"的概念。

第三，GDP 是反映一个国家或地区范围内所有常住单位生产活动成果的指标，突出的是"居民"的特征；GNP 是指某国国民所拥有的全部生产要素在一定时期内所生产的最终产品的市场价值，突出的是"公民"的特征。

因此，GNP 可以表示为 GDP 加上本国公民从国外得到的净要素收入（即从国外得到的要素收入–支付给国外的要素收入）。即

国民生产总值 = 国内生产总值 + 国外净要素收入

或者

国民生产总值 = 国内生产总值 + 本国公民在国外生产的最终产品的价值总和 –
外国公民在本国生产的最终产品的价值总和

因此，如果本国公民在国外生产的最终产品的价值总和大于外国公民在本国所生产的最终产品的价值总和，则 GNP 大于 GDP；反之，如果本国公民在国外生产的最终产品的价值总和小于外国公民在本国所生产的最终产品的价值总和，则 GNP 小于 GDP。

【拓展 2-1】GDP、GNP 和 GNI

在国民经济核算体系建立初期，劳动和资本在国家间的流动不大，所以各国主要以 GNP 作为经济核算的指标。但是，随着经济全球化的发展，资本和劳动等生产要素在国际间流动越来越大，跨国公司、海外工作的人越来越多，按"国民"原则统计国民收入，无法准确衡量一个国家或区域范围的生产总量。1993 年，联合国统计司正式决定用 GDP 取代 GNP 作为国民经济核算的新指标。

GNP 是指一个国家或地区所有常住单位在一定时期内收入初次分配的最终结果，等于所有常住单位的初次分配收入之和。由于它是一个衡量收入状况的总量指标，叫"生产"总值名不符实，因此，联合国等五大国际组织在 1993 年修订的国民账户体系（1993 年 SNA）中，将其改称为国民总收入（Gross National Income，GNI）。20 世纪 90 年代以来，越来越多的国家采用国内生产总值（GDP）代替国民生产总值（GNP）作为国民经济核算的主要指标，从历史沿革来看，越来越多的国家用 GDP 代替 GNP 作为国民经济核

算的新标准，反映了经济全球化的发展趋势。

GDP 与 GNI 的联系与区别

从概念和核算过程看，GDP 是核算 GNI 的基础，先核算 GDP，才能核算出 GNI。两者的关系可用下列公式表示：

$$GNI = GDP + 来自境外的要素收入净额 = GDP + (来自境外的要素收入 - 付给境外的要素收入)$$

需要说明的是，按照国际核算标准，如果外商投资企业获得的红利没有汇回投资国，而是继续在东道国投资，在核算中需要虚拟给投资国一笔红利（计入投资国的 GNI 中），同时虚拟一笔等额的外商投资。这样，在核算东道国的 GNI 时，就应当将这笔虚拟汇出的外商投资红利扣除。

GDP 和 GNI 的作用

国际社会对 GDP 和 GNI 这两个指标都非常重视，并根据分析目的不同而分别使用。在分析各国的经济增长时，一般更关注 GDP；在分析各国贫富差异程度时，一般更关注 GNI 或者人均 GNI。例如，联合国、世界银行、国际货币基金组织在评估各国经济总体表现时，一般都使用 GDP 或人均 GDP；《马斯特里赫特条约》（欧盟条约）中规定，公共债务率的上限是 60%，就是将 GDP 作为比较的基准。联合国则根据一个国家连续 6 年的 GNI 和人均 GNI 来决定该国的联合国常规会费，世界银行将人均 GNI 作为划分高收入、中等收入、低收入经济体的标准。

因此，GDP 和 GNI 这两个指标，都有各自的用途。在反映生产成果、衡量经济增长时更多使用 GDP，在分析收入水平和生活质量时更多使用 GNI。由于 GDP 衡量的是"做蛋糕"的问题，GNI 衡量的是"分蛋糕"的问题，把蛋糕做大是分蛋糕的基础，因而国际社会和经济学对 GDP 更为关注。

举例：据韩联社报道，韩国银行（央行）2017 年 3 月 28 日发布的初步核实数据显示，韩国 2016 年全年实际国内生产总值（GDP）同比增长 2.8%，增速与前一年持平。韩国人均实际国民总收入（GNI）同比小幅增长。

二、名义 GDP 与实际 GDP

通过前面的学习我们知道，GDP 是一个市场价值概念，其数量大小要用货币指标来反映，它是最终产品和服务数量与其价格的乘积的集合。因此，GDP 不仅要受实际产量变动的影响，还要受价格水平变动的影响。也就是说，GDP 的变动可能是由于实际产量变动引起的，也可能是由于产品和服务价格变动引起的。举例来说：假如一个社会只生产馒头。在 2016 年，整个社会生产了 100 个馒头，每个馒头 1 元。2017 年，整个社会生产了 110 个馒头，同时受到通货膨胀因素的影响，每个馒头的价格涨到了 1.2 元。在核算 GDP 的时候，2016 年 GDP 为 100 元，2017 年 GDP 则为 132 元（110×1.2）。如果直接计算，则 2017 年 GDP 比 2016 年增长了 32%。但实际上，这之中很大一部分都是因为馒头的价格上涨变动引起的，而馒头的实际产量并没有增长那么多。因此，在核算 GDP 增长率时，我们需要剔除价格变动的影响，那么 GDP 的实际增长率即为 10%。为了排除价格因素变动的影响，使 GDP 指标变化能够确切地反映国民经济实际变动情况，我们就要明确名义 GDP 和实际 GDP 这两个指标的含义及其区别。

（一）名义 GDP

我们一般接触到的 GDP 都是指名义 GDP，即在某一年度内，按当年生产的产品和提供的服务市场价格计算的 GDP 称为名义 GDP，就是说在计算 GDP 时，往往采用的是现期的价格。在上面的馒头社会中，2017 年馒头的价格是 1.2 元，那么用 2017 年当年的馒头价格计算出来 GDP（132 元）就是名义 GDP。下面我们再通过 2017 年 A 国的 GDP 计算表来说明名义 GDP 和实际 GDP 的区别。在表 2-2 中，我们计算 A 国的 GDP 为 153 亿元，就是一个名义 GDP，这是通过商品的现期价格（2017 年商品价格）计算出来的。

表 2-2　2017 年 A 国名义国内生产总值计算表

产品名称	产量（万单位）（用 Q_1 表示）	价格（元/单位）（用 P_1 表示）	国内生产总值（万元）（$P_1 \times Q_1$）
产品 A	500	900.00	450 000
产品 B	400	1 800.00	720 000
产品 C	300	1 200.00	360 000
合计			1 530 000

（二）实际 GDP

按照不变价格计算的某一年的 GDP 称为实际 GDP。所谓不变价格是指统计时确定的某一年（称为基年或基期）的价格。在上面生产馒头的例子中，计算 2017 年的 GDP 时，如果用 2016 年的馒头价格作为基期价格，那么计算出来的 2017 年 GDP 为 110 元，即 110 元就是 2017 年的实际 GDP。根据表 2-3 所示，该国 2017 年的 GDP 比 1978 年增长了 10 倍，而产量综合指标只增长了不到 2 倍。产量指标具有不可累加性，分析不同年份经济发展变化情况的综合指标主要是 GDP。为了便于把 2017 年的 GDP 和 1978 年的 GDP 直接进行对比，就要排除物价因素的影响，以 1978 的产品价格作为不变价格计算 2017 年的实际 GDP。

表 2-3　1978 年 A 国名义国内生产总值计算表

产品名称	产量（万单位）（用 Q_0 表示）	价格（元/单位）（用 P_0 表示）	国内生产总值（万元）（$P_0 \times Q_0$）
产品 A	300	150.00	45 000
产品 B	200	360.00	72 000
产品 C	180	200.00	36 000
合计			153 000

如上所述，我们知道，名义 GDP 是按当年市场价格计算的所有最终产品的价值，即

$$\text{名义 GDP} = \sum_{i=1}^{n} P_{1i} \times Q_{1i}$$

而实际 GDP 是按不变价格计算的所有最终产品的价值，即

$$\text{实际 GDP} = \sum_{i=1}^{n} P_{oi} \times Q_{1i}$$

在表 2-4 中，如果以 1978 年为基年，计算出来的 A 国 2017 年实际 GDP 仅仅是 27.9 亿元。

表 2-4 2017 年 A 国实际 GDP 计算表（按 1978 年的价格计算）

产品名称	产量（万单位）（用 Q_1 表示）	价格（元/单位）（用 P_0 表示）	国内生产总值（万元）（$P_0×Q_1$）
产品 A	500	150.00	75 000
产品 B	400	360.00	144 000
产品 C	300	200.00	60 000
合计			279 000

为了更好的比较 GDP 的实际变化，我们引入了国内生产总值平减指数。国内生产总值平减指数是衡量一国在不同时期内所生产的最终产品的价格总水平变动程度的经济指数，其主要是通过名义 GDP 与实际 GDP 之比来计算得出。其公式可表示为：

国内生产总值平减指数（%）=（名义 GDP/实际 GDP）×100

根据表 2-3、表 2-4，可以求得该地区 2017 年的名义国内生产总值与按 1978 年价格计算的实际国内生产总值的平减指数。即

$$国内生产总值平减指数(\%) = (1\ 530\ 000 \div 279\ 000) \times 100\% \approx 548.39$$

【专栏 2-1】

根据国家统计局 2018 年 1 月最终核实：2016 年，GDP 现价总量为 743 585 亿元；按不变价格计算，比上年增长 6.7%。

2016 年的实际 GDP 数据并没有在统计年鉴中出现，但我们可以自己进行估算。现阶段，实际 GDP 的估算都是以 2010 年作为基期，即 2010 的价格为基础，假设之后年份价格不会再发生改变。根据统计年鉴的数据，2010—2015 年 GDP（亿元）分别为 413 030、452 429、487 976、525 835、564 194、603 212。2016 年实际 GDP（亿元）则为 603 212×(1+6.7%)= 643 627。我们可以发现，这与名义 GDP 743 585 亿元相差甚多，而这些差距就是 2010 年到 2016 年的价格变动因素导致的。

官方经常披露的是名义 GDP 与实际 GDP 增长率，也即第 13 页馒头例子中的 132 元与 10%。显然剔除了价格因素的 GDP 增长率更能反映经济产出的增多，因此 GDP 增长率相比较而言是一个更重要的指标。所以，我们在新闻中总是更多的听到专家预测经济增长率，或是提出增长率保 8、保 7 之类的报道，而较少的涉及 GDP 具体是多少，就不奇怪了。因为对于一个国家来说，增长永远是放在首位的。

三、其他宏观经济总量

（一）国内生产净值（NDP）

国内生产净值是指一个国家一年中的国内生产总值减去生产过程中消耗掉的资本（折旧费）所得出的净增长量。从逻辑上讲，NDP 的概念比 GDP 更容易反映国民收入和社会财富变动的情况，但由于 GDP 同 NDP 相比，容易确定统计标准，而且 NDP 中折旧费的计算方法不一，政府的折旧政策也会变动，因此各国还是常用 GDP 而不是 NDP 来作

为统计指标。

(二) 国民收入 (NI)

国民收入（英文缩写为 NI）是指一个国家在一年内各种生产要素所得到的实际报酬的总和，即工资、利息、租金和利润的总和。从国民生产净值中扣除企业间接税和企业转移支付，再加上政府补助金就得到狭义的国民收入（即以上定义的国民收入）。企业间接税和企业转移支付是列入产品价格的，但并不代表生产要素创造的价值或者收入，因此计算狭义国民收入时必须扣除。相反，政府给企业的补助金不列入产品的价格，但成为生产要素收入，因此应当加上。广义的国民收入泛指包括国民生产总值、国民生产净值、国民收入、个人收入和个人可支配收入这五个总量。广义的国民收入也可以仅指国民生产总值。国民收入决定理论中所讲的国民收入就是指国民生产总值。

(三) 个人收入 (PI)

个人收入是指个人实际得到的收入。国民收入不是个人收入，因为一方面国民收入中有三个主要项目不会成为个人收入，这就是公司未分配利润、公司所得税和社会保险税；另一方面政府转移支付（包括公债利息）虽然不属于国民收入（生产要素报酬），却会成为个人收入。因此从国民收入中减去公司未分配利润、公司所得税和社会保险税，加上政府转移支付，就得到了个人收入。

(四) 个人可支配收入 (PDI)

个人可支配收入是指缴纳了个人所得税以后留下的可为个人所支配的收入。以上所谓的个人收入并不能全归个人支配，因为个人要缴纳个人所得税，税后的个人收入才是个人可支配使用的，也就是人们用于消费和储蓄的收入，即个人可支配收入。

(五) 国民收入核算中五个基本总量的关系

1. GDP+本国居民与外国居民的要素收入净额=GNI
2. GDP-折旧=NDP
3. NDP-间接税=NI
4. NI-公司未分配利润-企业所得税+政府给家庭的转移支付+政府向居民支付的利息=PI
5. PI-个人所得税=PDI=消费+储蓄

国民收入核算中所使用的各种指标从不同方面反映了国民收入总量的变化，其计算方法不同，反映问题的角度和分析评价的要求也不同。

因此，在进行国民收入的总量分析时，可以根据不同的分析要求，选择运用不同的总量指标分析说明国民收入在不同情况下的发展变化特征及其变动规律。下面仅以 2005 年美国的材料来理解这五个总量之间的关系，见表 2-5 所示。

表 2-5 美国 2005 年 GDP 到个人收入可支配收入　　　　　　单位：万美元

		国内生产总值（GDP）	12 487.1
加		本国居民来自国外的要素净支付	507.7
减		本国支付给外国居民的要素收入	474.0

(续表)

	国内生产总值（GDP）		12 487.1
等于	国民生产总值（GNP）		12 520.8
减	固定资本消耗	1 574.1	
等于	国民生产净值（NNP）		10 913.0
减	统计误差	42.8	
等于	国民收入		10 870.2
减	包含存货价值和资本消耗调整公司利润	1 351.9	
	净税收	848.0	
	净利息	498.3	
	社会保险税	871.2	
	政府所经营之企业的当前盈余	-11.3	
	企业当前转移支付	80.2	
加	个人资产收入	1 457.4	
	个人接收的转移支付	1 525.3	
等于	个人收入（PI）		10 214.6
减	个人所得税和非税支付	1 209.7	
等于	个人可支配收入（DPI）		9 004.9
减	个人各项支出	9 072.1	
等于	个人储蓄		-67.2

资料来源：U. S. Department of Commerce 。本表摘自《西方经济学（宏观部分）》第四版，高鸿业主编，中国人民大学出版社，2007 年 3 月

第二节 总产出、总收入和总支出

认真研究 GDP 的定义，我们发现作为最终产品的产出是有来源的，它的来源就是生产要素的投入；产出是有去向的，它的去向就是市场消费支出。既然我们从产出环节不好核算，从收入与去向这两个角度能够找到更好的核算方法。其实，任何一笔交易都包含买方与卖方两个方面，总收入与总支出是 GDP 这一事物的两个方面，全部产品价值的来源应当等于全部产品价值的去向，这就是总收入＝总产出＝总支出。

一、基本含义

（一）总产出

就是 GDP，即是一国或一定地区在一定时间内运用生产要素所生产的全部最终产品（物品和服务）的市场价值。

（二）总收入

就是指生产 GDP 的要素所有者的全部收入（工资、利息、租金、正常利润）。

（三）总支出

全社会购买最终产品 GDP 的总支出。

二、总产出、总收入、总支出的关系

（一）总产出等于总收入

为什么产出等于收入？产出品的价值实际上是生产该产出品所投入的 N 种生产要素共同创造的。由于企业使用要素必须支付代价，总产出来源于全部要素所有者的投入，产出品的价值增值自然都要全部转化为要素提供者的收入（工资、利息、租金、正常利润）。一个企业的产出总等于收入，一个国家的总产出也必然等于总收入。

（二）总产出等于总支出

为什么产出等于支出？从全社会来看，总产出的去向无非是两个即销售和存货。而销售是最终消费者的支出，存货是生产者的支出。因此，从整个社会来看，总产出等于购买最终产品的总支出。具体地说，总产出＝市场购买总支出＋存货总投资支出。

总产出全部转化为总收入，总产出全部用于总支出，那么恒等关系成立。

用公式表示为：

$$总收入 = 总产出 = 总支出$$

三、重要意义

认识"总收入＝总产出＝总支出"这一公式对于如何更为简便核算 GDP 具有重大意义。通过这一公式，我们就可以从总收入角度、总产出角度、总支出角度这三个角度更为简洁地核算清楚 GDP。

第三节 国民收入核算方法

国民收入核算中，GDP 常被公认为衡量国家经济状况的最佳指标，因为它不但可反映一个国家的经济表现，更可以反映一国的国力与财富。通过"总收入＝总产出＝总支出"这一公式，可以从总收入角度、总产出角度、总支出角度这三个角度更为简洁地核算 GDP。因此，本节主要介绍核算 GDP 的两种计算方法：支出法、收入法，生产法通过专栏做以介绍。

一、支出法

（一）支出法的概念

支出法又称最终产品流动法、产品支出法或最终产品法。这种方法是从产品的使用出发，把一年内购买的各项最终商品的支出加总，计算出该年内的生产出的最终产品的市场价值。

按支出法计算 GDP，包括以下几项支出：个人消费支出（C）、私人国内总投资（I）、政府购买商品和服务支出（G）和净出口（X-M）。即

$$GDP = C+I+G+(X-M)$$

1. 个人消费支出（C）包括所有家庭对国内和国外生产的产品和服务的消费。它又可细分为耐用品、非耐用品和服务三种支出。服务中包括房租的租金。

2. 私人国内总投资（I）是用于购买新生产的资本货物（固定投资）和用于变动存货的总支出，包括厂房、设备、居民住房、企业存货净变动额等支出，其中家庭用于购买新的房屋被视为投资，包括在私人国内总投资之中，而它所提供的居住服务则估算其租金计入个人消费支出之中。

3. 政府购买商品和服务支出（G），包括中央和地方各级政府购买产品和服务的数量，对政府雇员薪金、国防建设、基础设施、设立学校医院法院等支出都在此项目之中。

4. 净出口（X-M）是出口减进口的净值。即出口减去进口的差额，包括物品、服务与其他国际间的收支。净出口可能是正值，也可能是负值。

（二）支出法统计中应注意的问题

1. 个人消费、私人国内总投资和政府购买之间的区别，不在于他们所购买的产品和服务的类型，而在于购买者的区别。对于同一种产品，如汽车，个人购买用于家庭消费则计入个人消费支出，企业购买用于生产则计入私人国内总投资中，而政府购买用于公务，则计入政府购买中。但是投资居民购买住宅不计入消费支出，而列入固定资产投资项目下的住房投资中。

2. 在计算GDP时，所有产品和服务都按销售价格即购买者支付的价格计算，其中包括了政府征收的营业税、货物税等间接税。

3. 企业存货净变动额（存货投资）是指已经生产出来还未销售的产品的存量增量。并不包括前期的已存在的存量。

4. 经济学中的投资是实际投资，如购买厂房设备等。但购买土地、房屋、股票、债券只不过是产权转移，并未使社会资产有任何的增加，因此不计入GDP。政府的转移支付（如退休金、养老金等）和公债利息支付也不计入GDP。

【例2-1】

若某国某年度内个人消费量为4 000亿元，私人投资量为1 000亿元，政府购买量为600亿元，出口量为400亿元，进口量为300亿元，则该国当年GDP为多少？

解：

以支出法计算GDP=C+I+G+(X-M)= 4 000+1 000+600+(400-300)= 5 700亿元。

【专栏2-2】

表2-6 国家统计局支出法核算国内国产总值

指标	2016年	2015年	2014年
支出法生产总值（亿元）	745 632.4	699 109.4	647 181.7
最终消费（亿元）	399 910.1	362 266.5	328 312.6
居民消费（亿元）	293 443.1	265 980.1	242 539.7
农村居民消费（亿元）	64 331.8	59 143.3	54 366.1
城镇居民消费（亿元）	229 111.3	206 836.8	188 173.6

（续表）

指标	2016 年	2015 年	2014 年
政府消费（亿元）	106 467.0	96 286.4	85 772.9
资本形成总额（亿元）	329 137.6	312 835.7	302 717.5
固定资本形成总额（亿元）	318 083.6	301 503.0	290 053.1
存货变动（亿元）	11 054.0	11 332.7	12 664.4
货物和服务净出口（亿元）	16 584.7	24 007.2	16 151.6

二、收入法

收入法又称要素支付法或要素收入法，即从要素收入（或企业生产成本）角度计算GDP。即把各种生产要素所得到的收入，也就是把劳动所得到的工资，土地所得到的地租，资金所得到的利息，以及企业家所获得的利润相加，来计算国民收入，然后在国民收入的基础上，增减一些相应的项目（比如间接税、折旧、误差调整等），再计算出GDP。这些项目包括：

1. 工资、利息和租金等生产要素的报酬，工资包括所有对工作的酬金、津贴、福利费以及所得税、社会保险税；利息主要是指银行存款利息、企业债券利息等为企业提供资金获得的收入，不包括政府公债利息及消费信贷利息；租金包括土地、房屋出租获得的收入以及专利、版权等收入。

2. 非公司制企业主收入，包括医生、律师、农民以及个体工商户等的收入，一个显著的特点是他们自我雇用，自己出资，其工资、利息、利润等常混在一起。

3. 公司税前利润，包括公司所得税、社会保险税、股东红利及公司未分配利润等。

4. 间接税与企业转移支付，虽然不是生产要素创造的收入，但是它们要通过产品价格转嫁给购买者，故应视为成本。两者分别包括对非营利组织的社会慈善捐款和消费者呆账以及货物税（或销售税）、周转税。

5. 资本折旧。它虽不是要素收入，但包括在总投资中，也应计入GDP。

即　　GDP＝工资＋利息＋利润＋租金＋间接税和企业转移支付＋折旧。

理论上讲，按照收入法计算得出的GDP与支出法计算得出的GDP应该是相等的，但是，在实际的核算过程中可能会出现一些误差，因此，还要加上一个统计误差。

三、生产法

生产法又称部门法。依据提供产品与服务各部门的增加值计算GDP，从生产角度考察，GDP是一定时期内在一个国家或地区的领土上，各部门增值额的总和。

因为GDP是由不同的行业生产的，从生产方面衡量GDP就是把GDP的生产按行业分类，然后把各行业提供的商品和服务的增值加总起来就得到国民生产总值。为了避免重复计算，在计算各行业的GDP时，应采用增值法。举例可见表2-1。

如何计算增加值呢？一个企业的增值是该企业销售产品所得收益和它为使用别的企业

的产品作为中间产品而支付的款项之间的差额；政府部门服务按其收入计算。比如美国的国民收入体系中，主要分为农林渔业、采掘业、建筑业、制造业、运输业等11个部门。因此，美国的国民收入统计可以表示为：

GDP＝各部门的增值的总和＝农林渔业的增值＋采掘业的增值＋建筑业和制造业的增值＋运输业的增值＋邮电和公用事业的增值＋电、煤气、水业的增值＋批发和零售商业的增值＋金融保险和不动产的增值＋服务业的增值＋政府服务和政府企业的增值。

【专栏2-3】

表2-7 国家统计局生产法核算国内生产总值 I（三产业法）

指标	2016年	2015年	2014年
国内生产总值（亿元）	743 585.5	689 052.1	643 974.0
第一产业增加值（亿元）	63 672.8	60 862.1	58 343.5
第二产业增加值（亿元）	296 547.7	282 040.3	277 571.8
第三产业增加值（亿元）	383 365.0	346 149.7	308 058.6
人均国内生产总值（元）	53 935.0	50 251.0	47 203.0

表2-8 国家统计局生产法核算国内生产总值 II（分行业法）

指标	2016年	2015年	2014年
国内生产总值（亿元）	743 585.5	689 052.1	643 974.0
农林牧渔业增加值（亿元）	65 975.7	62 911.8	60 165.7
工业增加值（亿元）	247 877.7	236 506.3	233 856.4
建筑业增加值（亿元）	49 702.9	46 626.7	44 880.5
批发和零售业增加值（亿元）	71 290.7	66 186.7	62 423.5
交通运输、仓储和邮政业增加值（亿元）	33 058.8	30 487.8	28 500.9
住宿和餐饮业增加值（亿元）	13 358.1	12 153.7	11 158.5
金融业增加值（亿元）	61 121.7	57 872.6	46 665.2
房地产业增加值（亿元）	48 190.9	41 701.0	38 000.8
其他行业增加值（亿元）	153 008.9	134 605.5	118 322.7

需要注意的是，各国对各部门的分类并不相同。按我国现行的统计制度，《国民经济行业分类》（GB/T 4754—2017）已由国家质检总局、国家标准委发布，于2017年10月1日起正式实施。则把国民经济分为农业，采掘业，化学工业，金融保险业等20个部门进行生产或部门统计。因此，部门法在实际中应用较少。

一个国家的国内生产总值在一定时期内是一定的，因此，国民生产核算的方法虽然有所不同，但应用这些方法计算出来的国内生产总值基本上是一致的。

四、三种核算方法的关系

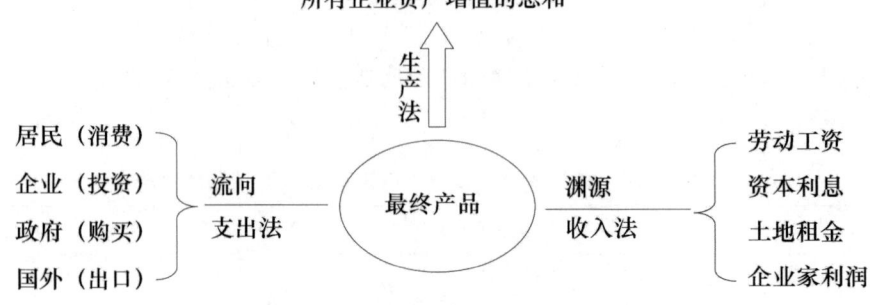

图 2-1 三种核算方法之间的关系

【拓展 2-2】现行国民收入核算的缺陷

GDP 作为国家经济的衡量指标也存在着一定的缺陷。

1. 现行国内生产总值不反映总产出

现行的国内生产总值核算体系虽然被广泛地应用，但是它仍然存在着许多不足之处。

第一，由于国内生产总值是根据商品和服务的市场价格来计算的，因此有许多生产活动没有反映到国内生产总值之中。大部分家务劳动、自给性生产活动并没有得到反映。在现行的国民收入核算制度下，特别是在比较各个国家的国民生产总值时，常常会因为两国经济市场化程度的不同而产生差别。

第二，地下经济也没有得到反映。地下经济包括毒品的生产和交易等非法的经济活动，以及为了逃避税收而隐瞒其收入的经济活动。由于地下经济中的相当一部分是为了避税，因此有人认为当税率上升时，地下经济趋于增加；而当税率下降时，地下经济趋于减少。

2. 国内生产总值核算没有很好地反映福利状况

人们经常认为国内生产总值是衡量一个国家福利状况的指标。但国内生产总值核算没有很好地反映福利状况。

第一，国内生产总值核算不能反映人们闲暇时间的增加或减少。我们努力提高国内生产总值，是为了让人们获得更多的产品和服务，使人们的福利提高，但是人们是需要闲暇时间的，这也是一种国民福利。

第二，国内生产总值不能衡量增长的社会成本（资源耗竭与环境污染等）。为了国内生产总值的增加，人们付出了生存环境恶化与某些资源耗竭的代价。我国国有企业甚至也不衡量国内生产总值增长的直接成本。

第三，国民收入不考虑收入分配是否公平。经济的发展不仅仅是追求经济的增长，还要看收入分配是否公平，如果收入分配不公平，那么，经济的增长是不可持续的。

第四节 国民收入核算的恒等关系

上述的三种国民收入核算方法，区别在于计算国民收入的方法不同，但是计算的对象是相同的。因此，无论是采用支出法（从人们的开支上计算）、收入法（从人们的收入上计算）还是生产法（从行业产出计算），所得出的国民生产总值的结果应该是一致的。这样就存在一个恒等关系，即当我们从统计角度去考察国民经济运行结果时，会发现某一特定时期内总支出和总收入总是相等的。

这种恒等关系在宏观经济学中是十分重要的，可以从国民经济的运行来分析这个恒等式，国民经济活动中，各种经济主体（包括家庭、企业、政府和国外经济部门）都参与其中，但是，理论研究是从简单到复杂，从抽象到具体的。所以，我们先从两部门经济入手研究国民收入流量循环模型与国民经济的恒等关系开始，进而研究三部门与四部门经济。

一、两部门经济的恒等关系

两部门经济是国民经济中最简单的部门结构模式，它是假设在国民经济中只存在企业和家庭两个经济部门，即在两部门模型中，经济活动的主体是企业和家庭。企业是指最终产品和服务生产经营者的总和。一国在一年内生产的最终产品和服务的价值就是该国的GDP。家庭是指生产要素所有者的总和，也是所有消费者的总和。

企业和家庭的关系是：家庭向企业提供生产要素，如劳动力、资本、土地和企业家才能；而企业则向生产要素所有者支付报酬，如工资、利息、租金和利润。这种交易形成生产要素市场。家庭因提供生产要素而得到的全部货币收入就是国民收入。因此，国民收入是指一国在一年内家庭所得的全部货币收入。

家庭和企业还存在另一种关系：企业购得生产要素以后，生产出最终产品和服务并销售给消费者，作为消费者的家庭用出售生产要素所得到的收入去购买最终产品和服务，这种交易形成最终产品市场。这两个部门经济循环模型可用图2-2表示。

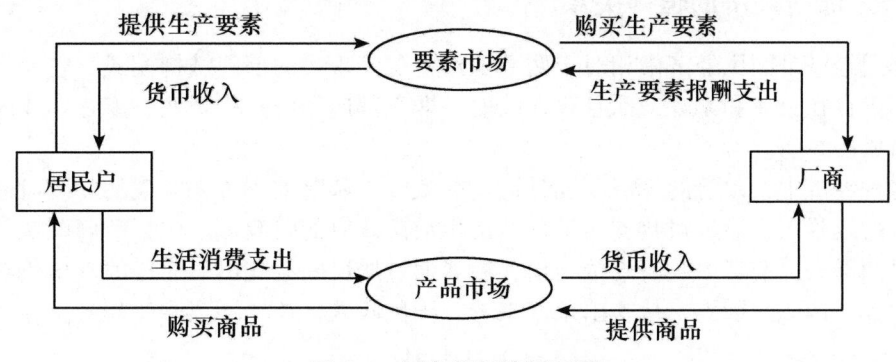

图2-2 两部门经济循环图

在两部门经济中，从支出角度来看，国民收入分为居民的消费需求（用字母 C 表示）和企业的投资需求（用字母 I 表示）两部分。即：

国民收入＝消费需求+投资需求，

或　Y＝C+I

从收入角度来看，国民收入可以用各种生产要素相应得到的收入的总和来表示，即用工资、利息、地租和利润的总和来表示。工资、利息、地租和利润是家庭所得到的收入，这些收入分为消费（C）与储蓄（用字母 S 表示）两部分。

所以，国民收入＝消费+储蓄

或　Y＝C+S

由于 C+I＝C+S，

进而得到 I＝S。

即储蓄一定会等于投资。

这种恒等关系就是两部门经济中的总供给 C+S 和总需求 C+I 的恒等关系（图 2-3）。但这一恒等式并不意味着人们计划的储蓄总会等于企业计划的投资；我们所说的投资等于储蓄，是从国民收入的会计角度看，事后的储蓄和事后的投资总是相等的。此外，储蓄—投资恒等式是对整个社会而言，对单个个体经济行为则未必有这种恒等关系。

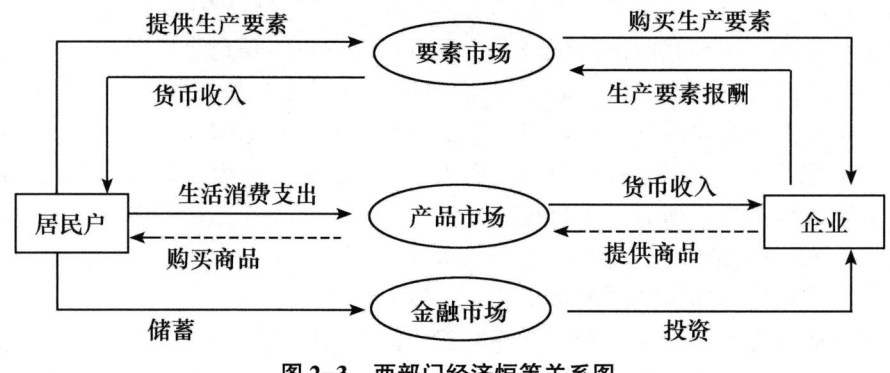

图 2-3　两部门经济恒等关系图

二、三部门经济的恒等关系

三部门经济是国民经济中相对于两部门经济更为现实的部门结构模式，它是指国民经济中，不仅存在企业和家庭，而且存在政府。即三部门经济是指企业、家庭和政府三经济主体所组成的经济。

在这种经济中，政府的经济职能是通过财政收入和财政支出来实现的。政府通过主要税收获得财政收入，通过财政支出干预经济生活。政府的财政支出包括政府购买（G）和转移支付两部分，前者由政府直接指出，后者通过居民间接支出。居民的支出仍然由消费和投资两部分构成。因此，从支出角度来看，国民收入＝消费+投资+政府支出，即：

$$Y＝C+I+G$$

而从收入角度来看，国民收入仍然是所有生产要素获得的收入总和。这些收入通过二次分配，最终归居民和政府所共有。居民的收入用于消费和储蓄两方面，政府的收入主要就是税收（T）。因此，从收入角度来看，国民收入=消费+储蓄+税收，即：
$$Y=C+S+T$$

由于无论从支出角度还是从收入角度核算是同一对象，因此三部门经济中的恒等关系就是：
$$C+S+T=C+I+G$$
或者　　$S+T=I+G$
又得　　$I=S+(T-G)$

等式左边是投资，等式右边包括两部分，即 S 可以看作是居民个人储蓄，（T—G）是政府的收支结余部分，可以是正值（即财政盈余），也可以是负值（即财政赤字）。看作政府储蓄。所以这个恒等关系仍然是投资需要等于储蓄（图 2-4）。

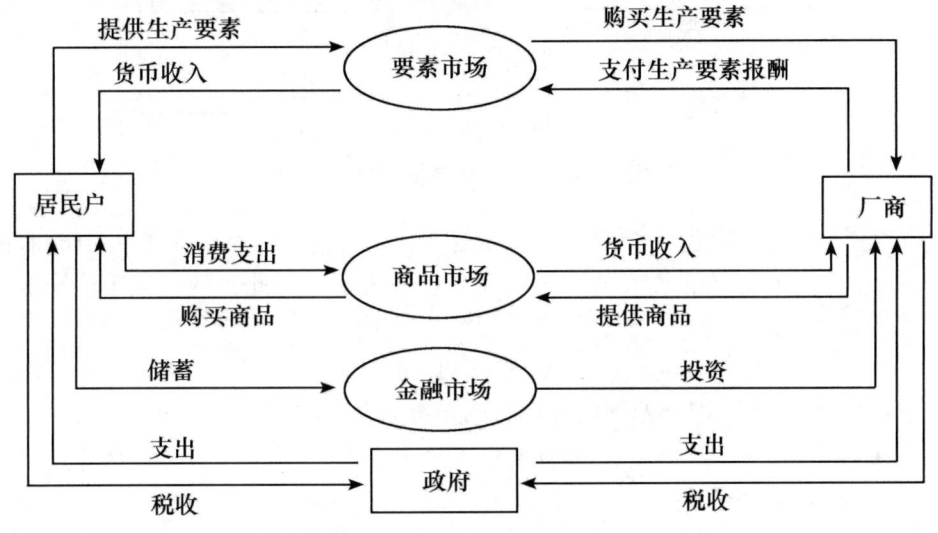

图 2-4　三部门经济恒等关系图

三、四部门经济的恒等关系

四部门经济是国民经济中开放式经济的部门结构模式，它是指在国民经济中，不仅存在家庭、企业和政府三部门，而且还存在国外部门。在这种经济模式中，一国商品供应的来源有两个渠道：即一个是国内企业，另一个是国外进口。而一国商品的需求，除国内有关部门需求之外，还有出口到国外的需求。

图 2-5 表明了四部门经济中，家庭、企业、政府、国外四部门之间的经济联系。在四部门中，从支出的角度来看，社会总产品的买者不仅包括家庭的消费购买、企业的投资购买和政府的购买，而且还包括国外进口的购买。在这里我们用字母 X 表示来代表向国外的出口。因此，从支出角度来看，国民收入=消费+投资+政府购买+出口，即：
$$Y=C+I+G+X$$

从收入角度来看，生产要素的总收入的分配对象有三个：居民通过出售生产要素获得的收入；政府通过征税获得的收入；由于从国外进口商品而向国外支付的收入。家庭出售

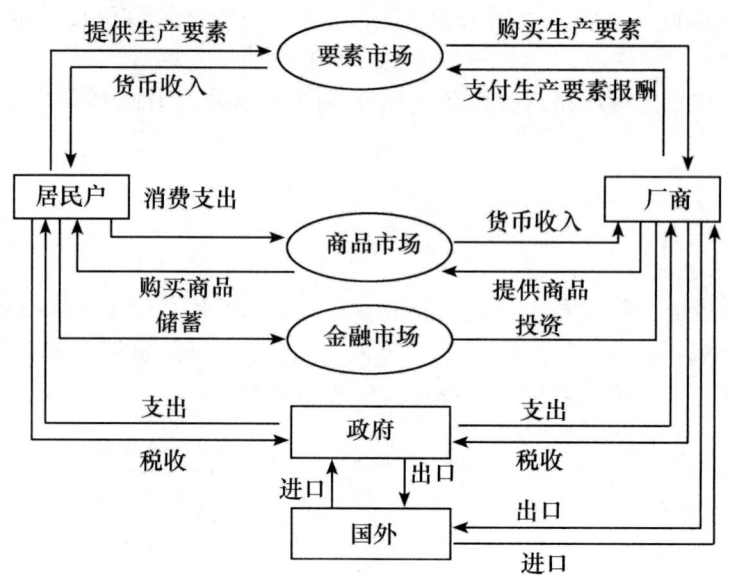

图 2-5 四部门经济恒等关系图

生产要素的收入可由家庭的消费（C）和储蓄（S）代表，政府的供给可由政府的税收（T）来表示，向国外支付的收入可由进口（M）来表示。因此，从收入角度来看，国民收入=消费+储蓄+税收+进口，即：

$$Y=C+S+T+M$$

由于核算对象相同，因此四部门经济中的恒等就是

$$C+I+G+X=C+S+T+M$$

进而　　　$I+G+X=S+T+M$

又得到　　$I=S+(T-G)+(M-X)$

等式左边是投资，等式右边包括三部分，即 S 是居民储蓄；（T-G）是政府储蓄；（M-X）为净进口，可以看作国外储蓄，所以这个恒等关系仍然是投资需要等于储蓄。

【例 2-2】

假定国内生产总值是 5 000，个人可支配收入是 4 100，政府预算赤字是 200，消费3 800，贸易赤字是 100（单位：亿美元），计算：（1）储蓄；（2）投资；（3）政府支出。

解：

（1）储蓄=PDI-C=4 100-3 800=300 亿美元；

（2）由 I=S+(T-G)+(M-X)=300-200+100=200 亿美元；

（3）政府支出由 GDP=C+I+G+(M-X)，G=5 000-3 800-100=1 100 亿美元。

【专栏 2-4】中国 GDP 核算说明

（一）基本概念

GDP 是一个国家所有常住单位在一定时期内生产活动的最终成果。GDP 是国民经济核算的核心指标，也是衡量一个国家经济状况和发展水平的重要指标。

GDP 核算有三种方法，即生产法、收入法和支出法，三种方法从不同的角度反映国

民经济生产活动成果。

生产法是从生产过程中创造的货物和服务价值中，剔除生产过程中投入的中间货物和服务价值，得到增加值的一种方法。国民经济各行业生产法增加值计算公式如下：增加值＝总产出−中间投入。将国民经济各行业生产法增加值相加，得到生产法国内生产总值。

收入法是从生产过程形成收入的角度，对生产活动成果进行核算。按照这种计算方法，增加值由劳动者报酬、生产税净额、固定资产折旧和营业盈余四个部分组成。计算公式为：增加值＝劳动者报酬＋生产税净额＋固定资产折旧＋营业盈余。国民经济各行业收入法增加值之和等于收入法国内生产总值。

支出法是从生产活动成果最终使用的角度计算国内生产总值的一种方法。最终使用包括最终消费支出、资本形成总额及货物和服务净出口三部分。

国家统计局发布的季度 GDP 是以生产法为基础核算的结果。

(二) 核算范围

1. 生产范围

GDP 核算的生产范围包括以下四个部分：第一，生产者提供或准备提供给其他单位的货物或服务的生产；第二，生产者用于自身最终消费或固定资本形成的所有货物的自给性生产；第三，生产者为了自身最终消费或固定资本形成而进行的知识载体产品的自给性生产，但不包括住户部门所从事的类似的活动；第四，自有住房提供的住房服务，以及雇佣有酬家庭服务人员提供的家庭和个人服务的自给性生产。生产范围不包括没有报酬的家庭和个人服务、没有单位控制的自然活动（如野生的、未经培育的森林、野果或野浆果的自然生长，公海中鱼类数量的自然增长）等。

2. 生产活动主体范围

GDP 生产活动主体范围包括了中国经济领土范围内具有经济利益中心的所有常住单位。本报告中的季度 GDP 数据是由国家统计局负责核算的全国数据，未包括中国香港、中国澳门特别行政区和中国台湾省的地区生产总值数据。

本章术语中英文对照

National Income Accounting 国民收入核算
Gross Domestic Product（GDP）国内生产总值
Final Goods 最终产品
Intermediate Goods 中间产品
Gross National Product（GNP）国民生产总值
Nominal GDP 名义 GDP
Real GDP 实际 GDP
Final goods 最终产品
GDP Deflator GDP 平减指数
Net Domestic Product（NDP）国内净产出
National Income（NI）国民收入
Personal Income（PI）个人收入

Personal Disposable Income (PDI) 个人可支配收入
Total Output 总产出
Total Income 总收入
Total Expenditure 总支出
Wage 工资
Interest 利息
Rent 租金
Profit 利润
Consumption 消费
Investment 投资
Government Purchases 政府购买
Export 出口
Import 进口
Net Export 净出口
Profit Before Tax 税前利润
Indirect Tax 间接税
Transfer of Payment 转移支付
Depreciation 折旧
Factor Market 要素市场
Commodity Market 商品市场

思考题

1. 古董拍卖的价值能不能计算到当年 GDP 中？
2. 如果原来领取最低生活补助的下岗工人重新就业，GDP 会发生什么变化？
3. 投入近 20 万元，将一座简易公厕改造成了豪华公厕，但才刚开放没多久，就因为修路要被拆掉了，这是近日发生在郑州的一件怪事。对此，郑州市政公司解释说，他们在对公厕进行改造时，道路规划还未形成。但有关官方网站的公示却表明，早在公厕进行改造前一年多，规划部门就已经公布了道路的规划方案。每个"短命工程"的理由，听上去似乎都冠冕堂皇。公厕改造虽然是按市里统一要求，对 50 个公厕进行升级改造，但哪些能改造、哪些暂时不能改造，以及如何改造，当初为什么没有充分调研和论证？又是什么原因驱使这些"短命项目"匆忙上马？请用本章所学习的理论进行解释。

第三章 简单国民收入决定

学习目标 通过本章的学习，熟练掌握用 45°线法决定均衡国民收入问题。掌握消费与储蓄函数的基本概念以及二者之间的关系、均衡国民收入的形成分析、乘数的概念及其发挥作用的内在机理。

知识点 凯恩斯的消费理论的基本概念，两部门、三部门、四部门经济中国民收入的决定，乘数的含义和推导。

注意点 本章开始研究国民收入均衡问题，因此要牢牢把握国民收入均衡的要义，在此前提下，分析产品市场的国民收入决定理论，即假定在利率水平、劳动力供给等因素不变的情况下，均衡产出水平是如何决定的；国民收入核算中的有关概念与国民收入均衡决定中的有关概念存在区别，理解时要注意区分。

第一节 均衡产出

总需求是制约总产出的关键因素，因此，凯恩斯提出，一个社会的总产出要与社会购买力决定的意愿中的产出保持一致，这样就不会出现积压与脱销。因此，凯恩斯学派认为：国民收入取决于总需求；与总需求相一致的国民收入乃是均衡国民收入。

【专栏 3-1】从 1929 至 1933 年经济大萧条谈起

1929—1933 年大萧条是第二次世界大战前最为严重的世界性经济衰退。经济史学家常将大萧条的开端定位在 1929 年 10 月 29 日美国股市的突然崩盘，即"黑色星期四"；华尔街股灾迅速席卷了全世界；对发达国家和发展中国家都带来了毁灭性打击。人均国民收入、税收、盈利、价格全面下挫，国际贸易锐减，失业率飙升；是 20 世纪持续时间最长、影响最广、强度最大的经济衰退。

大萧条促使了对资本主义经济体系的讨论，特别是引起了经济学家对古典宏观经济理论的怀疑。古典宏观经济模型根据萨伊定律，认为社会产出水平由社会供给能力（取决于资本、劳动力、技术）所决定。凯恩斯否定了这种传统理论，得出了经济衰退的原因在于总需求不足，总需求是制约总产出的关键因素。"古典理论所假设的特殊情形的特征恰恰不为我们实际生活在其中的经济社会所具备。结果是，如果我们企图把古典理论应用于来自经验中的事实，它的教诲会把人们引入歧途，引起灾难性的后果。"（《就业、利息与货币通论》）当然，凯恩斯所说的"通常假定产量由总需求决定"，是指在正常条件下，即社会有效需求不足以实现充分就业的条件下，产量由总需求决定。可见，产量由总需求决定是针对非充分就业状态而言的，而非充分就业状态也是经济生活的常态。

总需求是制约总产出的关键因素，因此，凯恩斯提出一个社会的总产出要与社会购买力决定的意愿中的产出保持一致，这样就不会出现积压与脱销。因此，国民收入决定于总需求。宏观经济学对于国民收入决定的分析也就从对均衡的国民收入分析开始。

一、均衡产出的含义

（一）均衡产出的假设条件

在本章"注意点"中已经强调，简单国民收入决定理论的假设条件在于仅考虑产品市场均衡。具体而言，一是假定价格水平完全不变，厂商愿意在既定价格水平下出售任何数量的产品（AS 曲线水平）；二是假定投资恒定，即利率水平不变。因此，在简单国民收入决定理论中，总需求就成为了产出水平唯一的决定因素。

（二）均衡产出的概念

均衡产出又称均衡国民收入，是和总需求相一致的产出，既然是和总需求相一致的产出，于是就有生产要素的有效组合即企业生产就会按照产品的销路来组织生产而不是按自己潜在的能力来组织生产，经济社会的实际总产出或总国民收入刚好等于所有居民和全体厂商想要有的消费支出与投资支出。这就是说，企业的产量以至于整个社会的产量稳定在社会对产品的需求的水平上。由于两部门经济中的总需求只包括居民的消费需求和厂商的投资需求，因此，均衡产出用公式就表示为：

$$y = c + i \tag{3.1}$$

【拓展 3-1】

图 3-1 中横轴表示总国民收入（也是总产出、总供给），纵轴表示总需求。45°线上的任何一点都表示总供给等于总需求，等于总国民收入，因此，45°线上任意一点，都是均衡产出。

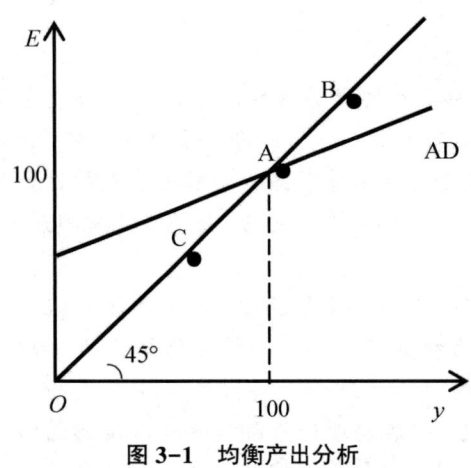

图 3-1　均衡产出分析

假定总需求即包括总消费与总投资的总需求为 100，图中的 A 点表示总国民收入与总需求相等，都是 100，A 点也就是均衡点，表明总供给（总产出）正好等于总需求。B 点表示总产出大于总需求，非计划存货投资大于零，产生库存，总供求失衡，因此企业就要削减生产，直到总产出回到与总需求相等的 A 点，从而实现总供求相等。反之，C 点表示总国民收入小于总需求，社会总产出满足不了社会总需求，就会引起社会产品价格提高，企业利润增加，因此企业就会增加生产，直到回到总产出与总需求相等的 A 点，实现总供求相等。当然，总支出即总需求变化使总国民收入也相应发生变化。

二、均衡条件下简单国民收入的决定

均衡的国民收入和总需求相一致，也就是经济社会的国民收入正好等于全体居民和企业想要有的支出。换句话说，社会经济要处于均衡状态，就必须有一个实际国民收入水平与一个计划支出量相等的产出。所以均衡产出的条件表示为：

$$y = AD \tag{3.2}$$

这种关系是总供给等于总需求的一种体现，总供给等于总需求使宏观经济均衡思想贯穿我们学习的整个过程。

第二节 消费与储蓄

一、消费函数

（一）消费的含义

消费是指一个国家或地区一定时期内居民个人或家庭为满足消费欲望而用于购买消费品和劳务的所有支出。包括维持家庭成员生存、保证家庭成员一定的生活水平而对耐用消费品、非耐用消费品和劳务的消费需求，它是社会总需求中主要组成部分。

（二）消费函数

消费由什么因素决定？在现实生活中，影响各个家庭消费的因素有很多，如收入水平、商品价格水平、家庭财产状况、个人消费观念、风俗习惯、消费者年龄结构、社会风尚等。因此，消费函数从广义上来说，是指消费与它的各影响因素之间的对应关系。

凯恩斯认为，所有这些因素中具有决定意义的是家庭本期获得的收入水平，因此，通过建立消费函数单独抽取这一因素进行分析。在这里，我们主要考察消费与收入之间的关系，因而消费函数是指反映消费与本期个人收入之间的对应数量关系的函数。如果以 c 表示消费，y 表示国民收入，可用公式表示消费函数为：

$$c = f(y) \tag{3.3}$$

如果其他条件不变，则消费 c 一般随收入 y 的增加而增加，随收入减少而减少。因此消费曲线如图 3-2 所示：横轴表示收入 y，纵轴表示消费 c，则随着 y 的增加，c 也不断增加，但消费的增长不如收入增长幅度大；但是增长幅度越来越小；在个人收入水平较低时，c 也可能会大于 y 这是因为收入不足时，居民可能要借债度日。

为了简化问题，也往往假设消费与本期个人收入之间呈线性关系，其消费函数可用下式表示：

$$c = a + by \tag{3.4}$$

在式（3.4）中，a 是大于 0 的正数，称为自发消费，含义是即使收入为 0，也要举债或动用过去的储蓄也必须要予以保证的基本生活消费，是与收入无关的那部分消费；b 是一个正的系数，by 称为引致消费，其含义是受收入所影响的消费，这部分消费与收入呈正相关。线性消费曲线如图 3-3 所示。

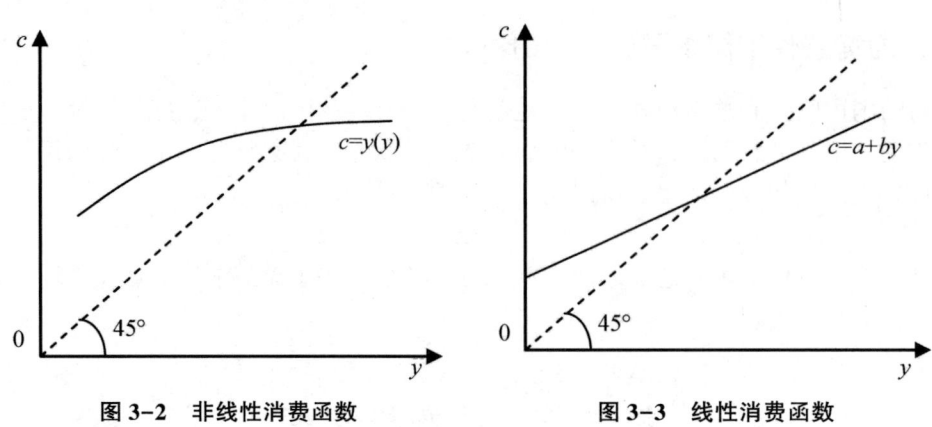

图 3-2　非线性消费函数　　　　　　图 3-3　线性消费函数

(三) 消费倾向

从消费函数中可以看出，在其他影响因素不变的情况下，消费是由收入决定的，二者呈正相关关系。消费与收入的对比关系，我们称之为消费倾向。消费倾向包括两种形式：平均消费倾向和边际消费倾向。

1. 平均消费倾向

所谓平均消费倾向，是指在任一收入水平上，消费占收入的比例，即全部消费与全部收入之比，用 APC 表示。计算公式如下

$$APC = \frac{c}{y} \tag{3.5}$$

一般来说，如果居民不是借债消费，则 $APC \leq 1$；如果居民借债消费，则 $APC > 1$。

2. 边际消费倾向

所谓边际消费倾向，是指增加的收入中用于消费增加所占的比例，或者说是收入每增加一个单位所引起的消费增加量。一般说来，收入增加，个人消费也会随之增加，并且消费的增量必然小于收入增量，因此，边际消费倾向一般是介于 0 和 1 之间的系数。

$$MPC = \frac{\Delta c}{\Delta y} \tag{3.6}$$

如果用导数来表示，则

$$MPC = \frac{dc}{dy} \tag{3.7}$$

对于线性消费函数式（3.4）来说，其边际消费倾向为：

$$MPC = \frac{dc}{dy} = \frac{d(a+by)}{dy} = b \tag{3.8}$$

也就是说，式（3.4）中的参数 b，其经济学含义是指边际消费倾向。所以，$0 \leq b \leq 1$。

3. 平均消费倾向与边际消费倾向的关系

在线性关系的假设下，因为自发性消费 $a > 0$，所以 APC 与 MPC 之间的关系为：

$$APC = \frac{c}{y} = \frac{a+by}{y} = \frac{a}{y} + b > b = MPC \tag{3.9}$$

对于非线性消费函数来说，平均消费倾向的几何意义是消费曲线上各点与原点连线的斜率，边际消费倾向的几何意义是消费曲线上各点切线的斜率。从图 3-2 上可以看出，消费曲线上任取一点，其与原点连线的斜率都是大于该点切线的斜率的，即 $APC>MPC$。

二、储蓄函数

（一）储蓄的含义

这里储蓄是指私人储蓄，是居民家庭从本期个人收入中留出的部分，或者说是个人收入中未用于消费的部分。储蓄的直接表现是给家庭积累货币性资产，这些货币性资产不用于本期的家庭消费，它们可能在以后某期消费，也可以在本期或以后时期用于投资。从整个国民经济来看，储蓄就是国民收入中扣除消费的剩余。

（二）储蓄函数

因为储蓄是收入中扣除消费的剩余，因此，凡是影响到消费的因素都能反向影响到储蓄，储蓄和消费一样受许多相同因素的影响。在现实生活中，影响各个家庭储蓄的因素包括收入水平、商品价格水平、家庭财产状况、个人消费观念、消费者年龄结构、社会保障水体系、利率水平、风俗习惯等。

与消费函数类似，可以通过建立储蓄函数来考察储蓄与收入之间的关系。储蓄与收入之间的数量关系用函数形式表现出来就称为储蓄函数。在其他条件不变时，随着收入的增加，储蓄会增加；随着收入的减少，储蓄也会减少。储蓄和收入之间的这种依存关系用函数表示为：

$$s=f(y) \tag{3.10}$$

如果其他条件不变，则储蓄 s 一般也会随收入 y 的增加而增加，随收入 y 的减少而减少。若储蓄曲线为非线性曲线，则如图 3-4 所示，横轴表示收入 y，纵轴表示消费 s。可以看出，随着 y 的增加，s 也不断增加，但是增长幅度越来越大；在收入水平较低时，s 也可能会因为居民要借债度日而成为负数。

在假设消费与收入之间呈线性关系的前提下，储蓄函数可表示为：

$$s=y-c=y-(a+by)=-a+(1-b)y \tag{3.11}$$

式中，a 仍旧是自发消费，$(1-b)$ 收入对于储蓄的影响系数。式（3.11）可以如图 3-5 所示。

（三）储蓄倾向

从储蓄函数中可以看出，在其他影响因素不变的情况下，储蓄是由收入决定的，二者也呈正相关关系。储蓄与收入的对比关系，我们称之为储蓄倾向。储蓄倾向包括两种形式：平均储蓄倾向和边际储蓄倾向。

1. 边际储蓄倾向

所谓边际储蓄倾向（用 MPS 表示），是指增加的收入中用于储蓄增加的比例，或者说是收入每增加一个单位所引起的储蓄增量。一般说来，收入增加，个人储蓄也会随之增加，并且储蓄的增量往往也小于收入增量，因此，边际储蓄倾向也是介于 0 和 1 之间的系数。

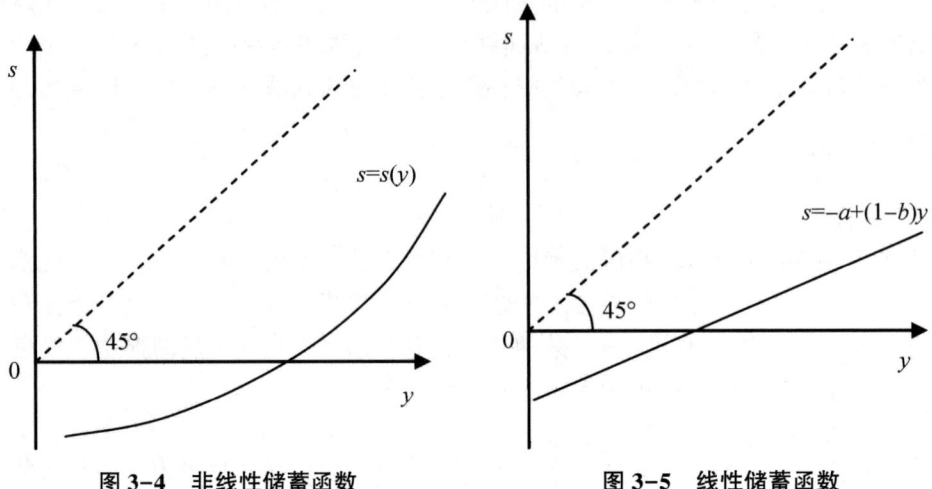

图 3-4 非线性储蓄函数　　　　图 3-5 线性储蓄函数

$$MPS = \frac{\Delta s}{\Delta y} \quad (3.12)$$

如果用导数表示，则边际储蓄倾向为

$$MPS = \frac{\mathrm{d}s}{\mathrm{d}y} \quad (3.13)$$

对于线性储蓄函数式（3.11）来说，其边际储蓄倾向为

$$MPS = \frac{\mathrm{d}s}{\mathrm{d}y} = \frac{\mathrm{d}[-a+(1-b)y]}{\mathrm{d}y} = 1-b \quad (3.14)$$

2. 平均储蓄倾向

所谓平均储蓄倾向（用 APS 表示），是指储蓄占收入的比例，即全部储蓄与全部收入之比。计算公式如为

$$APS = \frac{s}{y} \quad (3.15)$$

对于线性储蓄函数来说，$APS = \frac{s}{y} = \frac{-a+(1-b)y}{y} = -\frac{a}{y}+(1-b)$，很显然，因为自发消费 $a>0$，所有可得 $APS<MPS$。

对于非线性储蓄函数来说，平均储蓄倾向的几何意义是储蓄曲线上各点与原点连线的斜率，边际储蓄倾向的几何意义是储蓄曲线上各点切线的斜率。从图 3-4 上可以看出，储蓄曲线上任取一点，其与原点连线的斜率都是小于该点切线的斜率的，即 $APS<MPS$。

三、消费函数与储蓄函数的关系

经济学中，个人收入一般用于两个用途，即要么用于消费，要么用于储蓄；同样，收入增加量，或者用于增加消费，或者用于增加储蓄。因此，消费函数和储蓄函数互为补数，二者之和等于收入

$$c+s=y \quad (3.16)$$

$$\Delta c + \Delta s = \Delta y \tag{3.17}$$

在图 3-6 中，我们把线性消费曲线 $c=a+by$ 和线性储蓄曲线 $s=-a+(1-b)y$ 画到同一个坐标图上，可以看到，对于任意一个收入水平来说，都等于该水平的收入 y。比如，当收入为 y_1 时，消费 $c=y_1$，$s=0$，$c+s=y$；当收入为 y_2 时，消费为线段 BD，储蓄为线段 CD，收入为线段 AD，必然存在 AD = BD + CD，即 $c+s=y$。

根据边际消费倾向、边际储蓄倾向的含义和平均消费倾向、平均储蓄倾向的含义，存在如下关系：

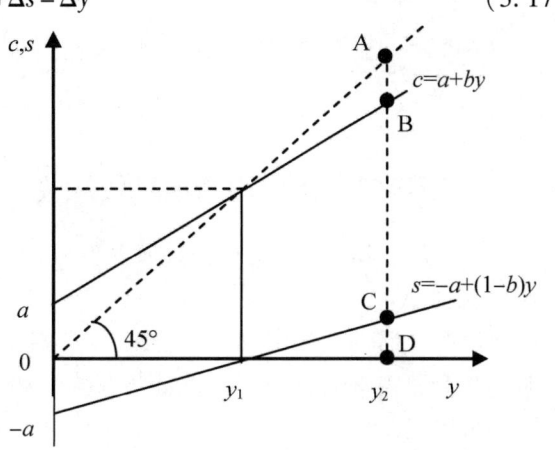

图 3-6　非线性储蓄函数

$$MPC+MPS=\frac{\Delta c}{\Delta y}+\frac{\Delta s}{\Delta y}=\frac{\Delta c+\Delta s}{\Delta y}=1 \tag{3.18}$$

$$APC+APS=\frac{c}{y}+\frac{s}{y}=\frac{c+s}{y}=1 \tag{3.19}$$

【专栏 3-2】中美边际消费倾向之比较

据估算，美国的边际消费倾向现在约为 0.68，中国的边际消费倾向约为 0.48。也许这种估算不一定十分准确，但是一个不争的事实是，中国的边际消费倾向低于美国。为什么中美边际消费倾向有这种差别呢？

首先来看国民收入。美国是一个成熟的市场经济国家，尽管也经常发生经济周期性波动，但经济总体上是稳定的。经济的稳定决定了国民收入的稳定性。当国民收入稳定时，人们就敢于消费，甚至敢于借贷消费了。中国是一个转型中的国家，正在从计划经济转向市场经济，尽管经济增长速度快，但就每个人而言有下岗的危险，国民收入并不稳定。这样，人们就不得不节制消费，以预防可能出现的下岗及其他风险。

其次来看制度。人们敢不敢花钱，还取决于社会保障制度的完善性。美国的社会保障体系较为完善，覆盖面广而且水平较高。失业有失业津贴，老年人有养老金，低于贫困线有帮助，上大学又可以得到贷款。这样完善的社会保障体系使美国人无后顾之忧，敢于消费。

但中国过去计划经济下的社会保障体系被打破了，新的市场经济条件下的社会保障体系还没有完全建立起来，而且受财政实力的限制也难以在短期内有根本性的改变，从而要为未来生病、养老、孩子上学等必需的支出进行储蓄，消费自然少了。

最后边际消费倾向还与国民收入分配状况相关。在总国民收入为既定时，国民收入分配越平等，社会的边际消费倾向越高，国民收入分配越不平等，社会的边际消费倾向越低。这是因为富人的边际消费倾向低而穷人的边际消费倾向高。中国目前的国民收入不平等比美国严重，因此，边际消费倾向低也是正常的。

因此，解决我国边际消费倾向偏低的问题就要从上述这几方面入手。

第三节 两部门经济中均衡国民收入的决定

一、两部门经济中均衡国民收入决定

(一) 消费函数决定均衡国民收入

1. 函数法

在没有政府部门的两部门经济中,当意愿需求等于意愿供给时,经济处于均衡状态。此时,社会总需求包括消费和投资两部分,即 AD=c+i。如果社会的总收入为 y,则均衡国民收入决定条件可以表示为

$$y=c+i$$

为了简单起见,假定投资与本期国民收入水平无关,看作是自发因素决定的常量,称为自发性投资,表示为 i_0。根据消费函数的一般形式:$c=a+by$,由于两部门经济模型中没有政府部门,因此全部国民收入都属于个人收入,即代入 y=c+i 式有 $y=a+by+i_0$,该式化简得均衡国民收入公式:

$$y_e = \frac{1}{1-b}(a+i_0) \tag{3.20}$$

式 (3.20) 中,y_e 表示均衡国民收入,b 是边际消费倾向,a 是自发性消费,i_0 是自发性投资,$a+i$ 表示自发总需求。从该式中可以看出,在边际消费倾向一定时,自发性消费和自发性投资水平的高低决定均衡国民收入水平高低,自发性消费和自发性投资越高,则均衡国民收入也越高;反之,自发性消费和自发性投资越低,均衡国民收入也越低。同时,边际消费倾向的大小也影响均衡国民收入水平,其它因素不变时,边际消费倾向越大对应的均衡国民收入水平越高,边际消费倾向越小对应的均衡国民收入水平越低。

均衡国民收入是总需求和总供给相等的国民收入,企业刚好可以出售它们想卖掉的产品和劳务,同时居民刚好买到他们想购买的产品和劳务,此时恰好使产品市场处于稳定状态。如果总供给超过总需求,厂商就会有部分产品卖不出去,出现产品积压——即非意愿存货增加,厂商就会减少产出,实际国民收入就要下降并趋于均衡国民收入。如果总供给小于总需求,厂商生产的数量小于人们购买的数量,使得产品市场供不应求,厂商存货出现非意愿的减少,厂商就会增加产量,实际国民收入增加并趋于均衡国民收入。因此均衡国民收入是市场趋于稳定的一个理想国民收入水平。同时还应注意,我们讨论均衡国民收入时只考虑实际产出,暂时不考虑价格变动问题,即我们假设价格不变,关于价格调整问题将在第五章讨论。

上述对均衡国民收入增加的影响有一个前提条件,要求经济系统存在闲置资源,或者说经济处于非充分就业状态;当经济系统处于充分就业时,均衡国民收入无法增加,总需求的增加将导致价格水平上升,而实际产出不会增加。

2. 图示法

上述均衡国民收入决定的思想也可以用图形表述。在图 3-7 中,纵轴代表总需求、横轴表示国民收入及总供给,从原点出发有一条45°线,这条直线上任何一点到两坐标轴的距离都相等,因此,坐标系中总需求与总供给在45°线上达到相等,45°线也就是总需求等于总供给的轨迹,即均衡线。消费函数 $c=a+by$ 在图中表现为一条右上方倾斜的直线;总需求函数 $AD=c+i=a+by+i_0$ 也是一条右上方倾斜的直线(i 看作常数 i_0);均衡国民收入 y_e 就由 AD 曲线与45°线的交点位置决定。

图中 y_e 是均衡国民收入,当实际产出恰好等于均衡国民收入时,意味着产品市场上厂商意愿供给和实际供给相等,并且正好等于意愿总需求,厂商生产数量和社会购买量相等,产品市场处于稳定状态。如果实际产出大于均衡国民收入,即位于 y_e 右方,就会出现购买量小于产出量,导致产品过剩、存货增加,如图 3-7 中 y_1 所示。同样,在 y_2 点,实际产出小于均衡国民收入,出现购买量超过产出量,厂商产出不足、存货减少。

在其他条件不变时,自发性消费或自发性投资增加都会导致总需求曲线 AD 的上移,从而使均衡国民收入增加;自发性消费或投资的减少将引起 AD 曲线的下移,使均衡国民收入减少。图 3-8 反映自发性投资增加对均衡国民收入的影响,图中自发性投资增加 Δi,导致 AD 曲线平行上移,均衡国民收入从 y_e 增加到 y'_e。

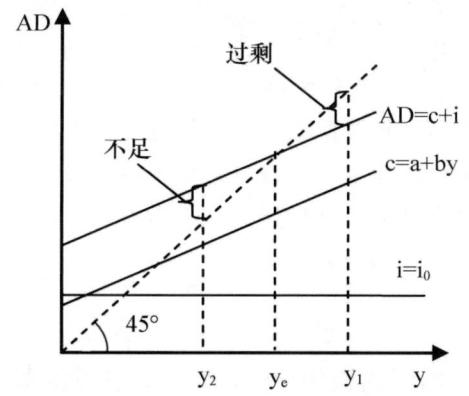

图 3-7 均衡国民收入决定的消费函数法

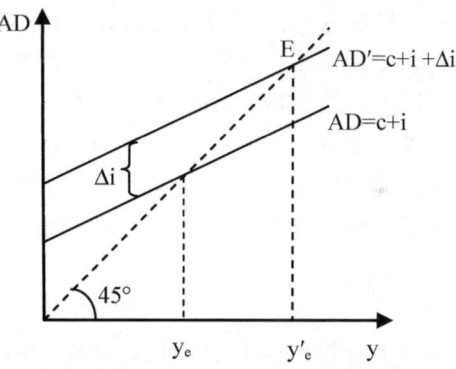

图 3-8 自发性投资增加对均衡国民收入的影响

(二) 储蓄函数决定均衡国民收入

1. 函数法

均衡国民收入的决定还可以通过储蓄函数来分析。有效需求原则认为产品市场总需求与总供给之间的均衡决定均衡国民收入。两部门经济中,总需求包括消费和投资,即 $AD=c+i$;总供给在数量上等于消费和储蓄之和,即 $AS=c+s$。供求相等可以表示为 $c+i=c+s$,因为公式两边的 c 都表示家庭消费,消去 c 之后产品市场供求均衡的条件可以表示为 $i=s$。根据储蓄函数 $s=-a+(1-b)y$,两部门经济中民收入等于个人收入,在投资 i 为自发性投资的假设下 $i=i_0$,代入均衡条件 $i=s$,得 $i_0=-a+(1-b)y$,化简得均衡国民收入决定公式。很显然,其结果与式(3.20)、用消费函数法得到的结果是相同的。

$$i=s \Rightarrow i_0=-a+(1-b)y \Rightarrow y_e=\frac{1}{1-b}(a+i_0)$$

2. 图示法

储蓄函数决定均衡国民收入的方法也可以用图形来分析。在图3-9中，横轴代表国民收入，纵轴代表投资和储蓄，由于投资看做常数，因此投资曲线为一条与横轴平行的水平线，储蓄函数曲线为向右上方倾斜的直线，储蓄曲线与投资曲线的交点表示产品市场供求均衡，两线交点对应的国民收入就是均衡国民收入 y_e。

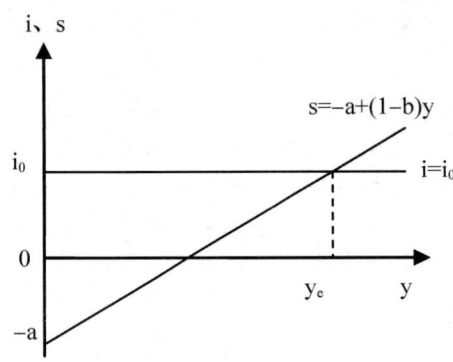

图3-9 储蓄函数决定均衡国民收入

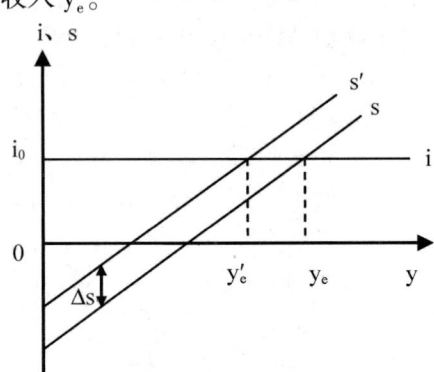

图3-10 储蓄增加对均衡国民收入的影响

其他条件不变的情况下，如果储蓄函数发生变动，会导致均衡国民收入的相应变化。假定自发性储蓄增加，也就是自发性消费减少，储蓄曲线会向上平行移动，引起均衡国民收入的减少。如图3-10所示，图中储蓄曲线上移 Δs，均衡国民收入从 y_e 减少到 y'_e。根据均衡国民收入决定的基本模型，自发性储蓄的增加会引起储蓄曲线平行上移，从而导致均衡国民收入下降，最终，储蓄不但不增加，反而导致储蓄比原来减少，这种情况被称为节俭悖论。节俭悖论反映了这样一种与人们初始愿望相反的经济规律性，当人们整体性地打算减少消费增加储蓄时，经济运行的结果反而使人们的储蓄更少了。

二、乘数

从以上分析可以看出，我们已经知道影响均衡国民收人的三个因素，即自发消费 a、边际消费倾向 b 或边际储蓄倾向 ($1-b$) 和计划投资。因而，需求的增加（两部门经济中包括消费需求的增加和投资需求的增加）会引起国民收入的增加，如何才能知道增加一定量的总需求会使国民收入增加多少，即总需求增加与国民收入增加之间的数量关系是怎样的呢？下面我们通过乘数理论来解决这个问题。在现代西方经济学中，乘数也叫倍数，是指国民收入的增量与引起国民收入变化的因素最初增量之间的比率。

（一）投资乘数

宏观经济学非常关心投资的变动对均衡国民收入的影响，并把一单位投资的变动引起的均衡国民收入的最终变动量叫做投资乘数，用 k_i 表示。在其他条件不变的情况下，假定投资增加1个单位，那么根据均衡国民收入决定的基本公式（3.20），均衡国民收入将增加 $\dfrac{1}{1-b}$ 单位。如果投资增加 Δi，则均衡国民收入增加量为

$$\Delta y = \frac{1}{1-b}\Delta i \tag{3.21}$$

投资乘数用 k_i 表示，根据投资乘数的定义有

$$k_i = \frac{\Delta y}{\Delta i} = \frac{\frac{1}{1-b}\Delta i}{\Delta i} = \frac{1}{1-b} \tag{3.22}$$

从式（3.20）中也可以用导数法求得投资乘数

$$k_i = \frac{\mathrm{d}y}{\mathrm{d}i} = \frac{\mathrm{d}\left(\frac{a+i}{1-b}\right)}{i} = \frac{1}{1-b} \tag{3.23}$$

一般地，如果边际消费倾向用 MPC 表示，边际储蓄倾向用 MPS 表示，由于 MPC + MPS = 1，所以投资乘数可以表示为

$$k_i = \frac{1}{1-MPC} = \frac{1}{MPS} \tag{3.24}$$

【拓展 3-2】

因为边际消费倾向是大于 0 小于 1 的，所以从乘数公式可以看出，投资乘数是大于 1 的。这说明自发投资增加 1 单位，引起均衡国民收入的增加量会大于 1 单位。投资乘数的动态作用过程可以通过图 3-11 来描述。

从图中可以看出，初始投资增加 Δi 会引起国民收入立即增加 Δi，这是国民收入的第一轮增加。当国民收入增加 Δi 后，由于边际消费倾向的存在，引起消费增加 $b\Delta i$，这又引起国民收入增加 $b\Delta i$，这是国民收入的第二轮增加。国民收入增加 $b\Delta i$ 后，又会引起消费继续增加 $b^2\Delta i$，使国民收入第三轮增加 $b^2\Delta i$……这一过程可以无限进行下去。国民收入第一轮增加和之后各轮次的增加具有不同的原因，第一轮国

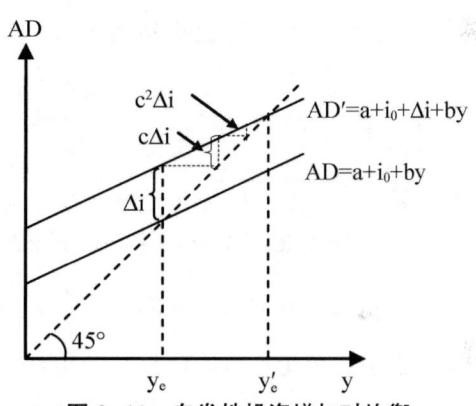

图 3-11 自发性投资增加对均衡国民收入的影响

民收入增加是由自发投资的外生性增加引起的，以后各个轮次国民收入的增加都是由于边际消费倾向导致的内生性增加，因此，边际消费倾向的存在及其大于 0 小于 1 的特性，是投资乘数发生作用的根本原因。最后，均衡国民收入的总增加量会数倍于初始的投资增量，用代数式表示如下：

$$\Delta y = \Delta i + b \times \Delta i + b^2 \times \Delta i + b^3 \times \Delta i + \cdots\cdots = (1 + b + b^2 + b^3 + \cdots)\Delta i = \frac{1}{1-b}\Delta i$$

（二）消费乘数

类似于投资乘数，自发性消费的变动也会引起均衡国民收入数倍于初始消费增量的增加。消费乘数就是指由自发性消费变动引起的国民收入增量与最初的消费增量之间的比率。消费乘数反映自发消费每增加 1 单位所引起均衡国民收入增加的量是几个单位。

在其他条件不变的情况下，假定自发性消费增加 Δa，根据均衡国民收入决定的基本公式（3.20），均衡国民收入将增加 $\frac{1}{1-b}\Delta a$。自发消费乘数用 k_c 表示，根据消费乘数的定义有

$$k_c = \frac{\Delta y}{\Delta c} = \frac{\frac{1}{1-b}\Delta a}{\Delta a} = \frac{1}{1-b} \tag{3.25}$$

从式（3.21）中也可以用导数法求得消费乘数

$$k_c = \frac{dy}{dc} = \frac{d\left(\frac{a+i_0}{1-b}\right)}{da} = \frac{1}{1-b} \tag{3.26}$$

消费乘数的作用机制与投资乘数是相同的，这里不再赘述。

【例3-1】

已知两部门经济系统中，消费函数为 $c = 200 + 0.75y$，自发性投资为 $i = 140$。

（1）求该经济系统当前的均衡国民收入水平及投资乘数；

（2）假如该经济系统充分就业的国民收入为 $y^* = 1\,600$，投资增加多少才能实现充分就业。

解：

（1）两部门经济中，由均衡国民收入决定式（3.20）可得整理得均衡国民收入为：

$$y_e = \frac{a+i_0}{1-b} = \frac{(200+140)}{1-0.75} = 1\,360$$

投资乘数为 $k_i = \dfrac{1}{1-MPC} = \dfrac{1}{1-0.75} = 4$

（2）要实现充分就业要求均衡国民收入增加 $\Delta y = y^* - y_e = 1\,600 - 1\,360 = 240$

根据投资乘数的定义公式 $k_i = \dfrac{\Delta y}{\Delta i}$ 有 $\Delta i = \dfrac{\Delta y}{k_i} = \dfrac{240}{4} = 60$

即自发性投资增加60可以使该经济系统实现充分就业。

第四节　三部门经济中均衡国民收入的决定

一、三部门经济中均衡国民收入

（一）政府的收支行为

三部门经济系统中，除了厂商和家庭以外，还有政府部门。一方面，政府要通过税收取得财政国民收入；另一方面，政府要用财政国民收入通过对公共物品和劳务的购买来维持政府机构的运行，维护正常的社会秩序，政府也会将财政资金用于对家庭的转移支付。政府购买和转移支付二者都是政府财政支出，但是它们在性质上是不同的，政府购买是政府对产品和劳务的购买，是社会总需求的直接构成因素；转移支付并不购买任何产品和劳务，是政府对家庭的无偿馈赠，不直接形成社会总需求，转移支付会引起个人国民收入的增加，它通过增加国民收入从而增加个人消费来间接影响社会总需求。

宏观经济学中，一般假定政府购买 g 是一个外生变量，是由政府决策机制外在地决定的，往往把它看作常数。这意味着政府购买水平不受经济系统内在因素的影响，与国民收入无关。

政府的税收制度有两种基本形式。一种是固定税收制度，税收按一个固定的数额征收，这种情况下，税收的多少与本期国民收入的高低无关，可以看作常数。另一种是变动税收制度，税收用一个系数或百分数与征税对象的数额乘积计算缴纳，此时税收与本期国民收入之间存在增函数关系，国民收入增加税收增加，国民收入减少税收减少。

（二）固定税制与均衡国民收入决定

在固定税制的情况下，三部门经济中，社会总需求包括三个部分，除了家庭消费和私人投资之外，还有政府购买 g。由有效需求决定均衡国民收入的基本思想，均衡国民收入决定条件表示为

$$c+i+g=y \tag{3.27}$$

其中：$c=a+y_d$。在三部门经济中，决定人们消费支出的国民收入并不是总国民收入，而是可支配国民收入（记做 y_d）。可支配国民收入是人们的税后国民收入再加上政府的转移支付。即 y_d 等于从国民收入 y 中减去税收 t、再加上转移支付 tr，即 $y_d=y-t+tr$；投资 i、政府购买 g 以及税收 t 和转移支付 tr 都看作常数，把它们代入均衡国民收入决定的条件公式，即

$$[a+b(y-t+tr)]+i+g=y$$

进一步化简，得三部门经济中均衡国民收入决定公式：

$$y_e=\frac{1}{1-b}(a+i+g-b\cdot t+b\cdot tr) \tag{3.28}$$

从式（3.28）中可以看出，影响一国均衡国民收入的因素有六个，自发性消费 a、自发性投资 i、政府购买 g、转移支付 tr、边际消费倾向 b 的增加都会使均衡国民收入增加，税收 t 的增加导致均衡国民收入下降。

上述均衡国民收入决定的思想也可以用图形表述。在图 3-12 中，纵轴代表总需求、横轴表示国民收入及总产出（总供给），从原点出发有一条45°线，这条直线上任何一点到两坐标轴的距离都相等，因此，坐标系中总需求与总供给只能在45°线上达到相等，45°线也就是总需求等于总供给的轨迹，即均衡线。消费函数 $c=a+b(y-t+tr)$ 在图中表现为一条右上方倾斜的直线；总需求函数 $AD=c+i+g$ 也就是一条右上方倾斜的直线；均衡国民收入 y_e 就由 AD 曲线与45°线的交点位置决定。

三部门经济中均衡国民收入决定也可以通过储蓄函数来分析。其中总供给（总产出）在数量上等于消费、储蓄与税收之和，即 $AS=c+s+t$。供求相等可以表示为 $c+i+g=c+s+t$，消去 c 之后产品市场供求均衡的条件可以表示为 $i+g=s+t$ 或者 $i=s+(t-g)$，式中 s 表示私人部门储蓄、$(t-g)$ 表示政府储蓄，两者之和 $s+(t-g)$ 为社会储蓄。我们知道，在三部门经济中 $y_d=y-t+tr$，投资 i 和政府购买假设为常数，那么储蓄函数有变化么？

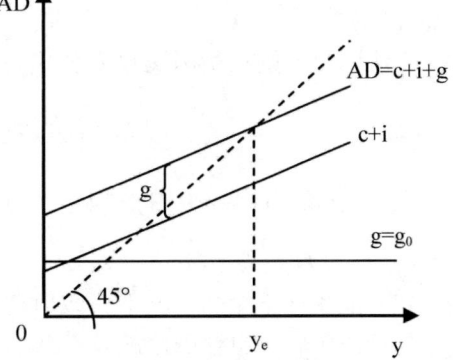

图 3-12 三部门经济中均衡国民收入决定

根据收入法，总产出 $y=c+s+t$，则储蓄函数为：

$$s = y-c-t = y-(a+b \cdot y_d)-t$$
$$= y-[a+b(y-t+tr)]-t$$
$$= -a+(1-b)y-(1-b)t-b \cdot tr$$

把储蓄函数，代入均衡条件 $i+g=s+t$ 或 $i=s+(t-g)$，得：

$$i=[-a+(1-b)y-(1-b)t-b \cdot tr]+(t-g)$$

化简得均衡国民收入决定公式：

$$y_e = \frac{1}{1-b}(a+i+g-b \cdot t+b \times tr)$$

与式（3.28）相同。

（三）比例税与均衡国民收入决定

比例税制与固定税制的根本区别是税收与国民收入的关系不同，固定税制中一般把税收看作常数，但是，比例税制条件下，税收是国民收入的增函数，一般表示为 $t=\lambda y$，其中 λ 表示边际税收倾向，反映国民收入每增加 1 单位引起税收增加的数量，λ 是大于 0 小于 1 的数。此时，个人可支配收入仍旧为 $y_d=y-t+tr$，消费函数为 $c=a+b(y-t+tr)$。

其他变量及其关系与固定税制没有差别，因此，根据供求均衡决定国民收入的条件 $c+i+g=y$ 有：

$$[a+b(y-\lambda y+tr)]+i+g=y$$

解得均衡国民收入公式为：

$$Y_e = \frac{1}{1-b(1-\lambda)}(a+i+g+b \times tr) \qquad (3.29)$$

从式（3.29）中可以看出，变动税制情况下均衡国民收入决定中，自发性消费、自发性投资、政府购买、转移支付等因素对均衡国民收入的影响与固定税制没有差异，区别就在于括号前面的系数不同，即边际税收倾向 λ 会影响国民收入决定中的乘数大小。

（四）混合税制与均衡国民收入决定

如果一个经济社会政府既征收固定税又征收变动税，即税收由固定税 t_0 和变动税 λy 两部分构成：$t=t_0+\lambda y$

方法同上，则均衡国民收入公式为：

$$y_e = \frac{1}{1-b(1-\lambda)}(a+i+g-b \times t_0+b \times tr) \qquad (3.30)$$

二、三部门经济中的乘数

（一）政府购买乘数

在其他条件不变的情况下，政府购买增加，均衡国民收入就会随之增加；政府购买减少，均衡国民收入也会随之减少。政府购买乘数就是指均衡国民收入增量与引起国民收入增加的政府购买增量之比。反映政府购买增加 1 单位会引起均衡国民收入增加几单位。用公式表示为

$$k_g = \frac{\Delta y}{\Delta g} \text{ 或 } k_g = \frac{dy}{dg} \qquad (3.31)$$

式中，k_g 表示政府购买乘数。根据式（3.28）和式（3.29）可以求得固定税制和可变税制下政府购买乘数，

固定税制下：
$$k_g = \frac{1}{1-b} \tag{3.32}$$

变动税制下：
$$k_g = \frac{1}{1-b(1-\lambda)} \tag{3.33}$$

由于 b、t 都是大于 0 小于 1 的数，因此边际税收倾向的存在会降低政府购买乘数。

（二）税收乘数

税收变动也会引起均衡国民收入的变化，政府增加固定税，将使均衡国民收入减少；反之，减少固定税，均衡国民收入就会增加。税收乘数就是指均衡国民收入变量与引起国民收入变化的税收变量之比。反映固定税变化 1 单位引起的均衡国民收入变化的单位数量。用公式表示为

$$k_t = \frac{\Delta y}{\Delta t} \text{或} \ k_t = \frac{dy}{dt} \tag{3.34}$$

式中，k_t 表示税收乘数。根据式（3.32）和式（3.37）可以求得固定税制和可变税制下税收乘数，

固定税制下：
$$k_t = -\frac{b}{1-b} \tag{3.35}$$

变动税制下：
$$k_t = -\frac{b}{1-b(1-\lambda)} \tag{3.36}$$

由于 b、t 都是大于 0 小于 1 的数，因此不论是固定税制还是变动税制，税收乘数都是负数，这意味着固定税的变化方向与均衡国民收入的变化方向是相反的。同时还要注意，边际税收倾向也降低了税收的乘数作用。

（三）转移支付乘数

从式（3.28）和式（3.29）还可以看出，政府转移支付变化也导致均衡国民收入改变，并且均衡国民收入随着转移支付的增加而增加，随着转移支付的减少而减少。转移支付乘数就是指均衡国民收入的变化量与引起国民收入变动的转移支付变化量之比。反映转移支付变化 1 单位会引起均衡国民收入变化的单位数量。用公式表示为

$$k_{tr} = \frac{\Delta y}{\Delta tr} \text{或} \ k_{tr} = \frac{dy}{dtr} \tag{3.37}$$

式中，k_{tR} 表示转移支付乘数。根据式（3.28）和式（3.29）可以求得固定税制和可变税制下转移支付乘数

固定税制下：
$$k_{tr} = \frac{b}{1-b} \tag{3.38}$$

变动税制下：
$$k_{tr} = \frac{b}{1-b(1-\lambda)} \tag{3.39}$$

转移支付乘数是正数，意味着转移支付的变化方向与均衡国民收入的变化方向是相同的。另外，边际税收倾向也降低转移支付的乘数作用。

(四) 平衡预算乘数

前边我们讨论的政府购买乘数和税收乘数，都是基于政府单独调整政府购买 g 或者单独改变税收时，均衡国民收入受到的影响。这里，所谓平衡预算是指政府购买和政府税收同时以相同数量增加或减少，即保持政府财政收支平衡。平衡预算乘数是指在政府购买和税收同时等量变动时均衡国民收入变化量与政府购买变化量之比。该乘数反映政府购买和税收同时等量变动对均衡国民收入的影响程度。用公式表示为

$$k_b = \frac{\Delta y}{\Delta g} = \frac{\Delta y}{\Delta t} \tag{3.40}$$

式中，k_b 表示平衡预算乘数。

由于政府购买和税收同时等量变动，即 $\Delta g = \Delta t$，因此，根据均衡国民收入决定公式，在三部门固定税制情况下有

$$\Delta y = \frac{1}{1-b}(\Delta g - b \cdot \Delta t) = \frac{1}{1-b}(\Delta g - b \cdot \Delta g) = \Delta g = \Delta t \tag{3.41}$$

所以 $k_b = \frac{\Delta y}{\Delta g} = 1$ 或 $k_b = \frac{\Delta y}{\Delta t} = 1$

即三部门固定税制情况下平衡预算乘数为 1。

需要说明的是，在三部门经济中，同样存在消费乘数和投资乘数，二者的大小同样与税制相关。

在固定税制下，消费乘数和投资乘数分别是：

消费乘数 $k_c = \frac{1}{1-b}$；投资乘数 $k_i = \frac{1}{1-b}$

在变动税制下，消费乘数和投资乘数分别是：

消费乘数 $k_c = \frac{1}{1-b(1-\lambda)}$；投资乘数 $k_i = \frac{1}{1-b(1-\lambda)}$

【例 3-2】

已知三部门经济系统中，消费函数为 $c = 200 + 0.8y_d$，投资为 $i = 100$，政府购买 $g = 600$，税收 $t = 250 + 0.25y$，转移支付 $tr = 100$。求

（1）该经济系统当前的均衡国民收入水平；

（2）消费乘数、政府购买乘数、税收乘数和转移支付乘数。

解：

（1）由均衡国民收入决定公式（3.30），把上述相关函数代入，得：

$$y_e = \frac{1}{1-0.8 \times (1-0.25)}(200+100+600-0.8 \times 250+0.8 \times 100) = 1\,950$$

（2）消费乘数为 $k_c = \frac{1}{1-0.8 \times (1-0.25)} = 2.5$

政府购买乘数为 $k_g = \frac{1}{1-0.8 \times (1-0.25)} = 2.5$

税收乘数为 $k_t = -\frac{0.8}{1-0.8 \times (1-0.25)} = -2$

转移支付乘为 $k_{tr} = \dfrac{0.8}{1-0.8\times(1-0.25)} = 2$

【专栏 3-3】江苏省政府基金 200 亿元撬动 2 100 亿元社会资本"乘数效应"推动高质量发展

位于盐城经开区的江苏鸿佳电子科技有限公司,虽然核心技术领先同行,但一直为产能不足而烦恼。在不久前获得中韩盐城产业园基金投资 5 000 万元后,公司一下新上 12 条半生产线,产能扩大 3 倍以上,既保证了客户,又扩大了规模利润。中韩盐城产业园基金则成为鸿佳电子的股东。

这样的精彩场景,正在江苏不断上演。将这些闪光点串联成线的,是江苏省政府投资基金。据省财政厅最新统计,自 2015 年 9 月基金设立以来,已以 200 亿元撬动 2 100 亿元社会资本,为壮大江苏实体经济、推动高质量发展,立下"赫赫战功"。

三个方向投资布局基本完成

设立政府投资基金,被江苏当作深化财政管理制度、财政支出方式改革与充分发挥市场在资源配置中的决定性作用有机结合的重大举措。省财政厅副巡视员项林表示,"将财政支持方式由直接无偿补助向间接有偿引导转变,有利于发挥财政资金的引导作用和乘数效应,吸引社会资本集聚,优化资金配置方向,提高财政资金使用效率。"

针对江苏不同区域发展存在一定差距,省政府投资基金在推动区域协调发展、提高区域发展竞争力这一领域积极探索,分别在南京、盐城、连云港、无锡、南通、徐州等 6 个设区市设立区域基金,各地再根据实际量身定制不同子基金,聚焦基础设施和民生工程,以及符合区域发展规划、适应产业转型升级需要的特色优势产业项目。

截至 2017 年,省政府投资基金在新材料、智能制造、智慧建筑、医药与健康、知识产权、国企混改和上市公司并购领域,打造了总数 34 支、总规模 395.71 亿元的"建泉"系细分产业投资基金舰队,其中,省政府投资基金出资 104.17 亿元、撬动社会资本 291.54 亿元,撬动比例近 3 倍。针对农业领域资本运作水平较低、股权投资市场不发达的实际,省政府投资基金积极贯彻乡村振兴战略,按照不同细分领域分别设立 6 支农业类投资基金、规模达 25.12 亿元,农业投资基金规模全国领先。

企业获利好基金共集聚

政府投资基金由政府通过财政预算安排出资设立,采用股权投资等市场化方式,引导社会资本投资支持相关产业和领域发展的资金,投资面广,形式灵活,撬动社会资金和促进企业转型发展事半功倍。

徐工集团挖掘机事业部副总经理张宏介绍,徐工虽然订单很多,但是交货期跟不上。按照集团十年规划,需要 10 亿元资金来提高产能。得益于政府投资资金,这一难题迎刃而解——徐州老工业基地产业发展基金通过旗下的子基金出资 3 亿元,另外 7 亿元由社会资本参与投资。"我们预计,到 2020 年销售国民收入将达到 30 亿元,再过五年可以达到 50 个亿,这 10 个亿的投入是为了将来 50 个亿的规模。"张宏说。

省政府设立的产业投资基金,带给企业同样实实在在的利好。

2018 年 3 月 16 日,省政府投资基金召开第四次管理委员会会议,为政府基金发展把脉定向。打造高水平基金产业集聚区、完善基金业务布局、提升基金治理水平,在"强

富美高"新江苏建设中，政府基金将扮演越来越重要的角色。（文章有删减）

来源：新华报业网　作者：邵生余　2018 年 03 月 26 日

第五节　四部门经济中均衡国民收入的决定

一、四部门经济中均衡国民收入

在开放的经济系统中，任何一个国家与国际上其他许多国家之间都存在贸易往来，一国的均衡国民收入不仅取决于国内消费、投资和政府购买，而且还取决于国际贸易中的出口 X 与进口 M 的差额，即：净出口＝出口－进口＝x-m。

四部门经济中，出口 x 代表国外经济体对本国商品的需求，这不难理解，但为什么要减去进口呢？因为经济开放条件下，一国国内需求 c+i+g 不仅有对本国商品的购买，也有对外国进口商品的购买，我们研究国民收入是指一国自己生产的最终商品的市场价值，均衡国民收入决定的思想也是指对本国最终商品总需求决定本国均衡国民收入，必须把国内需求中对外国商品的需求部分（即进口 M）扣除，剩余部分才是对本国最终商品的需求。因此，c+i+g+(x-m) 才是对本国最终商品的总需求。

在净出口中，出口 X 是由外国的购买力和购买意愿决定的，与本国国民收入没有直接关系，因此，出口 x 一般被认为是外生变量，即与本国国民收入水平无关，看作是常数 x_0。然而，进口 m 被认为与本国国民收入有正向相关关系，M 随本国国民收入增加而增加，随国民收入减少而减少，原因在于本国国民收入提高后，人们对进口优质商品的需求会增加，进口可以表示为国民收入的增函数：$m = m_0 + \gamma y$。其中，m_0 表示自发性进口，即与本国国民收入无关的进口；m 表示边际进口倾向，即本国国民收入每变化 1 单位所引起的进口的变化量，$0 < \gamma < 1$。

四部门经济中社会总需求决定均衡国民收入的模型可以表示如下：
$$c+i+g+(x-m) = y$$
其中，
$$c = a + b \times y_d$$
$$y_d = y - t + tr$$
$$t = t_0 + \lambda \times Y$$
$$M = M_0 + m \times Y$$

初始外生变量分别为：$i = i_0$；$g = g_0$；$x = x_0$；$tr = tr_0$
代入均衡国民收入决定模型并化简得

$$y_e = \frac{1}{1-b(1-\lambda)+\gamma}(a+i_0+g_0-b \times t_0+b \times tr_0+x_0-m_0) \tag{3.42}$$

式（3.42）为四部门经济中均衡国民收入决定公式。

二、四部门经济中的对外贸易乘数

（一）出口乘数

出口乘数是指均衡国民收入变化量与引起国民收入变化的出口变化量之比，表示出口

变化 1 单位会引起均衡国民收入变化多少单位。由式（3.42）可以求得

$$k_x = \frac{\Delta y}{\Delta x} \text{ 或 } k_x = \frac{dy}{dx} = \frac{1}{1-b(1-\lambda)+\gamma} \tag{3.43}$$

式中，k_x 表示出口乘数。从式（3.42）可以看出，四部门经济中自发消费乘数、投资乘数、政府购买乘数都与三部门经济模型不同，这些乘数都等于出口乘数，因为 $0<\gamma<1$，所以边际消费倾向的存在降低了乘数作用。

（二）进口乘数

进口乘数是指均衡国民收入变化量与引起国民收入变化的进口变化量之比，表示进口每变化 1 单位会引起均衡国民收入变化多少单位。由式（3.42）可以求得

$$k_m = \frac{\Delta y}{\Delta m} \text{ 或 } k_m = \frac{dy}{dm} = -\frac{1}{1-b(1-\lambda)+\gamma} \tag{3.44}$$

式中，k_m 表示进口乘数。进口乘数为负数，表示进口增加会引起均衡国民收入下降，进口减少反而使均衡国民收入增加，贸易保护主义在国际经济发展中长期存在的现实与该理论结果是一致的。

【专栏 3-4】从"三驾马车"看中国经济稳中向好从何来

2018 年 7 月 16 日，国家统计局公布上半年国民经济运行情况，"总体平稳、稳中向好"成为了主基调。2018 年政府工作报告中，全年的 GDP 增长目标被定在 6.5% 左右，而统计局数据显示，今年上半年国内生产总值（GDP）同比增长 6.8%，GDP 连续 12 个季度保持在 6.7%~6.9% 的区间。

经济的平稳增长离不开多项数据指标的支撑，消费、投资、出口作为拉动经济的三驾马车，通过分析三者具体数据便能窥见经济如何实现平稳运行。

消费增长态势较好

国家统计局数据显示，2018 年上半年消费对经济增长的贡献率为 78.5%，比上年同期提高了 14.2 个百分点。中国人民大学统计学院院长赵彦云对经济观察网表示："近年来，消费在经济发展中发挥越来越重要的作用，高质量的经济发展离不开内需的扩大。"

只是近两年，市场上关于消费疲软的声音一直存在。国家统计局数据显示，2017 年 6 月至 2018 年 5 月，社会消费品零售总额分月同比增长速度总体呈现下滑态势，2018 年 5 月同比增长速度降至近一年的最低点 8.5%，6 月回升至 9.0%。对此，国家统计局中国经济景气监测中心副主任潘建成从两方面进行了解释。"一方面增速是在放缓，但上半年 9.4% 的社会消费品零售总额增长速度也是不低的，社会消费品零售总额在持续的扩大；另一方面，社会消费品零售总额并不能完整的反映消费的全貌，需要运用多方面数据分析，比如居民人均消费支出和服务消费"。

2018 年上半年，全国居民人均消费支出 9 609 元，比上年同期名义增长 8.8%，扣除价格因素，实际增长 6.7%。国家统计局新闻发言人毛盛勇就 2018 年上半年国民经济运行情况答记者问时介绍，当前服务消费占居民消费比重约为 50%，且比重每年大概提高 1 个百分点。上半年，全国服务业生产指数也同比增长 8.0%。毛盛勇同时表示，中国的消费还是保持了一个比较快的增长势头，而不是疲弱。

投资平稳增长

国家统计局数据显示，2018年1至6月份，全国固定资产投资（不含农户）297 316亿元，同比增长6%，增速相比2018年1—2月7.9%的同比增速回落1.9个百分点。其中，民间固定资产投资184 539亿元，同比增长8.4%。对于投资的平稳增长，毛盛勇从三个领域进行了介绍。一是制造业投资连续三个月增长速度加快；二是房地产投资，今年上半年增长9.7%；三是基础设施投资，上半年有所回落，下半年随着项目清理完成，合规项目加快落地进度，基础设施投资下半年也有望保持基本稳定。

贸易摩擦影响有限

根据海关总署统计数据，今年上半年，我国货物贸易进出口14.12万亿元人民币，同比增长7.9%。其中，一、二季度同比分别增长9.4%和6.5%，二季度增速较一季度有所回落。7月13日，国务院新闻办就2018年上半年进出口情况举行发布会时，海关总署新闻发言人黄颂平表示一方面季度进出口规模维持在较高水平，另一方面季度进出口增速属于合理区间。基数抬高的客观因素是造成二季度同比增速回落的最主要原因。去年一、二季度我国进出口值分别为6.17万亿元和6.92万亿元，相比一季度，今年二季度我国外贸进出口基数抬高了12%。

来源：经济观察网：从"三驾马车"看中国经济稳中向好从何来（有删减）；作者田进。

本章术语中英文对照

Equilibrium Output 均衡产出
Consumption 消费
Consumption Function 消费函数
Average Propensity to Consume（APC）平均消费倾向
Marginal Propensity of Consume（MPC）边际消费倾向
Savings 储蓄
Savings Function 储蓄函数
Average Propensity to Save（APS）平均消费倾向
MarginalPropensity to Save（MPS）边际储蓄倾向
Two-sector Economy 两部门经济
Three-sector Economy 三部门经济
Four-sector Economy 四部门经济
Multiplier 乘数
Investment Multiplier 投资乘数
Consumption Multiplier 消费乘数
Government Expenditure Multiplier 政府支出乘数
Government Payment Multiplier 政府支付乘数
Government Purchase Multiplier 政府购买乘数
Balance Budget Multiplier 平衡预算乘数

Export Multiplier 出口乘数
Import Multiplier 进口乘数
Proportional Tax 比例税
Fixed Tax 固定税
ExogenousVariable 外生变量
EndogenousVariable 内生变量
Personal Income 个人收入
Personal Saving 个人储蓄
Personal Savings Rate 个人储蓄率
National Savings Rate 国民储蓄率
Personal Income Tax 个人所得税
Progressive Tax 累进税制

思考题

1. 什么是节俭悖论？如果节俭悖论存在，它对我们有何启示？

2. 一些西方经济学家常断言，将一部分国民收入从富者转给贫者，将会提高总国民收入水平，他们的理由是什么？

3. 政府一笔预算，如 200 亿元，以转移支付、政府购买两种方式投入经济，其对经济的拉动作用哪个大？

4. 比较固定税制和比例税制两种情况时的乘数公式，为何在比例税制下的乘数效应小于固定税制下的乘数效应？

5. 居民的边际消费倾向主要受哪些因素影响？

第四章 国民收入决定：IS-LM 模型

学习目标 通过本章的学习，掌握投资函数的基本知识、货币供求的基本内容，在此基础上理解产品市场和货币市场各自均衡的基本条件及其相互关系，通过 IS 方程和 LM 方程计算均衡国民收入，为财政政策和货币政策分析打好基础。

知识点 投资的影响因素及投资函数；货币需求、货币供给及利率决定；IS 曲线及 LM 曲线的概念及经济含义；IS 曲线及 LM 曲线的斜率变化和位置移动的影响因素；利用 IS-LM 模型分析双市场均衡与变动、失衡与调整。

注意点 IS-LM 模型是在凯恩斯宏观经济理论基础上概括出的一个宏观经济分析模式，是描述产品市场和货币之间相互联系的理论结构。在这一理论结构中，假设价格不变，从国民收入和利率的角度，分析产品市场与货币市场的均衡。当用 IS 曲线及 LM 曲线描述产品市场及货币市场均衡时，横轴是国民收入 y，纵轴是利率 r。

第一节 投 资

投资也叫资本形成，是指一个国家或地区一定时期内社会资本的形成和增加，表现为生产能力的扩大。投资和资本是两个不同的概念，投资是流量，资本是存量。经济学中所说的投资定义是指社会的实际资本的增加，包括厂房、设备和存货，也就是资本的存量发生了变动。每年新增的资本应该是净投资，即投资减去折旧。为了使问题简单化，分析时假定折旧为零，那么投资和净投资就是同一个量。在以后的论述中，凡是提到投资的地方，除非做出特别的说明，否则我们总是假定折旧为零，即把投资和净投资看作同一个概念。

研究投资决策，将其与消费理论相结合，可以使我们更清晰地把握在既定时期的产出是如何在现在使用（消费）和未来使用（投资以提高未来的产量）之间进行配置的。此外，企业投资也会对一个经济社会的产量和失业率有着一定的作用；同时，投资支出也对经济的长期增长起到了重要作用。投资支出是通过增加资本存量来提高未来经济的生产能力。因此，同消费理论一样，投资理论也是跨时期的，现在投资是为了提高未来的生产能力。

一、投资的决定

（一）投资收益

如果一项投资有助于企业出售更多的产品，则它将会增加企业的收益，即投资收益。

投资收益通常用投资收益率来衡量。投资收益率又称投资利润率,是指企业净利润与所有者净资产的比率。用以反映企业运用资本获得收益的能力,也是企业经济效益的一项评价指标。

投资收益率越高,说明企业自有投资的经济效益越好,值得投资和继续投资,因此,它是投资者和潜在投资者进行投资决策的重要依据。

(二) 投资成本

由于投资品会持续使用多年,因此对于投资成本的计算,相比其他商品如大米、石油的成本计算,要更为复杂一些。投资的成本不仅包括资本品的价格,还包括为购买资本品而借款的利息以及厂商为其收入所付的税金。

投资者通过借款(可以通过抵押贷款或在债券市场上出售债券等方式)来购买资本品筹措资金,借款的成本则是借入资金的利率,即利息是投资的成本。即使投资的资金是自有的,投资者也会把利息看成是投资的机会成本,从而把利息当做投资的成本。因此,利率上升时,投资者自然就会减少投资物品的购买,利率下降时,投资者自然就会增加投资物品的购买。

(三) 投资决策原则

投资决策原则主要是由投资收益和投资成本相比较而得出的。企业为什么要进行投资?归根结底,企业只有在预计到购买资本品会给它带来利润,即会带来大于投资成本的收益时,才会进行投资。是否对新的实物资本如厂房、设备、存货等进行投资,取决于这些新投资的预期利润率同为购买这些资产而必须借进的款项所要求的利率进行比较。当前者大于后者时,投资是值得的;反之,投资就不值得。在投资的预期利润率既定时,企业是否投资,主要取决于利率的高低。

二、影响投资的因素

影响投资最主要的因素,包括实际利率水平、预期收益率、投资风险和融资约束。

(一) 实际利率与投资

凯恩斯认为投资取决于投资者的投资决策,投资决策取决于投资者对该投资的"预期利润率",预期利润率的大小又取决于"投资预期收益"与"投资成本"的关系;投资的预期收益和投资成本都取决于市场的实际利率水平。当预期利润率大于实际利率时,投资是值得的,当预期利润率小于实际利率时,投资就不值得。因此,在投资决策的诸多因素中,实际利率是首要考虑的因素,实际利率大致上等于名义利率减通货膨胀率。假定某年名义利率为10%,当年通货膨胀率为7%,则实际利率等于3%。在预期利润率既定的前提下,企业是否进行投资,首先就取决于实际利率的高低,实际利率上升,投资需求减少;实际利率下降,投资需求增加。因此,利率是决定投资成本的主要因素。

(二) 预期收益与投资

讨论实际利率水平影响投资需求,实际上是从资金使用的成本角度来探讨投资需求的。影响投资需求的另一个重要因素就是资本的边际效率公式中的预期收益,即一个投资项目在未来各个时期估计可以得到的收益。影响预期收益的因素很多,主要包括三个方面。

1. 对投资项目的产品需求预期

投资一个项目，首先要判断这项投资有没有市场，生产出来的产品能否有良好的市场需求。如果预期该产品未来的市场需求出现萎缩，那么必然会减少甚至停止对该项目的投资。一个重要的投资行为理论是加速原理，该理论认为投资需求根本上是由产出变化率决定的，也就是说产出增加时投资需求高，产出下降时投资需求低。

2. 投资项目的生产成本

对于投资的预期收益，很大程度上要取决于该项目的生产成本，包括产品原材料、劳动者的工资成本等。生产成本的上升意味着会降低企业利润，减少投资预期收益，尤其是在资源密集型、劳动密集型产品的投资项目上。这里要特别提一下工资的变动对于投资需求的影响，工资成本的上升显然会降低投资需求，但在某些可以通过使用机器来代替人工的企业中，反而会由于企业想要采用新的机器设备来降低对劳动力的需求，从而出现工资上升而投资需求增加的状况。

3. 政府的税收政策

政府的税收政策也会影响预期收益，因为税收直接影响到企业收益。通常，政府会通过运用财政政策影响特定领域的投资，例如政府对于生产出口产品的企业实行的出口退税政策，以及对不同行业实行不同的税种税率，某个阶段出台的临时性税收政策等。不同部门或不同国家的税收情况，会对以追求利润为目的的企业投资行为会产生深远影响。

（三）风险与投资

投资首先是对未来的一种赌博。投资是当前发生的事，而获得收益是未来的事情，因此由于时间差导致对未来的不确定性。虽然人们会对未来有一个预测，并根据这种推测的结论进行投资决策。然而，预测总是不可能百分百符合事实的发展的，因此，投资总是有风险的。

投资需求也与企业对于风险的考量有密切关系。通常来说，高收益往往伴随着高风险，而追求稳妥的投资方式所带来的收益相对也比较低。企业会综合考虑，当投资可能带来的收益不足以补偿企业可能面临的风险损失时，企业就会降低投资意愿。这种风险，可能是政府的宏观经济政策的变化、生产成本的变化、实际利率的变化、产品价格变化、市场变化等方面的。我们可以从实际当中发现，当经济整体处于繁荣状况时，企业对于未来看好，认为风险较小而扩大投资；当经济呈下降趋势时，企业较谨慎，会因感觉到投资风险大而减少投资。

（四）融资约束与投资

融资约束从资本供给角度出发，分析了这种供给特点对投资行为的影响。在现实生活中，金融市场并不是完善的，外部投资者（债权人和股东）与企业管理者之间存在着不对称信息。外部投资者不可能像企业管理者那样了解企业投资项目的真实状况，因此使得管理者有可能产生机会主义，甚至通过侵害外部投资者的利益来追求自身利益。外部资金供给者虽然能够理性地预计到他们与管理者之间的利益冲突，但由于监督成本过高或者存在搭便车心理而难以有效地降低信息不对称程度，因此他们往往采取两种措施来控制风险：一种是提高资金供给利率；另外一种是实行信贷配给，即在所有贷款申请人中，只有一部分人能得到贷款，而另一部分人会被拒绝，这样就会对企业投资产生融资约束。

融资约束对企业投资的影响主要表现在：

第一，增加企业投资成本，降低企业投资规模。信贷配给一个重要特征就是即使企业愿意支付高利率，企业的融资需求也无法完全得到满足，这就会对企业投资带来资金的数量约束，使其无法完全满足最优投资所需资金，从而降低了投资水平。

第二，影响企业投资结构的优化。投资结构的优化就在于技术投资在总投资中占据较高的比例。但技术投资对于企业的一般投资项目来说是高风险项目，另外企业技术开发投资不会像基本建设投资那样形成对银行有吸引力的抵押物，因此在不完全金融市场上，高风险的企业技术投资项目受到的融资约束也比较强。

三、投资需求曲线

（一）投资函数

既然影响投资的因素有很多，那么投资必然是由这些因素共同作用决定的。这样，投资函数也就有了广义与狭义之分。从广义上来说，投资是由上述因素影响共同决定的，我们把投资与其各影响因素之间的数量关系用函数形式表现出来，那就是广义的投资函数。可表示为：

$$i = f(x_1, x_2, \cdots, x_n) \tag{4.1}$$

其中，x_1，x_2，…，x_n 分别代表投资的各种影响因素。

从狭义上来说，西方经济学家认为，在投资的各个影响因素中，利率是决定投资成本的主要因素。如果投资使用的是借贷资本，则支付的贷款利息是投资成本；如果投资使用的是自有资本，则损失的利息收入（机会成本）是投资成本。因而，利率越高，投资成本就越高，投资需求就相应减少；利率越低，投资成本越低，投资需求就相应增加，即投资是利率的减函数。投资与利率之间的反向变动关系用函数形式表现出来，就是狭义的投资函数。我们简称其为投资函数，可用式（4.2）表示：

$$i = f(r) \tag{4.2}$$

如果我们把投资与利率之间的这种函数关系，简化为线性函数关系，则可用下式表示：

$$i = e - dr \tag{4.3}$$

其中，e 表示的是即使利率 r 为零时仍会有的投资量，也称为自主投资。d 是系数，表示利率每上升或下降一个单位时，投资会减少或增加的数量，称为利率对投资需求的影响系数。

后面的章节内容所说的投资函数，都是指这个狭义的投资函数。

（二）投资需求曲线

如果我们把投资函数，用几何图形表示出来，就可以画出投资需求曲线。投资需求曲线描述的是反映投资和利率之间对应关系的曲线。可以用图 4-1 来表示。

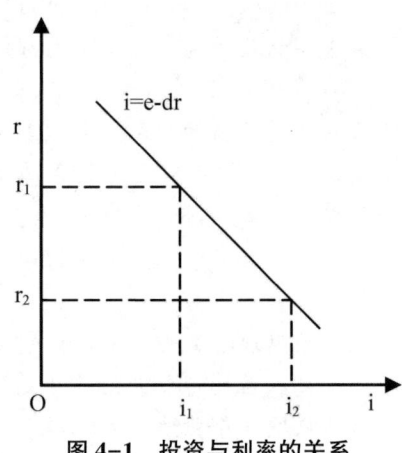

图 4-1　投资与利率的关系

在图中，纵轴是利率，横轴是投资。当利率处于高水平 r_1 时，由于相应的投资成本高，因此投资需求少，投资为 i_1；当利率处于低水平 r_2 时，由于相应的投资成本低，因此投资需求少，投资为 i_2。可以看出，随着利率水平的提高或降低，投资需求会相应地减少或增加，投资随着利率变化反向变化。

【例题 4-1】

若投资函数为 $i=100-5r$，找出利率为 4%、5%、6%、7% 时的投资量（投资单位为亿美元）。

解：

若投资函数为 $i=100-5r$，则

当 $r=4$ 时，$i=100-5\times4=80$（亿美元）；

当 $r=5$ 时，$i=100-5\times5=75$（亿美元）；

当 $r=6$ 时，$i=100-5\times6=70$（亿美元）；

当 $r=7$ 时，$i=100-5\times7=65$（亿美元）。

【拓展 4-1】资本边际效率和投资边际效率

1. 资本边际效率（MEC）

由于投资的收益是未来获得的，所以一项投资是否合算，就要看该投资的未来预期收益与现在的投入相比是否合算。但是由于现在的投入和未来的预期收益不在一个时点上，无法比较，因此必须把投资在未来预期收入的价值折算（贴现）为当前价值，才能与该项投资当前的成本相比较。因此，在这里可以使用这样一个概念——资本边际效率（MEC）。它是一种贴现率，这种贴现率正好使得一项资本品在使用期内各期的预期收益的现值之和等于这项资本品的供给价格或者重置成本。

贴现率是以市场利率为基础的，利息的计算以为复利。

现在以 r 表示利率，R_0 表示本金，R_1、R_2、R_3 分别表示第 1 年、第 2 年、第 3 年的本利和，则

$$本利和=本金+利息(复利)$$

第 1 年的收益为：$R_1=R_0+R_0r=R_0(1+r)$

第 2 年的收益为：$R_2=R_1(1+r)=R_0(1+r)(1+r)=R_0(1+r)^2$

第 3 年的收益为：$R_3=R_2(1+r)=R_0(1+r)^2\cdot(1+r)=R_0(1+r)^3$

……

第 n 年的收益为：$R_n=R_{n-1}(1+r)=R_0(1+r)(1+r)\cdots(1+r)=R_0(1+r)^n$

反过来，如果知道了利率和本利和，就可以用公式求得现在的本金，即 n 年后会获得的本利和 R_n，这笔收益的现值为：

$$R_0=\frac{R_n}{(1+r)^n}$$

此时的贴现公式中，r 也代表贴现率。如果当贴现率为 r 时，使得某一资本品的 n 年的全部预期收益的现值正好等于这项资本品的供给价格，此时，这一贴现率就是资本边际效率，它表明一个投资项目的收益应按何种比例增长时才能达到预期的收益，因此，它也代表投资项目的预期收益率，所以，贴现值公式也可用来计算资产的预期收益率。

因此，资本边际效率公式为：

$$R=\frac{R_1}{1+R'}+\frac{R_2}{(1+R')^2}+\cdots\cdots+\frac{R_n}{(1+R')^n}+\frac{K}{(1+R')^n}$$

R 为资本品的供给价格；R_1，R_2，……，R_n 分别表示不同年份的预期收益；K 代表该资本品在 n 年后的报废价值；R'代表资本边际效率。

2. 投资边际效率曲线（MEI）

投资的边际效率是指资本在投资过程中的真实的收益率。有的西方经济学家认为，资本边际效率曲线还无法准确代表企业的投资需求曲线。因为当利率下降时，企业会由于投资成本的下降而增加投资，如果每个企业都增加投资，会导致资本品的价格上涨，也就是资本品的供给价格上升，根据资本边际效率的公式，则在相同的预期收益情况下，资本边际效率 r'必然会缩小，否则，公式两边无法相等，也就是这一贴现率或者说是资本边际效率无法使未来的收益折合等于资本供给价格的现值。所以，由于资本品供给价格 R 上升而使得贴现率减少了的数值被称为投资的边际效率（MEI）。

因此，在相同的预期收益下，投资的边际效率小于资本的边际效率。投资的边际效率曲线是宏观经济中的投资需求曲线。例如，在图 4-2 中，一笔投资量 I_0，所带来的预期收益量，其资本边际效率为 r_0，但投资的边际效率为 r_1，$r_1<r_0$，因此按资本的边际效率，市场利率为 r_0 时就可以有 I_0 的投资量，但按照投资的边际效率，市场利率要降为 r_1 时才可以有 I_0 的投资量。可以看到，投资边际效率曲线比资本边际效率曲线更为陡峭。

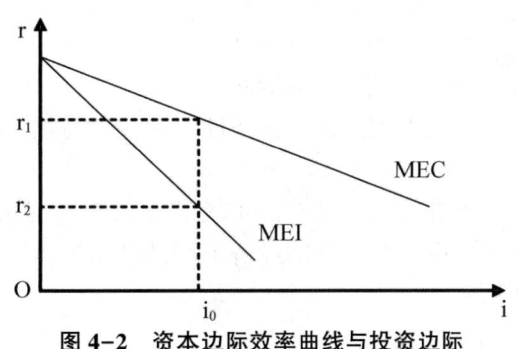

图 4-2　资本边际效率曲线与投资边际效率曲线的比较

MEI 曲线和 MEC 曲线一样也能表示利率和投资量之间存在的反方向变动的关系，只是在使用投资的边际效率曲线情况下，利率变动对投资量变动的影响较小一些，因此投资的边际效率曲线能更准确的表示投资和利率间关系。

西方经济学著作一般都用 MEI 曲线来表示利率与投资量的关系，即是图 4-2 中的投资需求函数。

第二节　产品市场的均衡——IS 曲线

一、IS 曲线及其推导

上一章分析两部门经济的消费与均衡国民收入的决定时，曾得到均衡收入公式

$$y=\frac{a+i}{1-b}$$

上一章中，为简化分析，假定投资为常数，即 i_0。本章当中，我们放开这一假设条

件,将投资作为函数进行考虑,即 $i=e-dr$。

将 $i=e-dr$ 式代入 $y=\dfrac{a+i}{1-b}$ 式中,均衡收入公式就变为:

$$y=\frac{a+e-dr}{1-b} \tag{4.4}$$

上式表明均衡的国民收入与利率之间存在反方向变动关系。假设投资函数 $i=1\,250-250r$,消费函数 $c=500+0.5y$,相应的储蓄函数

$s=-a+(1-b)y=-500+(1-0.5)y=-500+0.5y$,根据 $y=\dfrac{a+e-dr}{1-b}$ 可得:

$$y=\frac{a+e-dr}{1-b}=\frac{500+1\,250-250r}{1-0.5}=3\,500-500r$$

当 $r=1$ 时,$y=3\,000$
当 $r=2$ 时,$y=2\,500$
当 $r=3$ 时,$y=2\,000$
当 $r=4$ 时,$y=1\,500$
当 $r=5$ 时,$y=1\,000$

由此得到一条均衡条件下的利率与收入的反向变化关系。

(一)IS 曲线的含义

IS 曲线是描述产品市场达到均衡,国民收入与利息率之间存在着反方向变动关系的曲线。由于在两部门经济中产品市场均衡时 I=S,因此该曲线被称为 IS 曲线,如图 4-3 所示。

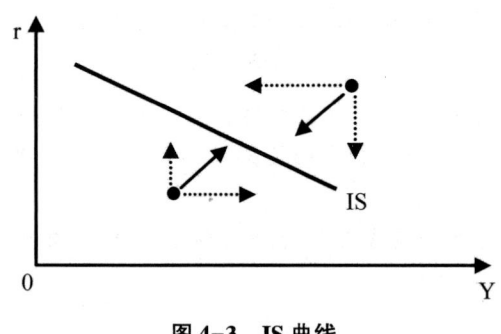

图 4-3 IS 曲线

1. IS 曲线是一条描述产品市场达到宏观均衡,即 I=S 时,国民收入与利率之间关系的曲线。

2. 在产品市场上,国民收入与利率之间存在着反向变化的关系,即利率提高时国民收入水平趋于减少,利率降低时国民收入水平趋于增加。

3. 处于 IS 曲线上的任何点位都表示 I=S,即产品市场实现了宏观均衡。反之,偏离 IS 曲线的任何点位都表示 I≠S,即产品市场没有实现宏观均衡。如果某一点位处于 IS 曲线的右边,表示 I<S,即现行的利率水平过高,从而导致投资规模小于储蓄规模,即总需求大于总供给,市场失衡。如果某一点位处于 IS 曲线的左边,表示 I>S,即现行的利率水平过低,从而导致投资规模大于储蓄规模,总需求小于总供给,市场仍旧失衡。

(二)IS 曲线的公式推导

1. 两部门经济 IS 曲线的推导,其中 $c=a+by$

$$i=s \tag{1}$$

$$i = e - dr \qquad (2)$$
$$s = y - c = -a + (1-b)y \qquad (3)$$

把式（2）与式（3）代入式（1），经整理有：

$$r = \frac{a+e}{d} - \frac{1-b}{d}y \qquad (4.5)$$

2. 三部门经济 IS 曲线的推导，其中 $c = a + b(y-t)$，t 为定量税

$$i + g = s + t \qquad (1)$$
$$i = e - dr \qquad (2)$$
$$s = y - c - t = -a + (1-b)(y-t) \qquad (3)$$

把式（2）与式（3）代入式（1），经整理有：

$$r = \frac{a+e+g-bt}{d} - \frac{(1-b)}{d}y \qquad (4.6)$$

【例题 4-2】

假定某经济中有：$c = 100 + 0.75y_d$，$i = 125 - 600r$，$g = 50$，$t = 20 + 0.2y$，$tr = 0$。

(1) 推导 IS 方程。

(2) 求 IS 曲线的斜率。

(3) 当 $r = 15\%$ 时，y 是多少？

解：

(1) 推导 IS 方程：$y = c + i + g = 100 + 0.75(y - 20 - 0.2y) + 125 - 600r + 50$
    $= 260 + 0.6y - 600r$，整理得：$y = 650 - 1500r$。

(2) IS 方程：$r = \frac{y}{1500} - \frac{13}{30}$；IS 曲线的斜率为：$\frac{1}{1500} = 0.000667$。

(3) $r = 0.15$ 时，$y = 650 - 225 = 425$。

在图 4-4 中，横轴代表收入，纵轴代表利率，向右下方倾斜的曲线就是 IS 曲线。IS 曲线是表示在投资与储蓄相等的产品市场均衡条件下，利率与收入组合点的轨迹。IS 曲线上任何一点都代表一定的利率与收入的组合，在任何一个组合点上，投资与储蓄都相等，即产品市场是均衡的，故把这条曲线称作 IS 曲线。

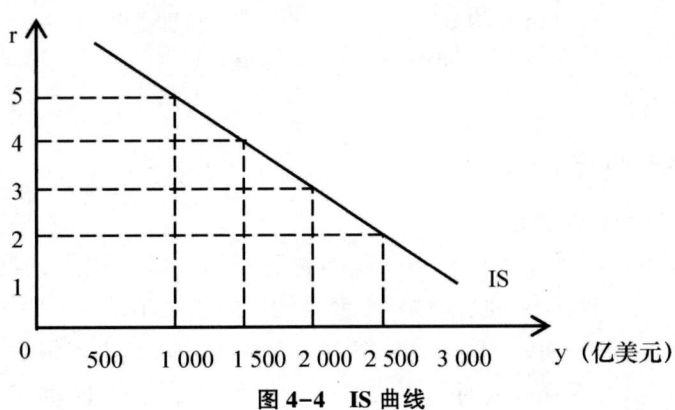

图 4-4　IS 曲线

（三）IS 曲线图形推导

两部门经济中 IS 曲线的推导还可以用图 4-5 来描述。IS 曲线是从表示投资与利率关系的投资函数、储蓄与收入关系的储蓄函数以及使投资与储蓄相等的关系中推导出来的。

图 4-5（a）中，横轴表示投资，纵轴表示利率，投资曲线表示投资是利率的减函数，该曲线是根据上例中的投资函数 i=1 250-250r 画出来的。

图 4-5（b）中，横轴表示投资，纵轴表示储蓄，从原点出发的倾角为的直线上任何一点，都表示投资与储蓄相等。

图 4-5（c）中，横轴表示收入，纵轴表示储蓄，储蓄曲线表示储蓄是国民收入的增函数，该曲线是根据上例中的储蓄函数 s=-500 +0.5y 画出来的。

图 4-5（d）中，横轴表示国民收入，纵轴表示利率。每一利率下的国民收入，都是通过投资函数、均衡条件 s=i、储蓄函数三者之间的关系得到的。将均衡利率与均衡收入的众多数量组合点连接起来，就得到了 IS 曲线。

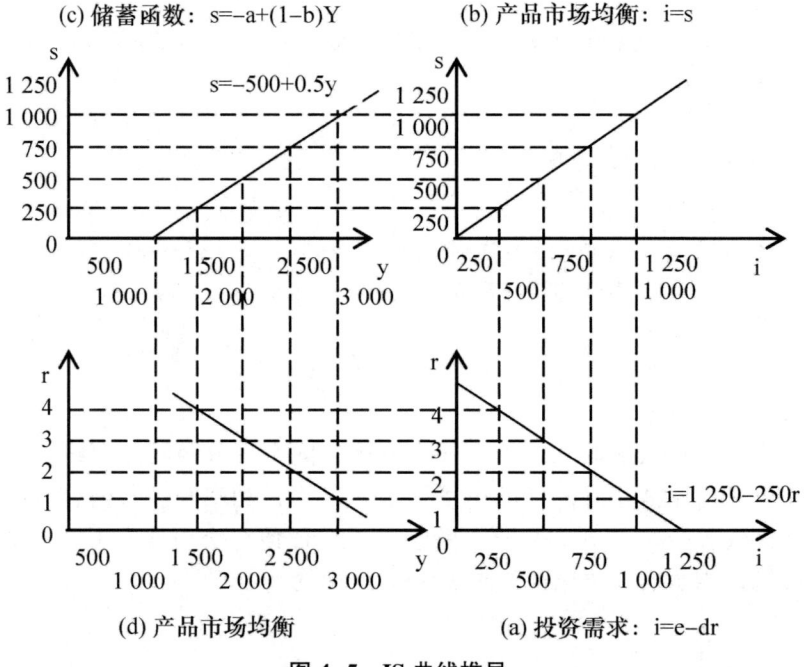

图 4-5　IS 曲线推导

二、IS 曲线的斜率

（一）IS 曲线斜率的经济意义

IS 曲线斜率显示出国民收入对利率变动的敏感程度。斜率越大，收入对利率变动的反应越迟钝。反之，斜率越小，收入对利率变动的反应越敏感。

如图 4-6 所示，若 IS 曲线为 IS_0，利率由 r_0 下降为 r_1 时，收入将由 y_0 增加到 y'_0；若 IS 曲线为 IS_1，利率由 r_0 下降为 r_1 时，收入将由 y_0 增加到 y_1；若 IS 曲线为 IS_2，利率由 r_0 下降为 r_1 时，收入将由 y_0 增加到 y_2。很显然，IS_2 曲线、IS_0 曲线、IS_1 曲线的斜率越来越

大，利率变动时，收入的变动越来越小。

(二) 影响 IS 曲线斜率的因素

两部门经济中，IS 曲线方程 $r=\dfrac{a+e}{d}-\dfrac{1-b}{d}y$，斜率为 $-\dfrac{1-b}{d}$。显然，IS 曲线的斜率既取决于 b，也取决于 d。b 是边际消费倾向。如果 b 越大，意味着投资乘数就大，即投资较小的变动会引起收入较大的增加，因而 IS 曲线就较平缓，表明 IS 曲线的斜率就小。反之，b 较小，IS 曲线的斜率就大。所以，IS 曲线的斜率与 b 成反比。d 是投资对利率变动的反应程度，表示利率变动一定幅度时投资的变动程度。如果 d 较大，表示投资对利率反应比较敏感，即利率较小的变动引起投资较大的变动，进而引起收入的更多增加，IS 曲线就较平缓，IS 曲线的斜率就小。反之，d 较小，IS 曲线的斜率就大。所以，IS 曲线的斜率与 d 成反比。

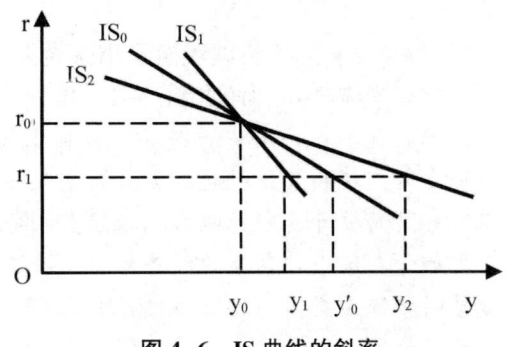

图 4-6 IS 曲线的斜率

三部门经济中，IS 曲线方程为 $r=\dfrac{a+e+g-bt}{d}-\dfrac{(1-b)}{d}y$，斜率仍然是 $-\dfrac{1-b}{d}$。显然，IS 曲线的斜率仍然取决于 b 和 d，即 IS 曲线的斜率与 b 和 d 成反比。

三、IS 曲线的移动

在三部门经济中，由于存在政府购买性支出与税收，消费是个人可支配收入的函数，因此，投资函数、储蓄函数、政府购买和税收都会使 IS 曲线发生移动。

(一) 投资变动的影响

无论自发投资的变动，还是引致投资的变动，都会使得投资需求发生变化。如果投资需求增加，会使得收入增多，IS 曲线就会向右移动。IS 曲线向右移动的幅度等于投资乘数与投资增量之积。相反，如果投资需求减少，收入会减少，IS 曲线就向左移动，移动幅度为投资乘数与投资增量之积。

(二) 储蓄变动的影响

如果储蓄增加，表明消费减少，会使收入减少，IS 曲线就向左移动，移动幅度为投资乘数与储蓄增量之积。反之，储蓄减少，IS 曲线就向右移动。

(三) 政府购买支出变动的影响

政府购买支出最终是要转化为消费与投资的。政府购买支出增加，会使消费与投资增加，进而增多国民收入，因此，IS 曲线就向右移动，移动幅度为政府购买支出乘数与政府购买支出增量之积，即移动幅度 $\Delta y = k_g \cdot \Delta g$。反之，政府购买支出减少，IS 曲线就向左移动。

(四) 税收变动的影响

政府增加税收，会使消费与投资减少，从而使收入减少，IS 曲线就向左移动，移动幅度为税收乘数与税收增量之积，即移动幅度 $\Delta y = -k_T \cdot \Delta T$。税收减少，IS 曲线则向右移动。

【案例 4-1】结构性减税惠及小微企业

财政部发布通知,自 2011 年 11 月 1 日起正式上调增值税和营业税起征点。

从此次起征点的调整范围看,旨在支持小微企业发展,个体工商户是受益最大的群体。提高增值税和营业税起征点,将明显减轻小微企业的税负,有助于提高小微企业的财务能力,进而提升其融资能力,增强盈利能力。

当前,在国内外复杂的经济形势下,不少小微企业面临生存考验,融资难和税费负担偏重等问题较为突出。2011 年 10 月 12 日,国务院常务会议研究确定了支持小微企业发展的九条金融、财税政策措施。10 月 26 日召开的国务院常务会议还决定,从 2012 年 1 月 1 日起,在部分地区和行业开展深化增值税制度改革试点,逐步将目前征收营业税的行业改为征收增值税,同时在现行增值税 17%标准税率和 13%低税率基础上,新增 11%和 6%两档低税率。随着这一系列扶持政策逐步落到实处,小微企业的发展后劲更足。

自 2008 年下半年开始,"减爬"一直是我国税制改革和税收政策调整的主基调。为应对国际金融危机冲击,国家出台了一系列保增长、扩内需、调结构、惠民生的结构性减政。例如,实施企业所得税改革、扩大实增值税转型改革试点、实施支持和促进就业税收优惠政策等。这些减税的"大动作",对于保持经济平稳较快增长,实现经济形势总体回升向好,发挥了积根而重要的作用。

2010 年,根据中小企业特别是小微企业发展过程中面临的新情况、新问题,国家对部分结构性减税政策进行了调整和完善,出台了一些新的结构性减税政策。例如,自 2011 年 1 月 1 日起实施新的就业税收政策,对持就业失业登记证人员从事个体经营的,在 3 年内接每户每年 8 000 元为限额依次扣减其当年实际应缴纳的营业税、城市维护建设税、教育费附加和个人所得税。同时,两次延长执行期限,自 2010 年 1 月 1 日至 2011 年 12 月 31 日,对年应纳税所得低于 3 万元(含 3 万元)的小型微利企业,其所得减按 50%计入应纳税所得额,按 20%的税率的企业所得税。

财税扶持政策在逐步面向小微企业的同时,还加强了与金融政策的协调配合,以让广大小微企业获得使高效的金融服务。例如,财政部确定,自 2011 年 11 月 1 日起至 2014 年 10 月 31 日,免征金融机构与小微企业签订的借款合同印花税;对金融机构农户小额贷款的利息收入,符合条件的金融机构的金融保险业收入,以及保险公司为种植业、养殖业提供保险业务取得的保费收入,给予营业税、企业所得税优惠;对金融机构涉农贷款和中小企业贷款损失准备金税前扣除政策,延长执行至 2013 年年底。

小微企业和个体工商户规模庞大,覆盖面广,在方便群众经济生活、有效扩大就业、提高居民收入、促进经济发展以及维护社会和谐稳定等方面具有不可替代的作用。此次调整相关对税政策,切合了当前的实际情况,受到广大小微企业主和个体工商户的欢迎。当然,除了资本要素外,小微企业还面临技术、人才、管理等方面的不足,仍常多方面政策整体配合,逐步形成多层次、广覆盖的小微企业政策支持体系。

资料来源:王信川. 结构性减税惠及小微企业,经济日报,2011 年 11 月 17 日第 3 版

思考:

(1) 为什么对微型企业要调高增值税和营业税起征点?

(2) 调高增值税和营业税起征点对微型企业投资需求有什么影响？

第三节 利 率

利率是经济学中一个重要的金融变量，几乎所有的金融现象、金融资产均与利率有着或多或少的联系。当前，世界各国频繁运用利率杠杆实施宏观调控，利率政策已成为各国中央银行调控货币供求，进而调控经济的主要手段，利率政策在中央银行货币政策中的地位越来越重要。合理的利率，对发挥社会信用和利率的经济杠杆作用有着重要的意义，而其计算方法是我们关心的问题。

一、利率的含义

（一）利率

利率，是指资本的所有者出售资本所获得的报酬，或者说是资本的价格，它是指单位货币在单位时间的报酬。就其表现形式来说，是指一定时期内利息额同借贷资本总额的比率。

（二）实际利率与名义利率

与名义 GDP 和实际 GDP 的关系相似，对利率的研究也涉及到是否考虑物价变化问题。所谓名义利率，就是指用货币数量表示的利率，没有剔除通货膨胀的情况对利率的影响，在这种情况下计算出来的利率，就是名义利率。

所谓实际利率：是指剔除通货膨胀率后储户或投资者得到利息回报的真实利率。在实际利率中，要剔除掉物价变动带来的影响，因此，

名义利率和实际利率概略的换算公式可以写成：

$$r = i + \pi \tag{4.7}$$

其中，r 为名义利率，i 为实际利率，π 为该期限内的通货膨胀率，它可以为正，也可能为负。

例如，假设一年期存款的名义利率为3%，而通货膨胀率为2%，则储户实际拿到的利息回报率只有1%。如果一个经济社会处于中高速增长阶段，就很容易引发较高的通货膨胀，而名义利率的提升在多数时间都慢于通货膨胀率的增长，因此时常处于实际利率为负的状态。也就是说，如果考虑通货膨胀因素，储户将钱存入银行最终得到的是负回报，实际利率为负利率。

二、利率的决定

在微观经常学中，往往采用古典学派的观点，认为利率是由投资与储蓄决定的。投资是利率的减函数，储蓄是利率的增函数，当投资等于储蓄时，利率得以决定。而凯恩斯主义认为，利率的高低是由货币市场上货币的供求关系决定的。

（一）货币的需求

货币需求是指居民、企业和其他单位对执行流通手段和价值贮藏手段的货币的需求。

对货币的需求又称为流动偏好，这是由于货币具有使用上的灵活性，人们更加喜欢持有货币。人们为什么会有这样的心理呢？人们偏好于持有货币的动机是什么？

1. 货币需求动机

居民、企业和单位持有的货币是执行流通手段和贮藏手段的。居民、企业等持有货币主要出于交易性动机、预防性动机和投机性动机等三个方面。与此相对应，货币需求也可以分为交易性货币需求、预防性货币需求和投机性货币需求等。

交易动机是居民和企业为了交易的目的而形成的对货币的需求心理。居民和企业为了顺利进行交易活动就必须持有一定的货币量，而这部分货币量得多少是由人们的收入多少决定的，人们收入越高，对产品的需求就越大，因而由交易动机产生的货币需求就越大。

预防动机又称为谨慎动机，是人们为了应付意外的事件而形成的货币的需求心理。人们为应付突发事件而准备的货币数量通常也是随着收入的增加而增加，随收入的减少而减少。

由于交易动机和预防动机产生的货币需求都是收入的增函数，所以一般把交易动机和预防动机带来的货币需求归于一类，用 L_1 表示，这部分货币需求量和收入的关系可用函数表示为：

$$L_1 = f(y) \tag{4.8}$$

若简化为线性方式，则表示为：

$$L_1 = ky \tag{4.9}$$

在式（4.9）中，y 表示收入水平，k 表示收入水平对货币需求的影响系数。

投机动机是由于未来利息率的不确定，会带来证券价格的不确定性，人们为了避免资本损失及时调整投资构成而对货币形成的需求心理。随着公司制企业成为现代厂商的主要形式，债券、股票等有价证券已经深入人们生活。人们投资于这些有价证券成为了一种常见的货币增值方式。为了能够抓住时机及时购买，就必须要在手中保持一部分货币，出于这种原因而产生的货币需求心理就是投机动机。

通过证券投资规律得出：①在其他条件不变时，利率变化必然会引起证券价格反向变化。假定一张债券一年可获利息 10 美元，若利率为 10%，则这张债券市价为 100 美元，若市场利率为 5%，则这张债券市价就为 200 美元；②证券投资获得收益的方式只有一个，那就是低价位上买入、高价位上抛售。因而，当利率降低引起证券价格提高时，人们越来越多地会选择抛售证券、持有货币，即表现为对货币的需求增加；当利率提高引起证券价格降低时，人们越来越多地会选择在低价位购入证券、投放货币，即表现为对货币的需求减少。

结论：人们对货币的投机性需求是由利率决定的，它是利率的减函数。如果用 L_2 表示这部分货币需求，则其货币需求函数为：

$$L_2 = f(r) \tag{4.10}$$

若将其简化为线性方式，则表示为：

$$L_2 = -hr \tag{4.11}$$

在式（4.11）中，r 表示利率水平，h 表示利率水平对货币需求的影响系数。

2. 流动偏好陷阱

由于投机性动机的存在，人们会根据预期利率的变化来调整货币持有量。但是利率作为现代经济生活中最重要的经济杠杆之一，不可能无限地提高或降低。所以当利率达到极低水平时，人们会预期利率不大可能再降，进而判断有价证券市场价格不可能继续上升而只会跌落时，人们会做出抛售所有有价证券的行为，不管在证券市场上有多少货币都愿意抽出来持有在手中，这种情况被称为"流动偏好陷阱"或"凯恩斯陷阱"。

以此相反，当利率达到较高水平时，人们会预期利率不大可能再进一步提高，进而判断有价证券市场价格不可能继续下降而只会上升时，人们会做出投放手中所有货币去购买有价证券。

根据利率与投机性货币需求的关系，可以用图4-7来反映流动偏好陷阱。

在图4-7中，横轴代表货币数量需求量L，纵轴代表利息率r，当$r \geq r_2$时，人们认为利率不可能再继续上升，也就是证券价格不可能再进一步降低时，人们会选择将手中的用于证券投资的货币全部投放进市场，换回证券，也就是说投机性的货币需求为0；当$r \leq r_1$时，人们认为利率不可能再继续降低，也就是证券价格不可能再进一步上升时，人们

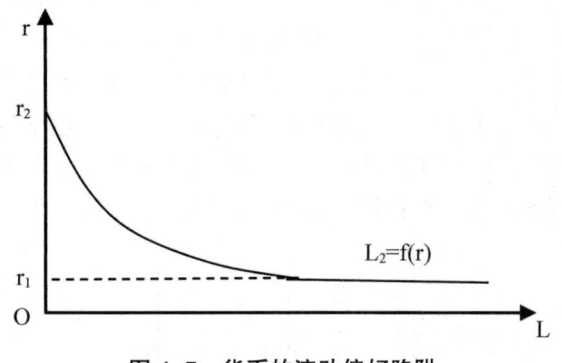

图4-7 货币的流动偏好陷阱

会选择将手中的证券全部抛售，换成货币，也就是说投机性的货币需求为无穷，此时，L_2表现为水平的直线，即流动偏好陷阱。

这里，凯恩斯提出了流动偏好（有时也叫做"灵活偏好"）的概念，指人们持有货币的偏好。他认为，人们之所以产生对货币的偏好，是因为货币是流动性或者说灵活性最大的资产。货币随时可做交易之用，可方便地应付不时之需，随时可用于投机活动。当利率极低时，人们手中无论增加多少货币，都不会去购买债券，而要留在手中，因而流动性偏好趋向于无限大。这时候，即使银行增加货币供给，也不会再使利率下降。

【案例4-2】中国流动性偏好陷阱初现

根据宏观经济学之父凯恩斯的假说，当一定时期的利率水平降低到不能再低时，无论增加多少货币，都会被人们储存起来。宽松的货币政策无法刺激经济增长。

2008年我国货币政策已经转为适度宽松的货币政策，金融体系流动性将从紧张向宽松逆转。一是存款准备金率降低，可以大幅度增加基础货币供应；二是降低利率与放开贷款规模，逆转货币创造收缩趋势；三是利率下调改变存款定期化趋势，活跃市场资金供应。在这种情况下，考察我国目前的货币政策效果如何，会不会陷入流动性陷阱至关重要。

在2008年的第四季度，流动性陷阱在我国表现越来越明显。投资连续三个月大幅回落，企业效益下降，流动资金匮乏，居民把收入中的大部分储蓄起来，存款大大增加，消费支出减少。流动性陷阱还表现在货币乘数上。2008年第一季度我国货币乘数降至3.84，

第三季度降至3.18，创2003年以来的最低水平。

资料来源：戎明迈．中国离流动性陷阱有多远？南方都市报,，2008年12月30日第2版

思考：

（1）我国出现流动性偏好陷阱的原因是什么？

（2）为什么说在流动偏好陷阱状态下我国的货币政策效果不明显？

3. 货币需求函数

货币需求函数是指表示货币需求与其他的影响因素对应关系的函数。根据对货币需求动机的分析，影响货币需求的因素主要有收入水平和利率水平。前者影响 L_1 部分，后者影响 L_2 部分。二者结合起来，货币需求函数为

$$L=L_1+L_2=L_1(y)+L_2(r)$$

我们把货币需求函数在坐标图上表示出来，货币需求曲线如图4-8所示。在图4-8中，横轴表示货币需求 L，纵轴表示利率 r。因为 L_1 与利率无关，所以它是一条垂线。L_2 在利率水平较高时与利率呈负相关，L_2 向右下倾斜；当利率降低到一定程度、不可能再降低时，L_2 遭遇流动偏好陷阱而趋向于水平。我们把与利率无关的 L_1 和与利率负相关的 L_2 两条曲线水平相加，即得到货币需求曲线。即图中的 $L=L_1+L_2$ 曲线。

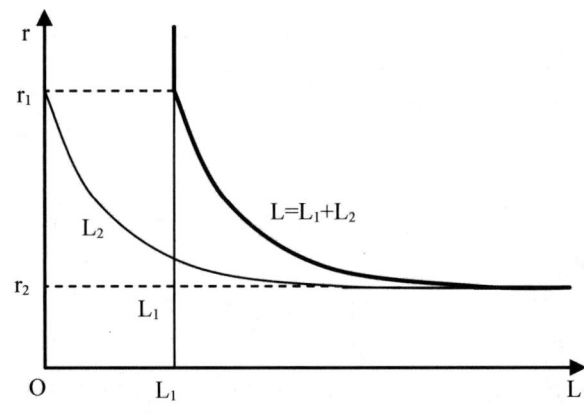

图4-8 货币需求曲线

当收入增加时，一般会引起 L_1 增加，这样，就会引起货币需求曲线向右平行移动；当收入减少时，一般会引起 L_1 减少，就会引起货币需求曲线向左移动。

当然，为了分析方便，我们也可以用线性形式来表示货币需求函数

$$L=ky-hr \tag{4.12}$$

（二）货币的供给

货币供给是一个存量的概念，它是一个国家在某一时点上所保持的不属于政府和银行所有的硬币、纸币和存款货币的总和。

货币供给量也有名义和实际之分：如果剔除了物价影响，就是实际货币供给量；如果没有剔除物价的影响，就是名义货币供给量。

西方经济学家认为，货币供给量是一个国家货币当局为了实现其政策目标，用来干预社会经济活动的工具，因而货币供给是一个外生变量，不受利率影响。由此可知，在一个

以利率为纵轴、以货币量为横轴的坐标图中，货币供给曲线表现为一条垂直于横轴的直线，如图4-9所示，货币供给曲线为图中的M曲线。

当货币当局根据经济发展实际调整货币供给量时，货币供给曲线会在水平方向上平行移动，如图4-10，货币供给增加，原有的货币供给曲线M_1向右平行移动到M_2的位置；货币供给减少，原有的货币供给曲线M_1将会向左平行移动到M_3的位置。

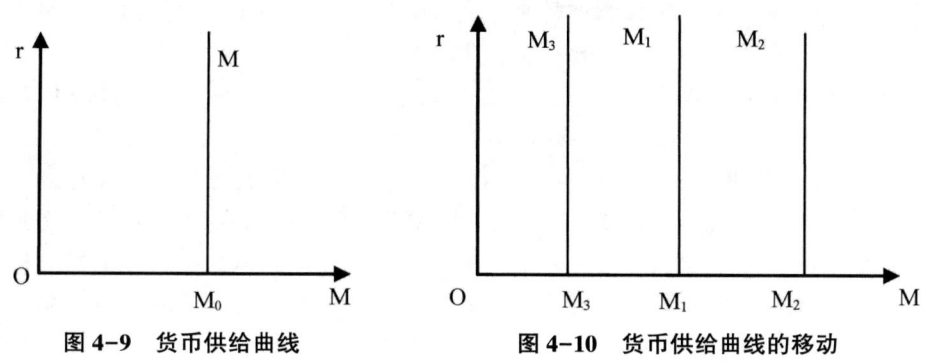

图4-9　货币供给曲线　　　　图4-10　货币供给曲线的移动

【专栏4-1】金融体系框架与金融体制改革
金融体系整体框架

易纲（1999）在《货币银行学》一书中总结道："根据1978年年末召开的中国共产党十一届三中全会关于实行改革开放的方针，从1979年起，我国的金融体制进行了一系列重大改革。按照'把银行办成真正的银行'这一指导思想，改革的最终目标是要建立与社会主义市场经济相适应的金融体制和运行机制。具体而言，主要包括以下内容：建立一个国务院领导下独立执行货币政策的中央银行体系；建立一个政策性金融与商业性金融分离、国有商业银行为主体、多种金融机构并存的金融组织体系；建立一个公平、高效、开放、统一的全国金融市场体系；建立直接调控与间接调控相结合、逐步以间接调控为主的金融宏观调控体系；建立法律化、规范化、现代化的金融管理体系；扩大金融对外开放，使金融业务逐步国际化……根据时任中国人民银行行长戴相龙1997年12月27日向第八届全国人大常委会第29次会议所做的汇报，目前中国已初步建立起了在中央银行宏观调控和监管下，政策性金融与商业性金融分离，国有银行为主体，股份制商业银行、城乡信用合作社、非银行金融机构和外资金融机构并存、分工合作、功能互补的金融机构体系；建立了全国统一的同业拆借市场、外汇市场和证券市场。"

金融体制改革

2013年11月党的十八届三中全会《中共中央关于全面深化改革若干重大问题的决定》中提出了新一轮金融体制改革的总体要求，包括"完善金融市场体系。扩大金融业对内对外开放，在加强监管前提下，允许具备条件的民间资本依法发起设立中小型银行等金融机构。推进政策性金融机构改革。健全多层次资本市场体系，推进股票发行注册制改革，多渠道推动股权融资，发展并规范债券市场，提高直接融资比重。完善保险经济补偿机制，建立巨灾保险制度。发展普惠金融。鼓励金融创新，丰富金融市场层次和产品。

"完善人民币汇率市场化形成机制,加快推进利率市场化,健全反映市场供求关系的国债收益率曲线。推动资本市场双向开放,有序提高跨境资本和金融交易可兑换程度,建立健全宏观审慎管理框架下的外债和资本流动管理体系,加快实现人民币资本项目可兑换。"

"落实金融监管改革措施和稳健标准,完善监管协调机制,界定中央和地方金融监管职责和风险处置责任。建立存款保险制度,完善金融机构市场化退出机制。加强金融基础设施建设,保障金融市场安全高效运行和整体稳定。"

2014年9月李克强总理在《求是》期刊发表了一篇题为《关于深化经济体制改革的若干问题》的文章,其中金融改革内容非常丰富,今年的重点是做好以下三件事:

"第一,放宽市场准入。金融业虽有其特殊之处,但本质上仍是竞争性行业,同样需要通过竞争促进服务改善,通过市场优化资源配置。要在加强监管前提下,放宽市场准入,允许具备条件的民间资本依法发起设立中小银行等金融机构。这一方面可以增加一些熟悉当地情况、特色鲜明的基层银行,以缓解小微企业、"三农"等融资难、融资贵的问题;另一方面,可以使金融业回归竞争性行业的本来面目,形成一个各种市场主体共同参与竞争的金融生态,为促进实体经济发展提供有力支撑。这项改革,要逐步积累经验,积极稳妥推进。

第二,推进利率市场化。利率市场化就是将资金价格的决定权交给市场。目前,绝大多数资金价格都已市场化,无论是股票、债券还是贷款的价格均已放开,只剩下存款利率上限这最后一道关口。实际上一些金融机构为规避存款利率管制,发行了不少理财产品,一定程度上扩大了市场化定价的范围。要继续推进利率市场化,扩大金融机构自主定价权。需要把握好两点:一是利率市场化是一个系统工程,单兵突进式的改革难以成功,需要与相关方面改革协调推进;二是利率市场化赋予了市场主体更多自主权,金融机构和企业要加快完善公司治理,强化财务硬约束,不能不顾成本,盲目竞争,搞利率大战。

第三,建立存款保险制度。存款保险制度是市场经济条件下保护存款人利益的重要措施,是金融安全网的重要组成部分。从各国经验看,建立存款保险制度是发展民营银行、小银行的重要前提和条件。存款保险客观上能增强这些银行的信用,为之创造一个与大银行公平竞争的金融市场环境,从而有利于推动金融业放开市场准入等改革。"

金融业是高风险行业,防范风险是金融业的永恒主题。要加强监测预警,做好及时控制风险的预案,但关键还是要通过深化改革开放,在可持续发展中防范系统性风险。

资料来源:袁志刚,《宏观经济学》,2015-11. 高等教育出版社,第2版

(三) 货币市场均衡

1. 均衡利率的决定

货币市场均衡,是指在一定时期经济运行中的货币需求与货币供给在动态上保持一致的状态。在货币供给等于货币需求时就可以得到均衡的利率水平和均衡的货币量。

如图4-11所示,坐标图中纵轴表示利率,横轴表示货币量。货币需求曲线L是一条向右下倾斜并逐渐趋于水平的曲线,货币供给曲线M是一条垂线,二者的交点E就是货币市场均衡点,E点对应的纵轴截距就是均衡的利率水平r_E,E点对应的横轴截距就是均衡的货币量。

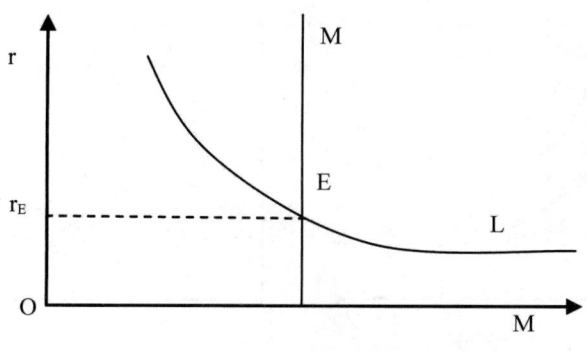

图4-11 货币供给和需求的均衡

2. 利率的变动

当货币供给量或者国民收入发生变动时，会引起货币供给曲线或者货币需求曲线的移动，进而引起均衡利率发生变化。

当货币供给量发生变化时，会引起货币供给曲线平行移动，从而改变均衡利率水平。如果货币供给曲线在货币需求曲线的向右下倾斜阶段移动，则会引起均衡利率反向变化、均衡货币量同向变化，如图4-12（a）所示；如果货币供给曲线在货币需求曲线的水平阶段移动，则不会改变均衡利率水平，而均衡货币量仍同向变化，如图4-12（b）所示。

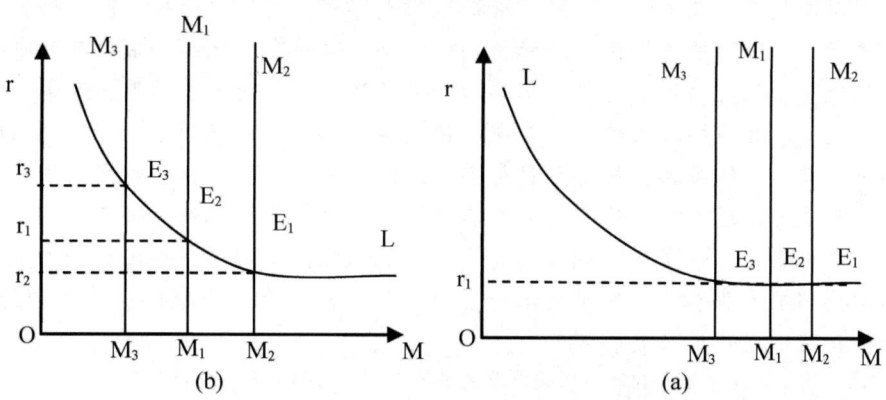

图4-12 货币供给变动对均衡利率的影响

当国民收入发生变化时，会引起货币需求曲线平行移动，从而改变均衡利率水平。如果货币需求曲线在向右下方倾斜阶段与货币供给曲线相交，货币需求曲线的移动则会引起均衡利率同向变化、均衡货币量不变，如图4-13（a）所示；如果货币需求曲线在水平阶段与货币供给曲线相交，则均衡利率与均衡货币量均不变，如图4-13（b）所示。

【专栏4-2】中国为什么要推进利率市场化改革？

一是利率市场化是发挥市场配置资源作用的一个重要方面。1992年，我国确立了建立社会主义市场经济体制的改革目标，要让市场在资源配置中起基础性作用，以此实现资源配置优化。利率作为非常重要的资金价格，应该在市场有效配置资源过程中起基础性调节作用，实现资金流向和配置的不断优化。同时，利率也是其他很多金融产品定价的参照基准。

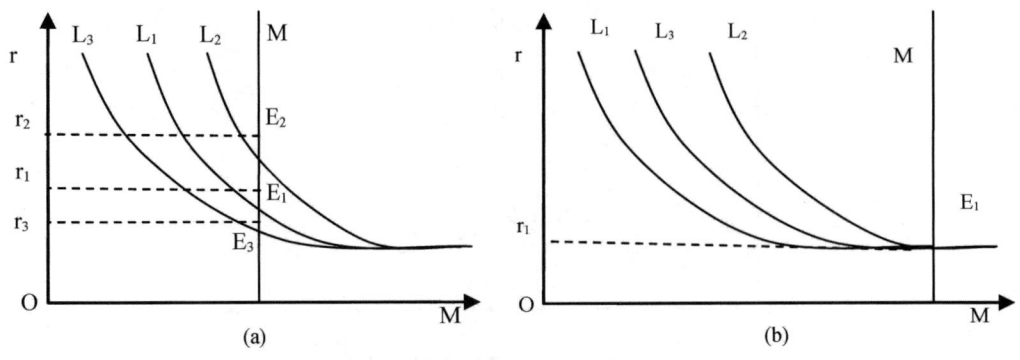

图 4-13 货币需求变动对均衡利率的影响

二是利率市场化的要点是体现金融机构在竞争性市场中的自主定价权。我国市场化改革从一开始就强调尊重企业的自主权，其中最主要的一条是尊重企业定价权。在金融业，除个别政策性金融机构外，目前我国金机构都是按照企业来运行的，反映金融企业自主经营权的一个重要环节正是其对自身产品和服务的自主定价权。

三是利率市场化也反映客户有选择权。金融机构的客户既有居民，也有企业，还有各种各样的其他类型实体。这些客户在竞争性市场中有选择权，他们对金融机构提供的服务和价格，可以表示满意或不满意，可以选择这家或那家，也可以选择不同价格的类似金融产品作为替代。通过利率市场化，金融机构会提供不同的多样化的金融产品和服务。

四是利率市场化反映了差异性、多样性金融产品和服务的供求关系以及金融企业对风险的判断和定价。在市场济条件下，就像其他商品一样，金融产品会出现更多的差异化，同类产品可能有不同的品牌、规格和目标群体。同时，不同金融机构对同一项目、同一客户的风险判断也会出现差异，这些差异在其金融产品的定价中得到反映。

五是利率市场化反映了宏观调控的需要。宏观调控，特别是在我国社会主义市场经济条件下以间接调控为基本特征的中央银行货币政策，需要有一个顺畅、有效的传导机制，并对市场价格的形成产生必要的影响。

资料来源：周小川关于推进利率市场化改革的若干思考. 西部金融，2011（2）

第四节 货币市场均衡——LM 曲线

一、LM 曲线及其推导

（一）LM 曲线的含义及公式

LM 曲线是一条用来描述在货币市场均衡状态下国民收入和利率之间相互关系的曲线。LM 曲线表示在货币市场中，货币供给等于货币需求时收入与利率的各种组合的点的轨迹。

LM 曲线的数学表达式为：

$$\frac{M}{P}=L=L_1(y)+L_2(r) \tag{4.13}$$

其中，$\frac{M}{P}$表示实际货币供给量；$L=L_1(y)+L_2(r)$表示货币需求量。货币供给量等于货币需求量表示货币市场处于均衡状态。

【例题 4-3】

假定货币需求为 L＝0.2y－5r，若名义货币供给量为150亿美元，价格水平 P＝1，找出货币需求与供给相均衡的收入与利率。

解答：

货币需求与供给相均衡即 L＝M，由 L＝0.2y－5r，M＝m＝M/P＝150/1＝150，

联立这两个方程得 0.2y－5r＝150，即 y＝750+25r。

可见，货币需求和供给均衡时的收入和利率为：

y＝1 000，r＝10

y＝950，r＝8

y＝900，r＝6

……

LM 曲线就是使货币市场处于均衡的收入与利息率的不同组合描述出来的一条曲线。换一句话说，在 LM 曲线上，每一点都表示收入与利息率的组合，这些组合点恰好使得货币市场处于均衡。

（二）LM 曲线的图形推导

LM 曲线的推导还可以用图 4-14 来描述。

图 4-14（a）中，横轴表示货币投机需求，纵轴表示利率，$L_2(r)$ 表示向右下方倾斜的由投机动机引起的货币需求。

图 4-14（b）中，横轴表示货币投机需求，纵轴表示货币交易需求，$m=L=L_1+L_2$ 表示货币需求与货币供给相等。

图 4-14（c）中，横轴表示收入，纵轴表示货币交易需求，$L_1(y)$ 表示向右上方倾斜的由交易动机和预防动机引起的货币需求。

图 4-14（d）中，横轴表示收入，纵轴表示利率。每一利率水平下的收入，都是通过货币投机函数、m＝L、货币交易需求之间的关系得到的。

图 4-14（a）中当利率下降到很低时，货币投机需求处于流动性陷阱并且成为一条水平线，人们会选择将证券全部抛售，投机性货币需求为无穷大，因而 LM 曲线上也相应有一段水平状态的区域，这一区域称为"凯恩斯区域"，也称"萧条区域"。当利率上升到很高水平，人们会选择将投机性货币全部购买有价证券，货币投机需求量等于零，因而 LM 曲线上也相应有一段垂直状态的区域，这一区域称为"古典区域"。

二、LM 曲线的斜率

根据货币市场均衡的条件式（4.13），可以推导出 LM 曲线方程。

假设政府的实际货币供给量为 m，且 $m=\frac{M}{P}$

货币需求 L 由两部分构成：如果都采用最简单的线性表示形式，L_1是与收入同相变化

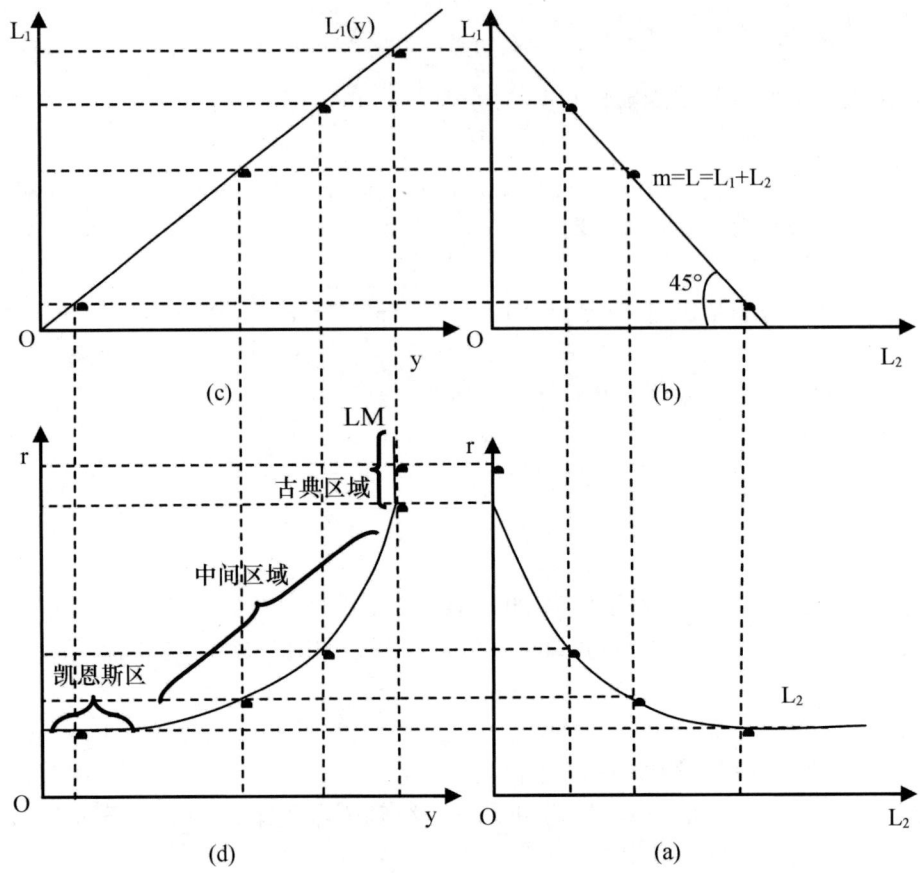

图 4-14 LM 曲线的推导

的部分，记为 $L_1 = ky$，L_2 是与利率反向变化的部分，记为 $L_2 = -hr$，即总货币需求为 $L = L_1 + L_2 = ky - hr$

货币市场均衡条件为 $L = m$

即 $m = ky - hr$

可得
$$Y = \frac{m}{k} + \frac{h}{k}r \tag{4.14}$$

或者
$$r = -\frac{m}{h} + \frac{k}{h}y \tag{4.15}$$

从式（4.15）可知，LM 曲线的斜率为 $\frac{k}{h}$，其影响因子有两个：k 和 h。

LM 曲线的斜率与 k 呈同向变化：在 h 不变时，k 越大，即货币需求对收入变动的敏感程度越高，LM 曲线的斜率越大，LM 曲线越陡峭；k 越小，即货币需求对收入变动的敏感程度越低，LM 曲线的斜率越小，LM 曲线越平缓。

LM 曲线的斜率与 h 呈反向变化：在 k 不变时，h 越大，即货币需求对利率变动的敏感程度越高，LM 曲线的斜率越小，LM 曲线越平缓；h 越大，即货币需求对利率变动的敏感程度越高，LM 曲线的斜率越大，LM 曲线越陡峭。

三、LM 曲线的移动

在 LM 曲线的推导过程中，我们可以进一步考察 LM 曲线在什么情况下会发生移动。

在式（4.14）中可以看出，LM 曲线的斜率 $\dfrac{k}{h}$ 变化时，会引起 LM 曲线旋转。要引起 LM 曲线移动，只能是 LM 曲线的截距 $-\dfrac{m}{h}$ 发生变化。由于实际货币供给量 $m=\dfrac{M}{P}$，所以，能够引起 LM 曲线移动的因素只有名义货币供应量（M）与物价水平（P）。

（一）名义货币供应量 M 变动对 LM 曲线的影响

名义货币供给量变动对 LM 曲线移动的影响如图 4-15 所示。在总价格水平 P 不变的情况下，当名义货币供给量 M 减少时，实际货币供给量 m 相应会减少，在图 4-15（b）中货币市场均衡线 $m_1=L_1+L_2$ 左移至 $m_2=L_1+L_2$，进而引起 LM 曲线由 LM_1 左移到 LM_2。同样道理，当名义货币供给量增加时，货币市场均衡线会右移，进而引起 LM 曲线右移。

（二）物价水平 P 变动对 LM 曲线的影响

物价水平变动 LM 曲线移动的影响如图 4-15 所示。在名义货币供给量不变的情况下，当物价水平 P 提高时，实际货币供给量 m 相应会减少，在图 4-15（b）中货币市场均衡

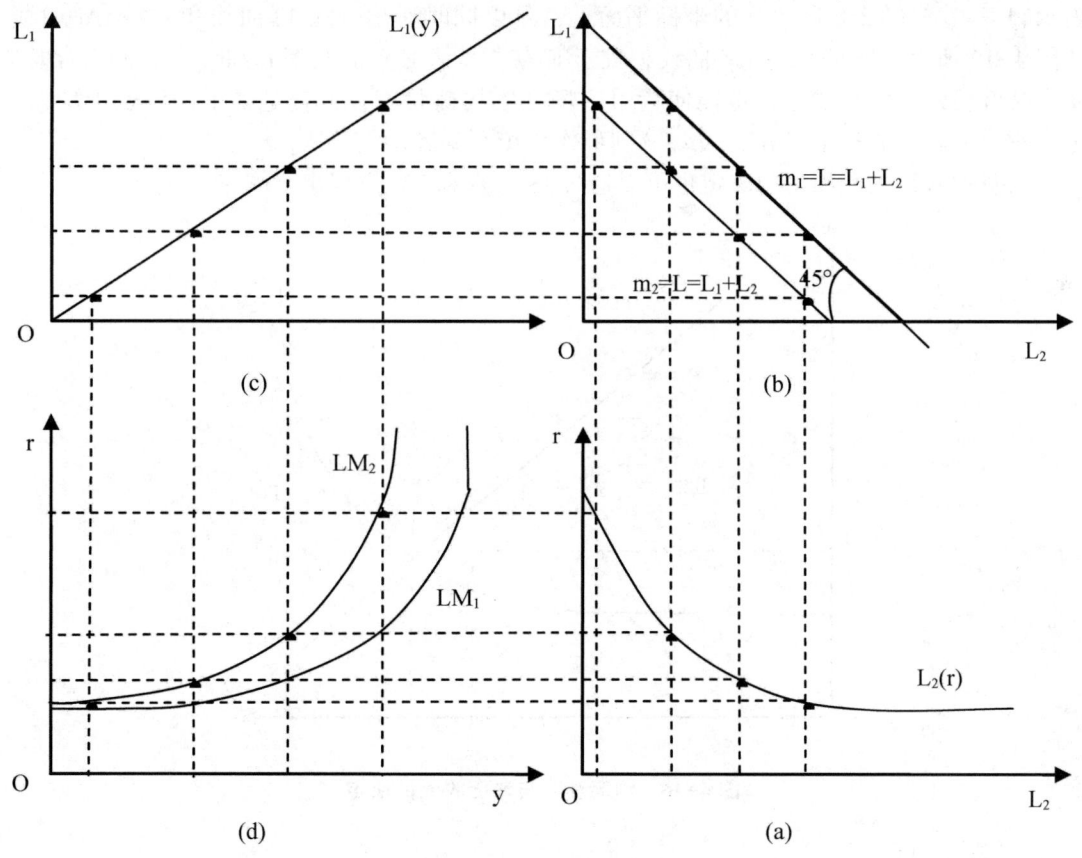

图 4-15 LM 曲线的移动

线 $m_1=L_1+L_2$ 左移至 $m_2=L_1+L_2$，进而引起 LM 曲线由 LM_1 左移到 LM_2。同样道理，当物价水平降低时，货币市场均衡线会右移，进而引起 LM 曲线右移。

第五节　IS-LM 模型

IS-LM 模型，是由英国现代著名的经济学家约翰·希克斯（John Richard Hicks）和美国凯恩斯学派的创始人阿尔文·汉森（Alvin·Hansen），在凯恩斯宏观经济理论基础上概括出的一个经济分析模式，即希克斯-汉森模型，也称希克斯-汉森综合或希克斯-汉森图形。IS-LM 模型被认为是凯恩斯主义宏观经济学的核心理论之一。

一、均衡利率与均衡收入

（一）均衡利率和均衡收入的决定

本章前面的分析可知，IS 曲线只能说明产品市场的均衡状态，而 LM 曲线只能说明货币市场的均衡状态。要想使整个经济达到均衡状态，很显然必须令产品市场和货币市场同时处于均衡状态。既然 IS 曲线和 LM 曲线都是由利率 r 和收入 y 决定的，由此，在以纵轴表示利率 r、横轴表示收入 y 的坐标平面上，可以同时作出一条 IS 曲线和一条 LM 曲线。如图 4-16 所示，IS 曲线与 LM 曲线相较于 E 点。显然 E 点的利率 r_E 和收入 y_E 的组合既能使产品市场处于均衡状态，也能使货币市场处于均衡状态，也就是整个经济处于均衡状态。我们把此时的利率 r_E 和收入 y_E 分别称作均衡利率和均衡收入。

均衡收入和均衡利率的决定也可以通过 IS 方程和 LM 方程来求解。

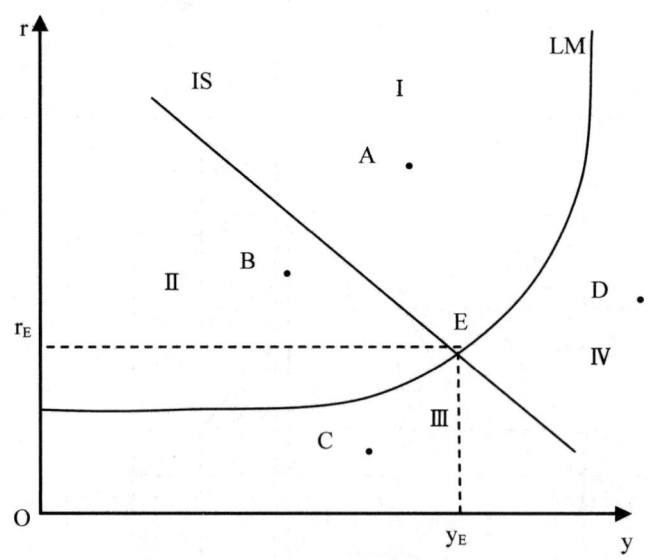

图 4-16　均衡利率与均衡收入的决定

【例题 4-4】

假设一个只有家庭和厂商的两部门经济中，存在消费函数为 $C=1\,000+0.8y$，投资 I=

$1\,500-60r$;货币供给 $M=1\,500$,货币需求 $L=0.2y-40r$。求:

(1) IS 和 LM 曲线方程;

(2) 产品市场和货币市场同时均衡时的利率水平和收入水平。

解:

(1) 由消费函数可知:$s=-1\,000+0.2y$

令 $I=S$,即 $1\,500-60r=-1\,000+0.2y$

解得 IS 方程为: $\qquad 0.2y+60r=2\,500 \qquad (4.16)$

令 $L=M$

解得 LM 方程为: $\qquad 0.2y-40r=1\,500 \qquad (4.17)$

(2) 把上述式 (4.16) 和式 (4.17) 两个方程联立

解得:$y=9\,500$;$r=10\%$。

(二) 产品市场和货币市场的失衡

在均衡点 E 的上方区域 I,任意一点(如 A 点)都处于货币市场和产品市场的同时失衡状态。其表现是产品市场上总需求小于总供给,即存在需求不足或超额供给;在货币市场上货币总供给超过了货币总需求,即存在货币需求不足或超额货币供给。在均衡点 E 的左侧区域 II,任意一点(如 B 点)也处于货币市场和产品市场的同时失衡状态。其表现是产品市场上总需求超过总供给,即存在超额需求或供给不足;在货币市场上仍旧是货币总供给超过了货币总需求,存在货币需求不足或超额货币供给。在均衡点 E 的下方区域 III,任意一点(如 C 点)也处于货币市场和产品市场的同时失衡状态。其表现是产品市场上总需求超过总供给,即存在超额需求或供给不足;在货币市场上货币总需求超过了货币总供给,即存在超额货币需求或货币供给不足。在均衡点 E 的右侧区域 IV,任意一点(如 D 点)也处于货币市场和产品市场的同时失衡状态。其表现是产品市场上总需求小于总供给,即存在需求不足或超额供给;在货币市场上货币总需求超过了货币总供给,即存在超额货币需求或货币供给不足。这四个区域的失衡关系如表 4-1 所示。

表 4-1 产品市场和货币市场的失衡状态

区域	产品市场		货币市场	
	失衡状况	产量调节	失衡状况	利率调节
区域 I,(A 点)	i<s 超额产品供给	减少	L<m 超额货币供给	下降
区域 II,(B 点)	i>s 超额产品需求	增加	L<m 超额货币供给	上升
区域 III,(C 点)	i>s 超额产品需求	增加	L>m 超额货币需求	上升
区域 IV,(D 点)	i<s 超额产品供给	减少	L>m 超额货币需求	下降

(三) 失衡的调节

在上述失衡的四个区域,都存在自我调节机制。如果在产品市场上存在需求不足,I<S,即上述的区域 I 和区域 II,这种失衡由于是投资小于是储蓄,因而会使均衡收入减少;如果在货币市场上存在需求不足,L<M,即上述的区域 I 和区域 IV,这种失衡由于是货币需求小于货币供给,因而会使均衡利率降低。这种调节最终都会使两个市场趋于均衡

利率和均衡收入。

二、均衡收入与均衡利率的变动

IS-LM 模型的交点决定了均衡的国民收入水平和利率水平，这是静态分析。当某些外生变量发生变化时，IS 曲线或 LM 曲线就可能发生移动，进而引起均衡利率和均衡收入的变动。

（一）IS 曲线移动对均衡收入和均衡利率的影响

当只有产品市场供求发生改变进而改变产品市场均衡水平时，IS 曲线会平行移动。当产品需求增加（如政府购买增加或者税收减少），将引起 IS 向右上方移动，如图 4-17 所示，IS 曲线从 IS_1 的位置移动到 IS_2 的位置，造成均衡利率水平上升，均衡国民收入增加。相反地，而当产品需求减少时，IS 曲线则向左下方移动，造成均衡利率降低，均衡收入降低。

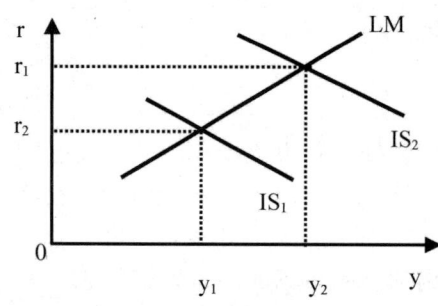

图 4-17　IS 曲线移动对均衡收入和均衡利率的影响

需要注意的是，如果 IS 曲线在凯恩斯区域与 LM 曲线相交，则 IS 曲线移动只能引起均衡收入同向变化，而不会引起均衡利率变化；如果 IS 曲线在古典区域与 LM 曲线相交，则 IS 曲线移动只能引起均衡利率同向变化，而不会引起均衡收入变化。

（二）LM 曲线移动对均衡收入和均衡利率的影响

当只有货币市场供求发生改变进而改变货币市场均衡水平时，LM 曲线会发生移动。一般来说，LM 曲线的移动主要是由于货币供给量发生变化引起的。当货币供给增加时，将引起 LM 向右移动，如图 4-18 所示，LM 曲线从 LM_1 的位置移动到 LM_2 的位置，从而使均衡收入水平增加，均衡利率降低。相反地，当货币供给减少时，LM 曲线则向左移动，会造成均衡收入减少、均衡利率提高。

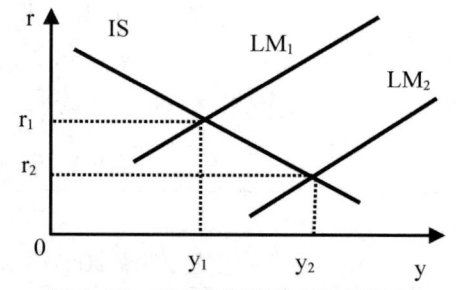

图 4-18　LM 曲线移动对均衡收入和均衡利率的影响

（三）IS 曲线和 LM 曲线同时移动对均衡收入和均衡利率的影响

当 IS 曲线和 LM 曲线同时移动时，均衡收入和均衡利率的变化也有所不同，当 IS 曲线和 LM 曲线同向运动时，均衡收入将会同向运动，均衡利率的变化不一定，均衡利率的变化取决于 IS 曲线和 LM 曲线哪个对均衡利率的影响更大，如图 4-19（a）所示；当 IS 曲线和 LM 曲线反向运动时，均衡利率将会随着 IS 曲线通向运动，均衡收入的变化不一定，均衡收入的变化取决于 IS 曲线和 LM 曲线哪个对均衡收入的影响更大，如图 4-19（b）所示。

凯恩斯宏观经济理论的核心是有效需求不足理论。凯恩斯认为，由于消费倾向递减、资本的边际效率递减以及流动偏好的存在，消费和投资都是不足的，由此造成的有效需求不足，就会使经济出现衰退和萧条。为解决这个问题，政府的干预是必要的，政府可以动用财政政策和货币政策调节经济，以保证充分就业的实现。

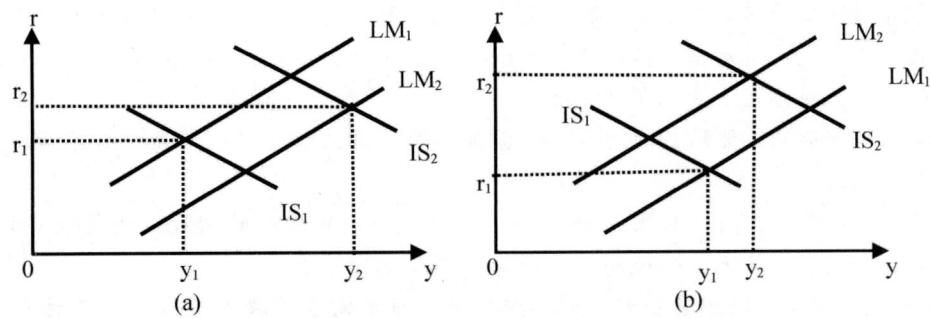

图 4-19　IS 曲线和 LM 曲线同向变动对均衡的影响

【专栏 4-3】IS-LM 模型分析"双稳健"政策

前些年，尤其是 2002 年之前，我国在对宏观经济的调控上，倾向实行积极的财政政策，加大基础设施投资，扩大政府支出，刺激经济的增长。这与我国当时的经济增长速度和经济形势是相适应的。

不过，从 2003 年开始，经济形势开始发生变化，2003 年我国 GDP 增长速度达到 9.3%，2004 年，全年国内生产总值达到 13.7 万亿元，增长 9.5%。在这种变化下，我国已经实施了 7 年的积极财政政策在 2005 年开始退出。从抑制潜在通货膨胀，防止经济过热，保证经济稳定的目的出发，中国从 2005 年开始实行稳健的货币政策和稳健的财政政策，即货币政策和财政政策的"双稳健"。

当 IS 或 LM 曲线移动时，均衡收入与均衡利率会发生变动。财政政策和货币政策通过推动 IS 或 LM 曲线向右移动，从而实现带动经济增长，增加国民收入的目的。IS-LM 曲线的形状与财政政策和货币政策的关系如下：

扩张的财政政策增加自发性支出，通过乘数效应引起总需求和均衡收入增加，从而推动 IS 曲线右移。此时，LM 曲线越平坦，财政政策越有效；受"挤出效应"的影响，IS 曲线的形状与财政政策的有效性关系不确定。

积极的货币政策通过法定准备金、再贴现、公开市场业务等方式增加货币供给，推动 LM 曲线向右移动。IS 曲线越平坦，货币政策越有效；LM 曲线越平坦，财政政策越有效。

IS 曲线的斜率取决于投资的利率弹性，和自发性支出的乘数 a（或边际消费倾向 c）。在其它条件不变时，投资的利率弹性越大，IS 曲线越平坦，同样，自发性支出的乘数越大（或者边际消费倾向越大），则 IS 曲线越平坦。

在我国，利率可以作为一个政策变量来看，利率是政策制定部门根据市场变化和经济发展的需要，来拟定和进行调控的。投资的利率弹性反映为企业和个人对其融资成本的变化的反应灵敏性。因为制度的原因，我国国有企业在经济生活中占有举足轻重的作用，由于政策的保护，国有企业对市场利率的变化反应是较迟钝的；相对的，中小企业则从融资成本的考虑，对利率的反应相对较为灵敏。货币供应量的增加、存款的下降和利率的上调，会加大中小企业的融资成本负担，促使中小企业减少投资，并使竞争能力弱的中小企业遭受淘汰。从这个角度讲，中小企业投资的利率弹性是较大的。

而边际消费倾向上，中低收入阶层的边际消费倾向仍较小，对应于边际储蓄倾向的较大。由于我国社会保障制度不健全，教育需求庞大和教育费用的扩张，以及历来的消费习惯的影响，使居民家庭储蓄需求处在一个较高的水平。当然，中高收入阶层的边际消费倾向则相对较大，因为随着市场的开放、消费行为和消费习惯的改变，以及信贷消费的兴起，中高收入阶层的边际消费能力和消费意愿都有提高，所以这一部分的消费倾向系数较大，即乘数较大。

所以，从定性分析看，我国的 IS 曲线，应该是一条略陡峭的曲线，随着经济的发展、制度的健全和人民生活水平的提高，这条曲线不断趋向平坦。

LM 曲线的斜率取决于货币需求的利率弹性和货币需求的收入弹性，这二种需求之间又存在着此消彼长的关系。即货币需求的利率弹性越大，对应货币需求的收入弹性越小，则 LM 曲线越平坦。预防性货币需求对利率基本是无弹性的，在我国，这一部分货币需求表现为对医疗、养老保障、对子女教育的预期等，这一部分需求不会因为利率的一般变动而改变。而投机性货币需求，随着证券市场的发展和投资渠道的拓宽，其灵敏性不断增强。当前在我国尚不完善的证券市场上，居民已经具备了一定的投资意识，只是能用于投资的资金有限，能投资的渠道也比较局限，反应在 LM 曲线上，欠缺灵活的弹性。

所以，从定性分析看，我国的 LM 曲线，也是一条略陡峭的曲线，随着证券市场的完善，投资渠道的拓宽，投资行为的规范，这条曲线不断趋向平坦。

从 IS-LM 模型分析"双稳健"政策

1. "双稳健"的政策含义

早在 2003 年，我国宏观研究院经济形势分析课题组在《2003 年经济形势分析及 2004 年展望》中，就提出了"双稳健"的主张，但在 2004 年并未实践。

"双稳健"的财政政策和货币政策，实质上都是经济学意义上的中性宏观经济政策。所谓"中性"的宏观经济政策，是相对于扩张性政策和紧缩性政策而言的，是一种有保有压，有紧有缩，上下微调，松紧适度的政策（刘国光，2004）。"稳健"相对于"积极"而言，应该说稳是中性趋于紧缩的，尤其从理性预期的角度，反应在公众的心理预期上，这种政策调整反应了我国经济形势的变化，和应运而生的整个宏观政策态度。虽然，稳健政策不等同于紧缩，但在经济主体的预期中，"稳健"在某种程度上被近似于紧缩。

2. 我国"双稳健"政策的着力点

"双稳健"政策的着力点是经济稳定而非经济增长。IS-LM 模型探讨的是国民收入与利率水平的关系，没有讨论经济稳定的问题。而"双稳健"政策，作为宏观的经济政策，更多考虑的是预防经济过热，推动社会公平和减少失业，调整行业结构，应付经济垄断等各个方面。这一政策通过对经济的发展速度和各项经济指标的分析，落脚于经济平稳，致力于在经济过热和增长缓慢中间寻找平衡点。

3. "双稳健"政策应加大市场调控的力度

我国的 IS-LM 模型没有确定的形状，用定量分析的方法无法精确拟合。因为利率没有市场化等原因，一些变量实际上是政策性的，而定性分析存在许多无法克服的障碍，不能精确描述 IS-LM 曲线的形状。所以,随着经济形势的变化,我国的 IS-LM 模型是不精确的。尽管长期趋势十分明确,但在短期内,或者在一定的时期内,模型的形状和趋势并没有准确的界定。

在不精确的 IS-LM 模型下,稳健的政策,即中性政策,应该说很好的配合了这种不精确性。因为稳健政策意味着政府干预的谨慎,意味着留给市场更充分的发展空间,意味着由市场机制的完善和市场力量的出清来实现商品市场和货币市场的双均衡,从而通过市场的培育,使我国的 IS、LM 曲线由理论上的陡峭趋向正常,由实践上的不精确趋向可计量的稳定。

"双稳健"政策是比较谨慎的政策选择。这一政策应在确保经济稳步增长的同时,更多地致力于经济发展各方面的协调性,以提供公共物品、解决外部性等市场失灵问题为主,并在此基础上,谨慎的实行其它配套的政府干预,加大培育市场的力度,引导市场的完善,使市场的调控更加灵敏有力,从而促进市场经济的更加有效。

本章术语中英文对照

Investment 投资
Capital 资本
Interest 利息
Interest Rate 利率
Nominal Interest Rate 名义利率
Effective Interest Rate/RealInterest Rate 实际利率
Investment Function 投资函数
Marginal Efficiency of Capital 资本边际效率(MEC)
Principal 本金
Compound Interest 复利
Discount Rate 贴现率
Marginal Efficiency of Investment 投资边际效率(MEI)
Expected Yield 预期收益率
Risk 风险
Financing Constraints 融资约束
Equilibrium National Income 均衡国民收入
Total Output 总产出
Autonomous Investment 自发投资
Induced Investment 引致投资
Demand for Money 货币需求
Transaction Motive 交易性动机
Precautionary Motive 预防性动机
Speculative Motive 投机性动机
Liquidity Preference 流动偏好

KeynesTrap 凯恩斯陷阱（流动偏好陷阱）
Demand Function for Money 货币需求函数
Money Supply 货币供给
Equilibrium in the Money Market 货币市场均衡
Equilibrium Interest Rate 均衡利率

思考题

1. 如何理解 IS-LM 是凯恩斯宏观经济学的核心？

2. 如果产品市场和货币市场没有同时达到均衡而市场又往往能使其走向同时均衡或者说一般均衡，为什么还要政府干预经济生活？

3. 如果社会已是充分就业，现在政府想要改变总需求的构成，增加私人投资和减少消费，但总需求不许超过充分就业水平，这需要什么样的政策混合？运用 IS-LM 图形表达您的政策建议。

第五章　国民收入决定：AD-AS 模型

学习目标　通过本章的学习，要求掌握总需求曲线与总供给曲线的基本知识；熟练运用 AD-AS 模型的均衡国民收入决定与变动；能初步运用 AD-AS 模型分析宏观经济问题。

知识点　总需求曲线与总供给曲线的基本含义、总需求曲线的经济含义；AD-AS 模型决定均衡国民收入与调整；AD-AS 模型与 IS-LM 模型的关系；总供给曲线的相关解释。

注意点　AS 曲线有三种形态，AD 曲线与不同形态的 AS 曲线相交形成不同的 AD-AS 模型；AS 曲线在宏观经济理论中有不同观点的解释；AS 曲线移动影响总产出在现实经济中的重要意义。

前面在讨论国民收入的决定问题时，都未考虑价格水平因素，或者说假定价格水平固定不变。总需求-总供给模型将取消价格水平固定不变的假定，着重说明产量（国民收入）和价格水平的关系。当然，这里的价格指的不是某一种或几种商品的价格，而是社会总体物价或社会平均物价水平。

第一节　总需求曲线

一、总需求曲线的含义

（一）总需求

总需求是指经济社会在一定价格水平时所愿意而且能够购买的产品和劳务的总量，这一需求总量通常以产出水平来表示。按照总需求的定义，用 AD 代表总需求，则有：

$$AD = c + i + g + nx \tag{5.1}$$

式中：c 为消费需求，i 为投资需求，g 为政府购买需求，nx 为净出口需求。

（二）总需求函数

总需求函数被定义为以产量（国民收入）所表示的需求总量和价格水平之间的关系。它表示在某个特定的价格水平下，经济社会需要多高水平的产量。

（三）总需求曲线

总需求曲线是反映价格水平与总需求之间关系的曲线。在价格水平为纵坐标，总需求量为横坐标的坐标系中，总需求函数的几何表示被称为总需求曲线。

二、总需求曲线的图形

总需求曲线如图 5-1 所示。

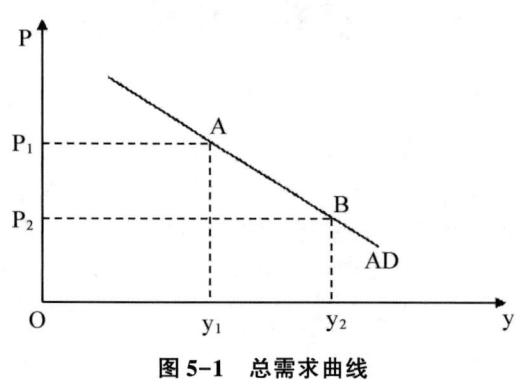

图 5-1 总需求曲线

总需求曲线通常向右下方倾斜。这意味着，在其他条件相同的情况下，经济中价格水平下降，会增加物品和劳务的需求量。如图 5-1，P 从 P_1 下降到 P_2，总需求量从 y_1 增加为 y_2；反之，价格水平上升会减少物品和劳务的需求量。

总需求曲线为什么向右下方倾斜呢？或者说为什么价格水平与总需求具有反方向变动的关系呢？由公式（5.1）可知，在理论上，等式右边的四部分中的每一部分都对经济的总需求作出了贡献。特别地，这里只说明经济中的价格水平是如何影响消费、投资和进出口的。价格水平变化对三者的影响通过三种效应体现出来。

（一）财富效应

当价格水平下降时，提高了经济中货币的真实价值，并使消费者感觉更加富有，这又会鼓励他们更多地支出，也就意味着物品与劳务的需求量更大。反之，当价格水平上升时，降低了货币的真实价值，并使消费者感觉变穷，这又减少了消费者支出以及物品与劳务的需求量。上述说明的价格水平对消费影响的效应称为财富效应。根据财富效应，在公式 5-1 中，P 与 c 反方向变动，而 c 又是总需求的重要组成部分，故总需求与价格是反方向变动的。

（二）利率效应

价格水平下降时，人们购买物品和劳务需要比原来更少的货币，即货币需求量因价格下降而减少。在货币供给不变的情况下，货币需求量下降会使利率下降，利率下降会鼓励企业增加投资，进而使总需求增加。反之，价格水平提高，则增加了货币需求，使利率上升，进而抑制了投资支出，降低了经济的总需求。上述说明价格水平变动通过影响利率进而影响企业投资的效应称为利率效应。根据利率效应，在公式（5.1）中，P 与 i 反方向变动，而 I 又是总需求的一个组成部分，故总需求与价格是反方向变动的。

（三）进出口效应

在开放经济条件下，一国价格总水平的下降会促使人们减少从国外购买进口产品，增加对本国产品的需求。同时，外国消费者也会增加对进口商品的购买。这就是说，价格水平下降的国家出口会增加，进口会减少，进而净出口增加，从而使总需求增加。反之，价格水平上升的国家出口会减少，进口会增加，进而净出口减少，总需求减少。上述说明价格水平变动对净出口影响的效应称为进出口效应。在公式（5.1）中，P 与 nx 反方向变动，而 nx 又是总需求的一个组成部分，故总需求与价格是反方向变动的。

【拓展 5-1】总需求曲线的推导

总需求曲线描述了与每一价格水平相对应的经济社会的总支出，一般地，总需求曲线可以从 IS-LM 模型中推导出来。先看代数形式的推导。

假设在三部门经济中，IS 曲线的方程为：
$$y=c+i+g=f(y-t)+f(r)+g \tag{5.2}$$

LM 曲线的方程为：
$$\frac{M}{P}=L_1(y)+L_2(r) \tag{5.3}$$

在上述两个方程中，如果把 y 和 r 当做未知数，把其他变量，特别是价格水平 P 当做参数来对这两个方程联立求解，则所得的 y 的解式一般包含 P 这一变量。该解式表示了不同价格 P 与不同的总需求量 y 之间的函数关系，即总需求函数。现举例加以说明。假设在式（5.2）和式（5.3）中，有：

$$\begin{cases} 0.5y+240r=3\,500 \\ 0.5y-260r=\dfrac{1\,000}{P} \end{cases}$$

求出 y 的解式，得到：
$$y=\frac{3\,640P+960}{P}=3\,640+\frac{960}{P} \tag{5.4}$$

式（5.4）即为总需求函数。在这种情况下，总需求曲线反映的是产品市场和货币市场同时处于均衡时，价格水平和总需求量的关系。此外，总需求曲线也可以从 IS-LM 图形中推导出来。

图 5-2 中，(a) 图为 IS-LM 图，(b) 图表示价格水平和需求总量之间的关系，即总需求曲线。当价格 P 的值为 P_0 时，此时的 LM 曲线 LM(P_0) 与 IS 曲线相较于 E_0，E_0 点所表示的国民收入和利率分别是 y_0 和 r_0。将 P_0 和 y_0 标在 (b) 图中便得到总需求曲线上的一点 D_0。现在，假设 P 由 P_0 下降到 P_1，由于 P 的下降，使 LM 曲线移动到 LM(P_1) 的位置，它与 IS 曲线的交点为 E_1，E_1 点所表示的国民收入和利率分别是 y_1 和 r_1。对应于 (a) 图中的 E_1，可在 (b) 图中找到 D_1。按照同样的程序，随着 P 的变化 LM 曲线和 IS 曲线可以有许多交点，每一个交点都标志着一个特定的 y 和 r。于是就有许多 P 和 y 的组合，从而构成了 (b) 图中的一系列的点。把这些点连在一起所得到的曲线就是总需求曲线 AD。

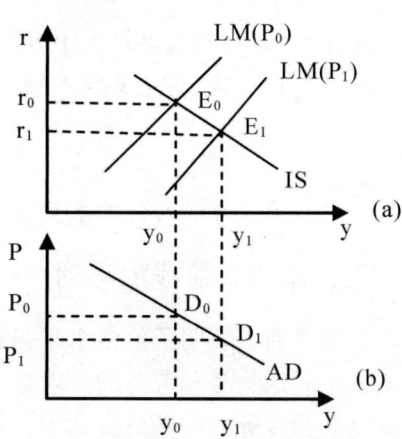

图 5-2 总需求曲线的推导

应指出的是，价格水平的变化对 IS 曲线的位置没有影响，因为决定 IS 曲线的变量被假定是实际变量，而不是随价格而变动的名义变量。

那么总需求曲线的斜率受哪些因素的影响呢？

总需求曲线的斜率反映了既定的价格水平变动所引起的总需求与国民收入的不同变动情况。一般来说，总需求曲线的斜率越大，曲线越陡峭，一定的价格水平变动所引起的总需求与国民收入变动越小;相反,总需求曲线的斜率越小,曲线越平坦,一定的价格水平变动所引起的总需求与国民收入变动越大。

总需求曲线的斜率受 IS 和 LM 曲线斜率的影响,影响 IS 曲线斜率和 LM 曲线斜率的因素同样影响总需求曲线斜率的大小。

具体来说,影响总需求曲线斜率的因素主要有以下方面:投资需求的利率系数、货币需求的利率系数、货币需求的收入系数和乘数。总需求曲线的斜率与货币需求的利率系数、货币需求的收入系数呈同方向变化,而与投资需求利率弹性、乘数呈反方向变化。

【例 5-1】

设某一三部门的经济中,消费函数为 $c=200+0.75y$,投资函数为 $i=200-25r$,货币需求函数为 $L=y-100r$,名义货币供给是 1 000,政府购买 $g=50$,求该经济的总需求函数。

解:$y=c+i+g$,将消费函数、投资函数和政府购买代入其中,得:

$y=200+0.75y+200-25r+50$,化简后,得:

$$y=1\ 800-100r \tag{1}$$

式(1)即为该经济的 IS 曲线方程。

货币市场均衡条件为:$M/P=L$,将货币需求关系式和货币供给数量代入其中,有 $\dfrac{1\ 000}{P}=y-100r$,其中 P 为经济中的价格水平

上式化简为:

$$y=100r+\dfrac{1\ 000}{P} \tag{2}$$

式(2)即为该经济的 LM 曲线方程。

将式(1)、式(2)联立,并消去变量 r,得到

$$y=900+\dfrac{500}{P}$$

上式即为该经济的总需求曲线。

三、总需求曲线的移动

总需求曲线表明了价格水平与总需求量之间关系。但是,许多其他因素也会影响价格水平既定时的物品和劳务的需求总量。当这些因素中的一种发生变动时,在每一价格水平下的物品和劳务的需求量变动了,就会引起总需求曲线的移动。以下从总需求的四个构成部分来讨论总需求曲线的移动见表 5-1。

表 5-1 导致总需求曲线移动的因素

序号	因素及其变化	总需求曲线的变化
1	消费者支出增加的事件(如减税、政府转移支付增加)	向右方移动
2	企业投资增加的事件(如减税、预期利润率提高)	向右方移动
3	政府支出增加(如增加城市公共项目的支出)	向右方移动
4	使净出口增加的事件(如国外经济繁荣)	向右方移动

（一）消费需求的变动

在价格水平既定时，任何使消费者支出增加的事件都会使总需求曲线向右移动。反之，任何使消费者支出减少的事件都会使总需求曲线向左移动。具体来看，如果税率降低，消费者的纳税额减少，或者消费者得到的政府转移支付（如失业救济金、困难补助、各种政府补贴）增加，则消费者的消费需求会增加，总需求曲线右移，在图 5-3 中，AD 曲线由 AD_0 右移至 AD_1。反之，总需求曲线左移，AD 曲线由 AD_0 向左移至 AD_2。

（二）投资需求的变动

在价格水平既定时，任何使企业投资增加的事件，使总需求曲线向右移动。反之，任何使企业投资减少的事件，使总需求曲线向左移动。具体来看，如果企业税收减少，或者预期利润率提高，或者价格以外的因素引起利率下降（如货币供给量的增加），或者生产技术的进步等因素促使投资需求增加，总需求曲线向右移动。反之，向左移动。

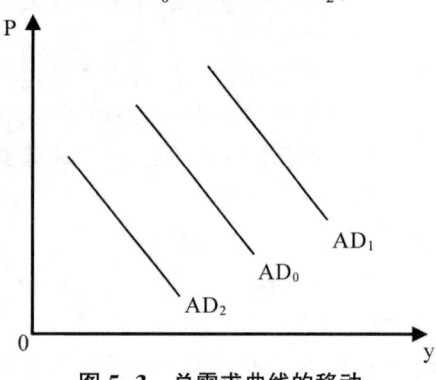

图 5-3　总需求曲线的移动

（三）政府支出的变动

政府支出的变动取决于政府的宏观财政政策，当价格总水平未变化时，政府支出可能增加，也可能减少。当政府支出增加（如增加国防或高速公路建设的支出）时，总需求曲线向右移动。政府购买减少（如削减国防或高速公路建设支出）时，总需求曲线向左移动。

（四）净出口需求的变动

在价格水平既定时，任何增加净出口支出的事件（如国外经济繁荣、引起汇率下降的投机）使总需求曲线向右移动。反之，任何减少净出口支出的事件（如国外经济衰退、引起汇率上升的投机）使总需求曲线向左移动。

上面的说明其实已经涉及到财政政策和货币政策变化对总需求曲线的影响。可以概括为，扩张性的财政政策和扩张性的货币政策都会使总需求曲线向右移动，紧缩性的财政政策和紧缩性的货币政策都会使需求曲线向左移动。下面对扩张性的财政政策效果进行说明。

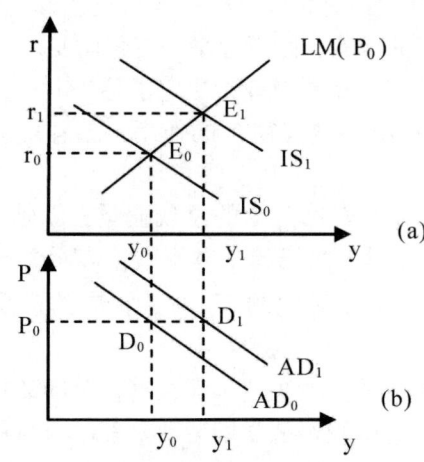

图 5-4　扩张性财政政策对总需求曲线的影响

在图 5-4 的（a）图中，IS_0 曲线和 LM_0 曲线对应于一定的货币数量和价格水平 P_0。均衡点为 E_0，在（b）图的 AD 曲线中有与之相对应的 E_0 点。现在增加政府支出，IS_0 曲线向右移动到 IS_1，在原来的价格水平下，新的均衡点为 E_1，此时，利率提高，收入增加。在（b）图中也画出相应的 E_1 点，E_1 点是新的总需求曲线 AD_1 上的一点，AD_1 曲线反映了增加政府支出对经济的影响。可见，在既定的价格水平下，政府支出的增加意味着总需求的增加。

第二节 总供给曲线

一、总供给与劳动力市场

(一) 总供给

总供给是指在任一价格水平，经济社会中的所有企业愿意而且能够提供的产品和劳务的总量，即经济社会投入的基本资源用于生产时可能有的产量。这里的基本资源主要包括劳动、生产性资本存量和技术。在宏观经济学中，描述总产出与劳动、资本和技术之间关系的工具是生产函数。

(二) 宏观生产函数

宏观生产函数又称总量生产函数，是指整个国民经济的生产函数，它表示总投入与总产出之间的关系。假定一个经济社会在一定技术条件下使用总量意义下的劳动和资本两种要素进行生产，则观生产函数可以表示为：

$$y=f(N,K) \tag{5.5}$$

式中，y 为总产出；N 为整个社会的就业水平或者就业量；K 为整个社会的资本存量，为了避免复杂，技术水平没有表示出来。式（5.5）表明，经济社会产出主要取决于社会的就业量、资本存量和技术水平。

宏观生产函数可以分为短期和长期两种，在短期生产函数中，资本存量和技术短期内很难有较大改变，所以两者通常被认为是不变的常数，用 $\bar{K}$ 表示不变的资本存量，则有：

$$y=f(N,\bar{K}) \tag{5.6}$$

式（5.6）被称为短期宏观生产函数，它表示，在一定技术水平和资本存量条件下，经济社会的产出 y 取决于就业量 N，即总产量是就业量的函数，随就业量的变化而变化。

宏观经济学假定宏观生产函数具有两个重要的性质：一是总就业量决定了总产出；二是在技术不变和 K 为常数的假设条件下，由于"边际报酬递减规律"的作用，随着总就业量的增加，总产出按递减的比率增加。

短期宏观生产函数可以用图 5-5 表示，图中，横轴 N 表示劳动的总就业量，纵轴 y 表示总产量。当总就业量为 N_0 时，对应的总产量为 y_0，图中曲线越来越平缓，表示总产量随着总就业量的增加按递减的比率增加。当 N 达到充分就业的 N^* 时，相应的产量为 y_f。

在一定时期和一定条件下，总供给主要由全社会的总就业量决定，那么总就业量又是怎样决定的呢？为此，需要引入劳动力市场来分析。结合微观经济学中劳动要素市场的基本理论，不难理解，图 5-6 中的劳动需求曲线 N_d 是向右下方倾斜的，它表示，实际工资 $\frac{W}{P}$ 越高，企业的劳动需求量即社会就业量越大。一般地，劳动供给曲线 N_s 向右上方倾斜，表示实际工资越高，劳动供给越多。也就是说劳动需求和劳动供给都是实际工资的函数。

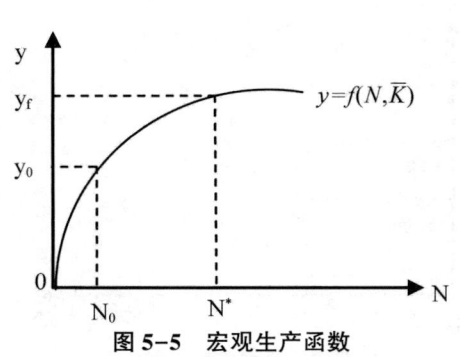
图5-5 宏观生产函数

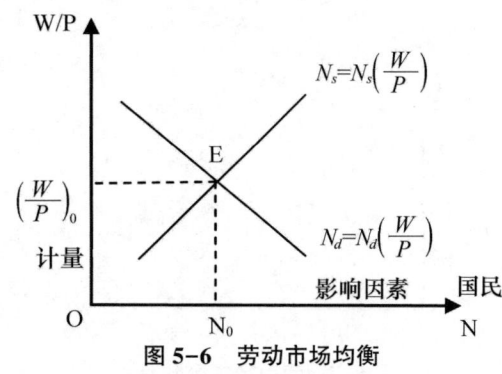
图5-6 劳动市场均衡

劳动市场均衡条件是：$N_d = N_s$，劳动市场的均衡一方面决定了均衡的实际工资，另一方面决定了均衡的就业量。在图5-6中，劳动需求曲线 N_d 与劳动供给曲线 N_s 相交于 E 点，决定了均衡实际工资水平为 $\left(\dfrac{W}{P}\right)_0$，均衡就业量为 N_0。如果劳动需求大于劳动供给，则实际工资水平会迅速上升，从而使厂商减雇工人，就业减少；而如果劳动供给大于需求，即存在失业，则实际工资水平会迅速下降，从而使厂商增雇工人，就业增加，失业减少。当劳动需求与劳动供给相等时，劳动力市场也就不再进行调整。也就是说，在实际工资的调整下，劳动供给与劳动需求相等时的就业量一定是均衡就业量，同时也是充分就业时的就业量。

【拓展5-2】劳动的需求函数与供给函数

（一）劳动的需求函数

追求利润最大化的厂商使用劳动的原则是使劳动的边际收益等于劳动的边际成本。当劳动的边际产品为既定时，劳动的需求就取决于实际工资水平，是实际工资水平的反函数，即实际工资水平上升，劳动需求减少；实际工资下降，劳动需求增加。劳动的需求函数可以写为：

$$N_d = N_d\left(\dfrac{W}{P}\right)$$

其中，W_d 表示劳动的需求；W 为货币工资；P 为价格水平；$\dfrac{W}{P}$ 表示实际工资水平。

劳动需求函数可以用图5-7劳动需求函数来表示。图5-7劳动需求函数中，横轴 N 表示就业量，纵轴 W/P 表示实际工资水平，N_d 为劳动需求曲线。当实际工资为 $\left(\dfrac{W}{P}\right)$ 时，劳动的需求量为 N_0；而当实际工资下降为 $\left(\dfrac{W}{P}\right)_1$ 时，劳动的需求量增加到 N_1；当实际工资上升为 $\left(\dfrac{W}{P}\right)_2$ 时，劳动的需求量减少到 N_2。

（二）劳动的供给函数

劳动供给由劳动的边际负效用与工资的边际效用决定。当工资的边际效用大于劳动的边际负效用时，劳动者要增加劳动的供给；相反，则减少劳动的供给；当两者相等时，就决定了劳动者所提供的劳动量。

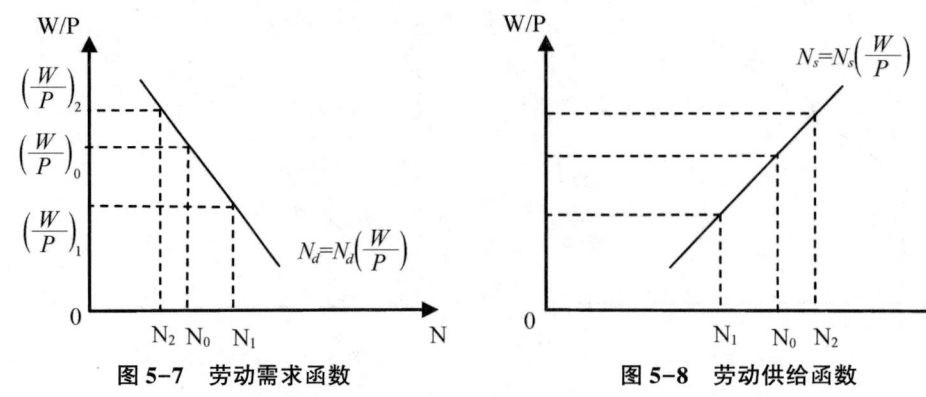

图 5-7 劳动需求函数　　　　　图 5-8 劳动供给函数

假设劳动的边际负效用为既定，工资的边际效用取决于实际工资量。这样就可以将劳动的供给函数写为：

$$N_s = N_s\left(\frac{W}{P}\right)$$

其中，N_s 表示劳动的供给；W 为货币工资；P 为价格水平；$\frac{W}{P}$ 表示实际工资水平。

劳动供给函数可以用图 5-8 劳动供给函数来表示。图 5-8 劳动供给函数中，横轴 N 表示就业量，纵轴 $\frac{W}{P}$ 表示实际工资水平，N_s 为劳动供给曲线。当实际工资为 $\left(\frac{W}{P}\right)_0$ 时，劳动的供给量为 N_0；而当实际工资下降为 $\left(\frac{W}{P}\right)_1$ 时，劳动的供给量减少到 N_1；当实际工资上升为 $\left(\frac{W}{P}\right)_2$ 时，劳动的供给量增加到 N_2。

二、总供给曲线的形态

总供给曲线的形状与货币工资（W）和价格水平（P）调整所需时间的长短有关系，按照货币工资和价格水平进行调整所需的时间长短，形成了不同的总供给曲线，即古典总供给曲线、凯恩斯总供给曲线和常规总供给曲线。下面依次加以说明。

（一）古典总供给曲线

按照西方古典学派的说法，长期中，价格和货币工资具有伸缩性，因此，经济的就业水平就会处在充分就业的状态上。在不同的价格水平下，当劳动力市场上存在超额劳动需求或超额劳动供给时，货币工资就会进行调整，进而实际工资进行调整，实际工资调整到劳动市场达到均衡的水平。也就是说，在长期中，经济的就业水平或产量并不随着价格的变动而变动，而始终处在充分就业的状态上。因此，古典学派认为，总供给曲线是一条位于经济的潜在产量或充分就业产量水平上的垂直线，如图 5-9 所示。

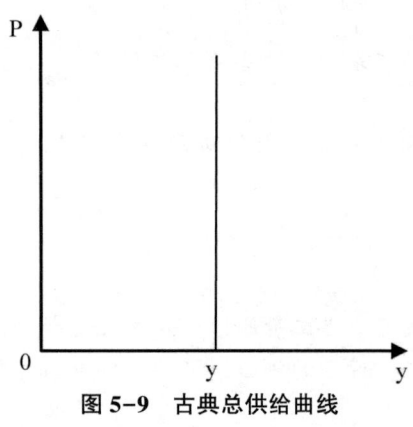

图 5-9 古典总供给曲线

古典总供给曲线垂直的理由有两个：第一，古典学派假设货币工资（W）和价格水平（P）可以迅速或立即进行调节，使得实际工资（W/P）总是处于充分就业所的水平，从而使产量或国民收入总是处于充分就业的水平，不受价格的影响。根据此理由，古典总供给曲线并不意味着时期长短。换言之，只要存在着 W 和 P 迅速或立即调整的假设，古典总供给曲线也是一个短期总供给曲线。第二，古典学派一般研究经济事物的长期状态，而在长期中，即使不采用 W 和 P 能够迅速或立即调整的假设，货币工资和价格水平被认为是具有充分时间来进行调整，使得实际工资（W/P）处于充分就业时的水平，从而，总供给曲线是一条垂直线，以此而论，古典总供给曲线又代表长期总供给曲线。

垂直的总供给曲线代表的究竟是短期还是长期的状态呢？一般认为，在使用第一个理由时，它被认为是短期总供给曲线的一种极端情况。在使用第二个理由时，它被认为是长期总供给曲线。本书采用大多数西方文献的做法，把垂直的总供给曲线称为古典总供给曲线，把它当做短期总供给曲线的极端情况。

古典总供给曲线的政策含义可以用图 5-10 表示出来：

在图 5-10 中，代表总需求的曲线的 AD_0 与古典总供给曲线的 y_f 垂直相交于 E_0 点，此时的价格水平为 P_0，产量是充分就业时的产量 y_f。处于 E_0 的状态下，增加需求的政策并不能改变产量，只能造成物价上涨，甚至通货膨胀。如国家通过增加需求的政策使 AD_0 向右移动到 AD_1 的位置，其与 y_f 垂直线的新交点为 E_1，在 E_1 点，价格水平上涨为 P_1，可产量仍然是 y_f。

（二）凯恩斯总供给曲线

凯恩斯的著作《就业、利息和货币通论》出版于 1936 年，当时西方世界正处于严重的大萧条时期，经济社会存在大量的失业人口和生产能力，《就业、利息和货币通论》基本上是针对这种状态撰写的。此外，该书也提出了货币工资具有"刚性"的假设，即假设由于种种原因，货币工资不会轻易变动。凯恩斯总供给曲线则以工资"刚性"假设为出发点。

根据工资"刚性"假设，当产量（从而国民收入）增加时，价格和货币工资均不会发生变化。因此，凯恩斯的总供给曲线被认为是一条水平线。如图 5-11 中的 P_0E_0 所示。

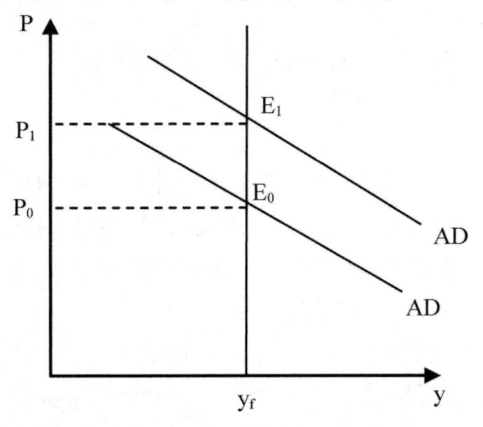

图 5-10 古典总供给曲线的政策含义

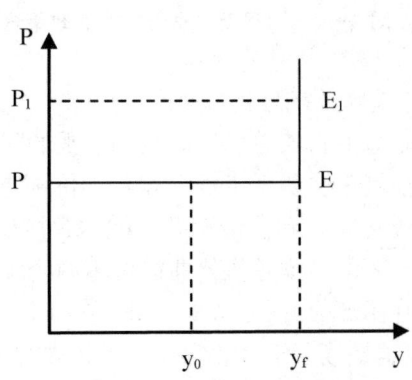

图 5-11 凯恩斯总供给曲线

图 5-11 中,y_f 代表充分就业的产量或国民收入。P_0E_0 为水平线的意思是:在产量小于 y_f 的条件下,由于货币工资(W)和价格水平(P)都不会变动,所以在既有的价格(P_0),经济社会能够提供任何数量的 y_0,即在达到充分就业以前,经济社会能按照既定的价格提供任何数量的产量或国民收入(如 y_0)。此外,该图也表明,在达到充分就业 y_f 之后,社会已经没有多余的生产能力,不可能生产出更多的产品。增加的需求不但不会增加产量,反而会引起价格的上升,如图中 E_0 点以上的垂直线所示。例如,在 E_1 点,产量仍旧是 y_f,但是,价格已经上升到 P_1。

凯恩斯总供给曲线之所以具有水平的形状,理由有两个:第一,货币工资(W)和价格(P)都具有刚性,也就是说,两者完全不能进行调整。第二《就业、利息和货币通论》研究的是短期情况,即使不使用工资"刚性"的假设,由于时间很短,W 和 P 也没有足够的时间进行调整。

凯恩斯总供给曲线的政策含义是:只要国民收入或产量处在小于充分就业的水平,那么,国家就可以使用增加需求的政策来使经济达到充分就业状态,如图 5-12 所示。

在图 5-12 中,代表总需求曲线的 AD_1 与凯恩斯总供给曲线(P_0E_0)相交于 E_1 点。在 E_1 点,价格水平为 P_0,产量 y_1 处于小于充分就业的萧条状态。为了改善这一状态,国家可以采取增加需求的政策,此时,总需求曲线 AD_1 向右移动到 AD_0 的位置,于是 P_0E_0 与 AD_0 相交于 E_0 点,在 E_0 点,价格水平仍然为 P_0,但国民收入已经达到充分就业的数量 y_f。

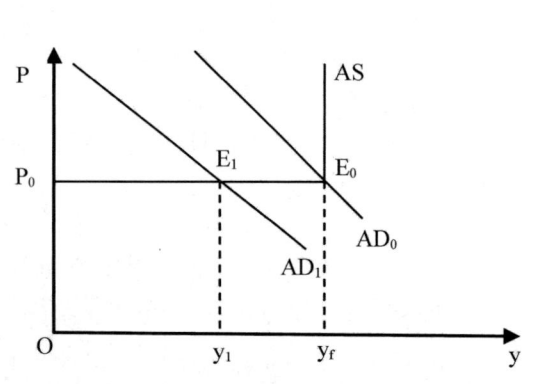

图 5-12 凯恩斯总供给曲线的政策含义

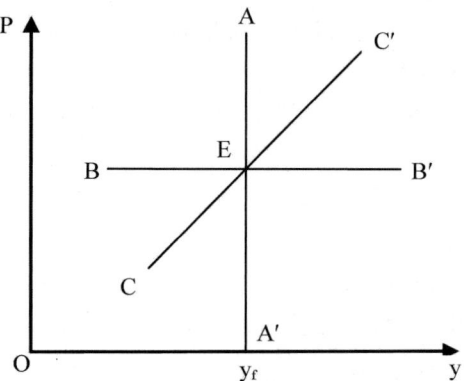

图 5-13 常规总供给曲线

(三)常规总供给曲线

垂直的古典总供给曲线和水平的凯恩斯总供给曲线分别代表总供给曲线的两种极端状态。前者来自货币工资(W)和价格水平(P)能够立即进行调整的假设;后者则来自货币工资(W)和价格水平(P)完全不能进行调整的假设。但是,在通常的或常规的情况下,经济的常规总供给曲线位于两个极端之间,如图 5-13 的 CC′线所示。

在图 5-13 中,AA′、BB′和 CC′三条直线顺次代表古典、凯恩斯和常规总供给曲线。CC′线越是接近于 BB′线,W 和 P 被假设的调节速度越慢;一直到 CC′和 BB′相重合的凯恩斯极端,二者则完全不能调节。另一方面,CC′线越是接近 AA 线,W 和 P 被假设的调节速度越快,直到 CC′和 AA′相重合的古典极端。向右上方倾斜的 CC′线表示,价格水平越高，经济中的企业提供的总产出就越多。

【拓展 5-3】常规总供给曲线的推导

常规总供给曲线的推导，可以从不同的理论路线完成。下面从黏性价格模型来进行推导。

该模型强调了企业不能针对需求变动即刻调整其索取的价格。有时价格是由企业与顾客之间的长期合约约定的，甚至在没有正式协议时，企业也可能保持价格的稳定，以避免频繁的价格变动给自己的长期客户造成困扰。此外，一些价格有黏性是因为一旦企业印制和分发了它的产品目录或价格单，改变起来成本高昂。

下面先考虑个体企业的定价决策，然后把许多企业的决策累加在一起来说明一个整体经济的供给行为。

考虑一个具有定价权的典型企业的定价决策。该企业合意的价格 p 取决于两个宏观经济变量。一是总价格水平 P。更高的价格意味着更高的企业成本，因此价格水平 P 越高，企业对自己产品收取的价格也越高。二是总收入水平 y。更高的收入提高了对企业产品的需求。由于在更高的生产水平上边际成本增加，因此，需求越大，企业收取的价格也越高。

因此，把企业的合意价格表示为：

$$p = P + a(y - y_f)$$

上式说明，企业合意价格取决于价格水平 P 和相对于自然水平的总产出水平（$y - y_f$）。大于零的参数 a 衡量企业的合意价格对（$y - y_f$）项的反应有多大。

假设经济中有两种类型的企业，一些企业的价格有弹性，它们总可以根据上式来设定其价格。另一些企业的价格是黏性的，它们根据自己预期的经济状况事先宣布自己的价格。

具有黏性价格的企业根据下式设定价格：

$$p = PE + a(Ey - Ey_f)$$

式中，E 代表一个变量的预期值。为简单起见，假设这类企业预期产出处于其自然水平，因此上式最后一项为零，于是，这些企业设定的价格为：

$$p = PE$$

也就是说，具有黏性价格的企业根据自己对其他企业收取价格的预期设定自己的价格。

如果 b 是具有黏性价格的企业所占的比例，（$1-b$）是具有弹性价格的企业所占的比例，则价格总水平可以表示为：

$$p = bPE + (1-b)[P + a(y - y_f)]$$

经整理，并解出价格总水平，得：

$$P = EP + \frac{(1-b)a}{b}(y - y_f)$$

上式经过整理，可写为：

$$y = y_f + \lambda(P - EP) \tag{5.7}$$

式中，$\lambda = \dfrac{b}{(1-b)a}$。式（5.7）即为常规总供给曲线方程。

三、常规总供给曲线的移动

短期内,一般假设技术水平、生产要素投入不变,因此潜在产出水平不变。现实经济运行中,实际产出围绕着潜在产出波动。短期内,总供给曲线主要受生产成本变动影响,生产成本上升,产品价格上升,总供给曲线向上平移;生产成本下降,产品价格下降,总供给曲线向下平移。生产成本受各种生产要素投入的成本影响,各自的影响程度取决于各自在经济中的重要性。具体来看,常规总供给曲线的移动主要受以下因素的影响。

第一,可得到的劳动量增加使常规总供给曲线向右移动。反之,向左移动。这意味着,劳动变动会引起常规总供给曲线发生移动。

第二,物质资本或人力资本(指人们通过教育、培训和经验获得的知识与技能)增加使常规总供给曲线向右移动。反之,向左移动。这意味着,资本变动会引起常规总供给曲线发生移动。

第三,自然资源可获得性的增加使常规总供给曲线向右移动。反之,向左移动。这意味着,自然资源变动会引起常规总供给曲线发生移动。

第四,技术知识进步使常规总供给曲线向右移动。可得到的技术减少使常规总供给曲线向左移动。

第五,预期价格水平上升一般会减少物品与劳务的供给量,并使常规总供给曲线向左移动。原因在于,当工人和企业预期价格水平要上升时,他们就倾向于达成一个高水平名义工资的合同,而高工资增加了企业的成本,进而在既定的价格水平下减少了企业供给的物品与劳务的数量。反之,当预期价格水平下降时,则增加了物品与劳务的供给量,并使常规总供给曲线左移。

对前四个因素,可以从生产函数的角度来理解,对最后一个因素,可以从总供给曲线方程式(5.7)来理解。

除了以上导致总供给曲线移动的因素,还有两个因素,一是投入品价格的变化,二是名义工资的变化。为理解以上两个因素对总供给曲线的影响,回顾微观经济学关于企业目标是追求利润最大化的假定。假设某种事件导致了生产成本上升,如石油价格上升,那么在任一给定价格水平上,生产者每单位产品获得的利润减少,结果,生产者在所有价格水平上愿意供应的产量减少,再考虑累积效果,经济的短期供给曲线就会向左移动。相反,假设因名义工资下降导致企业生产成本下降,那么在任一给定价格水平上,生产者每单位产品获得的利润增加,结果,生产者在所有价格水平上愿意供应的产量增加,再考虑累积效果,经济的短期供给曲线就会向右移动(表5-2)。

表 5-2 导致总供给曲线移动的因素

序号	因素及其变化	总供给曲线的变化
1	可得到的劳动供给量增加(劳动市场相对宽松)	向右方移动
2	资本增加	向右方移动
3	自然资源可获得性增加	向右方移动
4	技术进步	向右方移动

(续表)

序号	因素及其变化	总供给曲线的变化
5	预期价格水平下降	向右方移动
6	投入品价格下降	向右方移动
7	名义工资下降	向右方移动

因此，可得到如下结论：第一，若投入品价格上升，常规总供给曲线向左移动；若投入品价格下降，常规总供给曲线向右移动。第二，若名义工资增加，常规总供给曲线向左移动；若名义工资下降，常规总供给曲线向右移动。

【专栏5-1】灾害对总需求和总供给的影响

自然灾害和社会灾害对社会经济会产生重要甚至重大的影响。有的经济学家就曾认为，在某些经济条件下，地震、洪水、战争等对社会经济有重要的刺激作用，因为它们会增加总需求。

1998年，中国长江流域、黑龙江流域等发生特大洪水灾害，这给人民的生产、生活造成了消极的影响，给国家、企业和家庭造成了严重的财产损失。但从另一个角度看，却也刺激了内需，扩大了总需求。而中国当时正处于总需求不振、市场疲软的状态。

洪水冲垮了堤坝，要修建新的堤坝要购买水泥、施工机械和雇佣劳动力；洪水毁坏了大量房屋，重建房屋需要购买钢材、水泥等建材；抗洪抢险中，同样也需要大量物资的投入……，以至于一些企业原本满满的仓库不久变变得空空如也，这使新的投资、生产有了动力。所以洪灾在破坏经济的同时又刺激了经济，尽管这种刺激带有几分无奈和辛酸。

但也有经济学家严肃地指出，不能只看到自然灾害和社会灾害对总需求的刺激，它们同时也损害和减少了总供给。例如，损毁了厂房、设备，甚至减少了熟练劳动力。因此，它们对社会经济的影响时复杂的。而且，事先对自然灾害的防范本身同样也具有增加总需求的效应。

思考：

洪灾对总需求的刺激，与消费或投资需求的自主扩大对总需求的扩张在效果上有何差别？

第三节 AD-AS 模型

一、AD-AS 模型

（一）古典总供求模型

古典总供求模型即货币工资伸缩性（弹性）假设下均衡国民收入和价格水平的决定。

假定货币工资具有伸缩性（弹性），则总供给曲线为垂直线。可用图 5-14 来说明均衡国民收入和价格水平的决定。

图 5-14 中，总需求曲线 AD 与总供给曲线 AS 相交于 E 点，该点决定的产量（国民

收入)处于充分就业的水平 y_f。总需求曲线和总供给曲线的交点表明产品市场、货币市场和劳动市场同时达到均衡。这时的国民收入 y_f 被称为充分就业的国民收入。

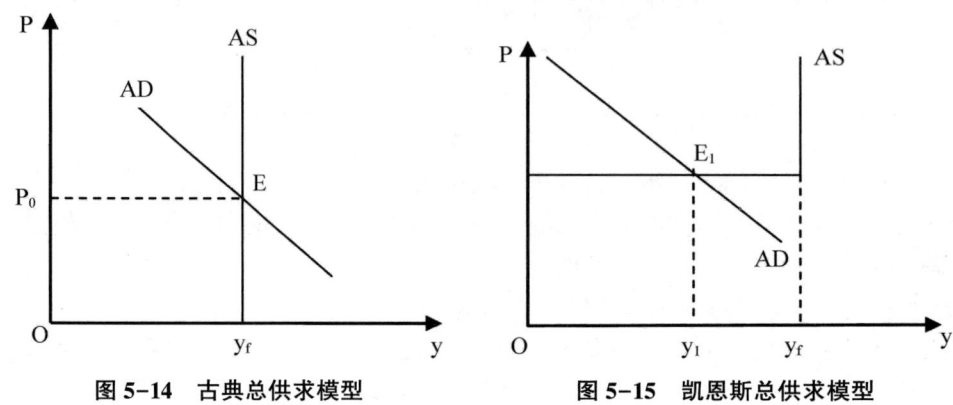

图 5-14　古典总供求模型　　　　　图 5-15　凯恩斯总供求模型

(二) 凯恩斯总供求模型

凯恩斯总供求模型即货币工资"刚性"假设下均衡国民收入与价格水平的决定。

假定货币工资具有刚性,总供给曲线先水平然后垂直。由于 AS 曲线形状特殊,AD 与 AS 相交,其经济含义可用图 5-15 低于充分就业均衡来进行说明。

图 5-15 表明,当总需求曲线 (AD) 和总供给曲线 (AS) 相交于 E_1 点时,产量 y_1 处于低于充分就业的均衡。凯恩斯认为经济总是处于小于充分就业的水平 y_f,主张政府干预经济,可以通过增加支出、减少税收以增加总需求,从而增加就业,进而增加国民收入。

(三) 常规总供求模型

在短期中,宏观经济试图达到的目标是充分就业和物价稳定,即不存在非自愿失业,同时,物价既不上升也不下降,如图 5-16 所示。

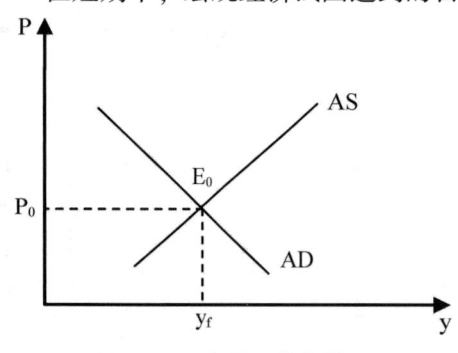

图 5-16　常规总供求模型

图 5-16 表明,当总需求曲线 (AD) 和总供给曲线 (AS) 相交于 E_0 点时,产量 y 处于充分就业水平 y_f,价格为 P_0,此时的 P 既不会上升也不会下降。E_0 点表示宏观经济管理的短期目标,即充分就业和价格稳定。然而,只有在偶然的情况下,AD 和 AS 才能相交于 E_0 点,大多数情形下,由于总需求或总供给的冲击,使经济总是偏离充分就业水平。因此,政府应该使用有效的宏观经济政策以实现宏观经济的短期目标。

二、AD-AS 模型对经济波动的解释

在宏观经济分析中,总需求—总供给模型是一个十分有用的分析工具,它可以用来分析宏观经济政策的有关问题。由于总供给曲线有不同的形状,因而在不同供给假定下政府的宏观经济政策具有不同的效应。

(一) 总需求冲击

1. 古典情形

在古典情形下，总供给曲线在充分就业的产量水平上是垂直的。可以用图 5-17 古典情形下的总需求-总供给模型来说明总需求冲击导致经济过热的效果。

在图 5-17 中，初始的总需求曲线 AD_0 与总供给曲线 AS 相交于 E_0 点，决定了产量为 y_f，价格水平为 P_0。现在假设政府实行扩张性的财政政策，结果使总需求曲线向右移动到 AD_1。在初始价格水平 P_0 上，总需求达到 E_1 点。由于 y_f 是充分就业的产量水平，因而当总需求增加时，厂商在原有的价格水平 P_0 上不可能获得更多的工人，因而不可能增加更多的产量。也就是说，产品供给对新增加的需求无法作出反应，在供给不变的情况下，需求的增加只会带来价格水平的上升。价格水平上升降低了实际货币存量并导致利率上升和支出减少，因而经济将沿着

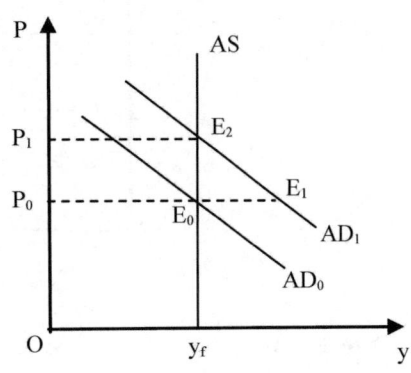

图 5-17 古典情形下的总需求冲击

AD_1 曲线不断向上移动，直至 E_2 点。在 E_2 点，总需求曲线 AD_1 与总供给曲线 AS 相交，决定了价格水平为 P_1，产量仍为 y_f。

2. 凯恩斯情形

在凯恩斯情形下，总供给曲线是一条水平线。可以用图 5-18 凯恩斯情形下的总需求-总供给模型来说明总需求冲击下走出经济危机的效果。

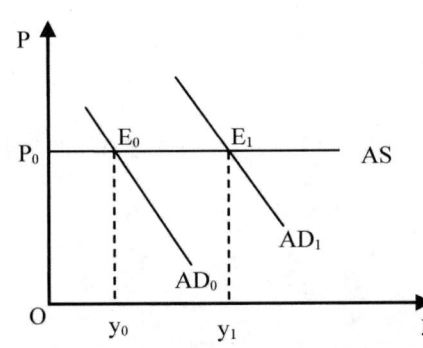

图 5-18 凯恩斯情形下的总需求冲击

图 5-18 中，E_0 为初始均衡点，改点表明经济处于低于充分就业的萧条状态。现在假设政府实行扩张性的财政政策，结果使总需求曲线 AD_0 向右移动到 AD_1，AD_1 与 AS 相交于 E_1 点，决定了产量为 y_1。由于 AS 是水平的，即在价格水平 P_0 上，厂商愿意提供任何数量的产品与劳务，因而不存在对价格的影响。由此可以看出，在凯恩斯情形下，政府实行扩张性财政政策的结果只是提高了产量和就业，并不会影响价格水平。同样，如果政府实行扩张性货币政策，结果也只会使经济中的产量增加，也不存在对价格的影响。这个模型反映了萧条时期，由于存在大量的闲置劳动力和资本，在保持一定价格水平的情况下，政府实行扩张性的政策能够使产量增加。

3. 常规情形

如果经济过热，要降低通货膨胀，政府可以紧缩总需求；如果经济萧条，要增加国民收入，政府可以扩张总需求。可用图 5-19 常规情形下总需求-总供给模型来进行说明。

通过图 5-19 可以看出，紧缩总需求的政策会较迅速地制止通货膨胀，如总需求从 AD_0 向左移动到 AD_1，可以使价格水平从 P_0 下降到 P_1，同时也会引起严重的经济衰退，如使产量从 y_0 减少到 y_1。反之，扩张总需求的政策会增加产量，但也会引起通货膨胀。

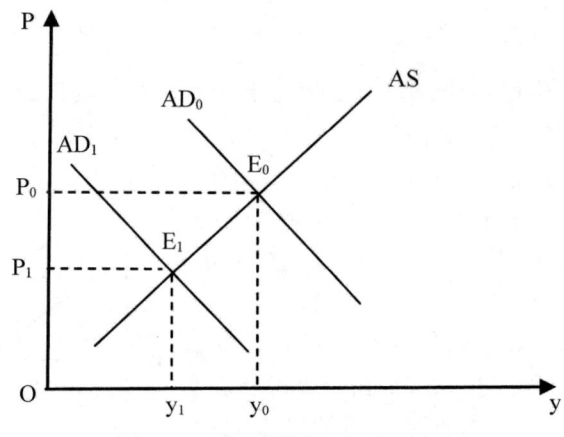

图 5-19 常规情形下总需求冲击

【例 5-2】

设总供给函数为 $y_S = 2\,000 + P$，总需求函数为 $y_D = 2\,400 - P$，求：

(1) 供求均衡点。

(2) 如果总需求曲线向左平行移动 10%，求新的均衡点并把该点与 (1) 的结果相比较。

(3) 如果总需求曲线向右平行移动 10%，求新的均衡点并把该点与 (1) 的结果相比较。

(4) 如果总供给曲线向左平行移动 10%，求新的均衡点并把该点与 (1) 的结果相比较。

(5) 本题的总供给曲线具有何种形状？属于何种类型？

解：(1) 由 $y_S = y_D$，得 $2\,000 + P = 2\,400 - P$

解得：$P = 200$，将 $P = 200$ 代入总供给函数或总需求函数得：$y_S = y_D = 2\,200$，即得供求均衡点。

(2) 向左平移 10% 后的总需求方程为：$y_D = 2\,160 - P$

同理可得：$P = 80$，$y_S = y_D = 2\,080$

与 (1) 相比，新的均衡表现出经济处于萧条状态。

(3) 向右平移 10% 后的总需求方程为 $y_D = 2\,640 - P$

同理可得：$P = 320$，$y_S = y_D = 2\,320$

与 (1) 相比，新的均衡表现出经济处于高涨状态。

(4) 向左平移 10% 的总供给方程为：$y_S = 1\,800 + P$

同理可得：$P = 300$，$y_S = y_D = 2\,100$

与 (1) 相比，新的均衡表现出经济处于滞胀状态。

(5) 总供给曲线是向右上方倾斜的直线，属于常规型。

(二) 总供给冲击

影响总供给波动的因素是相当多的，在这里主要考察短期总供给的波动。短期总供给主要受工资、原材料价格的影响。

最典型的总供给冲击来自 20 世纪 70 年代初期的石油输出国组织的限产提价政策。在这一政策支配下，世界石油市场的石油供给急剧减少，油价大幅度上涨，如 1971—1974 年间石油的实际价格上涨了四倍，从而导致了企业成本增加，使常规总供给曲线向左移动。

可以用图 5-20 常规情形下的总需求-总供给模型来说明总供给冲击下滞涨的效果。

图 5-20 中，E_0 为初始均衡点。由于石油供给紧缺，AD 曲线从 AS_0 移动到 AS_1，AD 曲线与 AS_1 相交于 E_1 点，此时，价格水平从 P_0 上升到 P_1，产量从 y_0 减少到 y_1，失业和通货膨胀并存，经济处于滞涨状态。

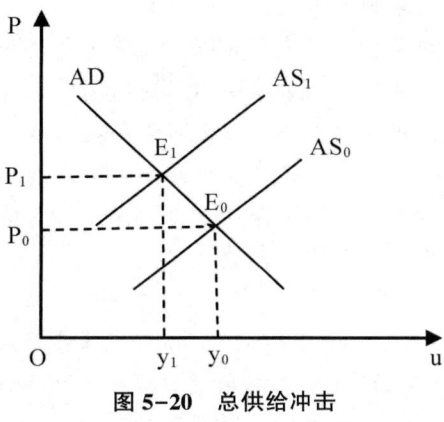

图 5-20　总供给冲击

【专栏 5-2】美国 20 世纪 70 年代的"滞胀"

从 1969 年到 1982 年，美国经济发展史上第一次出现了"滞胀"。根据美国国家经济研究局（NBER）的统计资料，美国在此阶段分别经历了 1969 年 12 月至 1970 年 11 月、1973 年 11 月至 1975 年 3 月、1980 年 1 月至 1980 年 7 月、1981 年 7 月至 1982 年 11 月四次经济衰退，平均每 3 年多就发生一次经济衰退，经济谷底分别出现在 1970 年 11 月、1975 年 3 月、1980 年 7 月和 1982 年 11 月。这几次经济危机期间，生产下降，失业率猛增，物价持续大幅上涨，出现了高通货膨胀率、高失业率和低经济增长并存的独特经济现象。

此次"滞胀"对美国经济造成了沉重的打击。一方面，美国工业经历了长时间的生产下降。1973 年发生的经济危机使得美国的工业生产下降了 15.3%，持续时间为 18 个月；1979 年发生的经济危机使得美国工业生产下降了 11.8%，持续时间约 44 个月。另一方面，企业倒闭、银行破产数和失业率都创出战后最高纪录。企业破产数量达 25 300 家，失业率最高时达 10.8%。此外，固定资产投资大幅下降、物价上涨都严重影响了美国的经济发展。从 1969 年 12 月爆发经济危机，到 1982 年 12 月经济复苏为止，美国在长达 13 年的时间停留在滞胀的阴影下。平均每 3 年多就有一次衰退，实际 GDP 平均增长速度只有 2.9%，而其它时期的经济增幅平均为 3.87% 至 5.69%。与此同时通货膨胀率前所未有地高涨，年平均通货膨胀率达到 10.46%，而美国战后各经济阶段的平均通货膨胀率为 2.33% 至 3.54%。

经济的衰退通常伴随着股市的下跌。整个滞胀期间，股票市场经过了 6 次调整，约有一半的时间处于熊市之中。滞胀严重影响了美国股市的发展，1973—1974 年的股市大调整中，美国标普 500 下跌了近 43.3%，为历次调整中最大跌幅。

为了应对这次危机，先后有四任政府，即尼克松、福特、卡特和里根政府与其进行了不懈的斗争，前三任政府由于种种原因没能使美国摆脱滞胀泥潭，而里根政府反思了通货膨胀和经济政策等问题，汲取战后多年的经济教训，形成了一些新思路。里根政府采用了四个措施：稳定货币供应量、减轻税赋、缩减开支、减少政府干预。其中最为有效的两条是稳定货币供应量和减少政府干预。

首先，里根政府以控制货币供应量为主要目标，即使利率过高触发经济危机，也不放弃从紧的货币政策。里根政府在其上任初期虽然遭遇了严重的经济危机，但是稳定的货币供应量抑制了通货膨胀，使得通货膨胀逐步下降，到1984年已经降到3.8%。其次，里根对企业实行的加速折旧政策和原来的投资课税扣除等优惠，使得企业手中的现金流量增加，对刺激传统产业更新设备起了很大作用；另外，由于生产资料的价格上涨低于前期，也鼓励了企业投资。除此以外，能源消费结构的变化引起了油价的下跌；美元升值也使得进口产品价格下降；工会为保证工人就业而放弃提高工资的要求等客观原因也使得通货膨涨出现了下降的态势。

讨论：

（1）美国20世纪70年代滞胀产生的原因。

（2）成本上涨与通货膨胀之间有何关系？

（3）如果预期是正确的，而且物价和工资调整的非常快，是否还会发生滞胀？

本章术语中英文对照

Aggregate Demand (AD) 总需求
Aggregate Demand Function 总需求函数
Aggregate Demand Curve 总需求曲线
Wealth Effect 财富效应
Trade Effect 外贸效应
Import and Export Effect 进出口效应
Aggregate Supply (AS) 总供给
Aggregate Supply Function 总供给函数
Aggregate Supply Curve 总供给曲线
Aggregate Production Function 宏观生产函数
Labor Market Equilibrium 劳动力市场均衡
Labor Demand Function 劳动需求函数
Labor Supply Function 劳动供给函数
Nominal Wages 名义工资
Real Wages 实际工资
Wage Rigidity 工资刚性

思考题

1. 2007年下半年美国次贷危机发生后，中国采取了哪些财政政策来应对危机？它们是影响总需求还是总供给？

2. 凯恩斯主义的基本观点在总供给曲线和总需求曲线上是怎么体现出来的？

3. 总供给曲线是否要考虑预期的作用？

第六章 宏观经济政策

学习目标 通过本章的学习,要求掌握宏观经济政策目标及其相互关系,掌握财政政策和货币政策工具的作用机理,能根据经济形势的变化熟练应用财政政策和货币政策工具。

知识点 宏观经济政策的目标;财政政策工具的作用机理及政策效果分析;货币政策工具的作用机理及效果分析;挤出效应的含义及影响。

注意点 在进行宏观经济政策选择时,不同经济社会所面临的经济环境和政策背景不同;不能单靠需求管理政策,也要兼顾供给管理政策;不管什么政策,都是有局限性的。

第一节 宏观经济政策概述

前面第三章至第五章,我们讨论了一个经济社会中,各宏观经济变量在相互影响相互作用下,怎样才能实现均衡国民收入。在现实经济生活中,我们知道,均衡不是经济生活的常态,而失衡才是常态。面对失衡,通过经济自身的"看不见的手"可以进行一定的自我调整和自我改善。但是,市场这个"看不见的手"不是万能的,在市场自我调整失灵的情况下,就需要"看得见的手"去干预经济。这个"看得见的手"就是政府制定的宏观经济政策。所谓宏观经济政策是指政府为了增进整个社会经济福利、改进国民经济的运行状况、达到一定的政策目标而有意识地主动运用一定的政策工具而制定的解决经济问题的制度、原则和措施。

一、宏观经济政策的主要目标

政府制定经济政策,就是要解决经济问题,实现一定的经济政策目标。宏观经济政策目标是指宏观经济政策最终所要达到的目的。一般来说,政府主要是围绕充分就业、物价稳定、经济增长和国际收支平衡这四大目标制定宏观经济政策。

(一) 充分就业

充分就业是宏观经济政策的首要目标。所谓充分就业是指包含劳动在内的一切生产要素都有机会以愿意接受的价格参与生产活动的状态,即所有经济资源都能得到充分利用。我们在这里所说的充分就业,是指劳动这种要素的充分利用。西方经济学家通常以失业情况作为衡量充分就业与否的尺度。凡是在一定年龄范围内愿意工作并没有工作,并正在寻找工作的人称为失业。属于失业范围的人包括,新加入劳动力队伍第一次寻找或重新加入劳动力队伍正在寻找工作的人;为了寻找其他工作而离职,在找工作期间作为失业者登记注册的人;被暂时辞退并等待重返工作岗位的人;被企业解雇而且无法回到工作岗位的人,即非自愿离职者。

充分就业并非人人都有工作,这是由于在市场经济中,劳动力的供给与需求双方都有自由选择的权力,比如学生从学校毕业往往需要一段时间才能找到合适的工作。所以从整个经济看来,任何时候都会有一些正在寻找工作的人,经济学家把在这种情况下的失业称为自然失业率,所以,经济学家对自然失业率的定义,有时被称作"充分就业状态下的失业率"。

由于失业总被认为会给社会及失业者本人和家庭带来损失,因此,降低失业率,实现充分就业,就常常成为西方宏观经济政策的首要的或重要的目标。但充分就业并不是所有的劳动者都能就业,充分就业时仍有一定的失业。在现实国民经济运行中,有些因素的存在使失业不可避免,比如劳动力正常流动过程中的不在岗时段,比如经济结构进步过程中有些夕阳行业的萎缩所释放的、暂时无法到其他行业重新就业的劳动力,比如在当前工资水平下不愿意就业的人,等等。凯恩斯认为,在排除了上述这些情况所带来的失业下的就业状态就是充分就业。也就是说,经济社会实现了充分就业时,仍然有一定的失业存在。因此,政府关心的是由于经济周期所造成的非自愿失业,当存在较严重的这种情况的失业时,政府就会制定相应宏观经济政策进行调控。

(二)物价稳定

物价稳定是指价格总水平的稳定。由于各种商品价格变化的繁杂和统计的困难,西方学者一般借用价格指数来表示一般价格水平的变化。价格指数是在给定的时段里(如一年或一个月等),一组商品的平均价格如何变化的一种指数。应注意的是在计算时,不同商品的价格一般要根据其经济重要性作加权处理。一般来说,价格指数有消费物价指数、批发物价指数和国民生产总值平减指数三种。

为了控制通货膨胀对经济的冲击,西方国家把价格稳定作为宏观经济的另一目标。物价稳定就是避免或减少通货膨胀,但并不是通货膨胀率为零。在任何一个经济社会中,由于各种经济和非经济因素的影响,物价不可能保持在一个固定不变的水平上,一般来说,随着经济的发展会或多或少地有一些或高或低的通货膨胀,因此,物价稳定并不意味着每种商品和劳务的价格固定不变。实践表明,西方国家的通货膨胀已经无法完全消除,因此大部分西方国家已把一般的轻微的通货膨胀的存在,看作是基本正常的经济现象。

(三)经济增长

经济增长是指一个经济社会在一定时期内(通常为一年)所生产的商品和劳务总产出或人均总产出的增加,通常用总产量、人均产量或总收入、人均收入的增长率来表示。它包括维持一个高经济增长率,培育一个经济持续增长的能力。通常情况下,经济增长与就业目标是一致的。

影响经济增长的直接因素有很多。人们一般从总产出函数中寻找经济增长的答案。根据总产出函数,$Y = A \cdot F(X_1, X_2, \cdots, X_n)$,A代表技术,$X_1, X_2, \cdots, X_n$分别代表劳动、资本、土地、企业家才能等各种资源。当然，技术也是一种无形资源。这些资源共同作用下，带来了一个经济社会的总产出。这些资源影响总产出主要有两方面因素决定：一是资源投入总量，二是资源投入效率（生产率和利用率）。根据这些资源对于总产出的影响程度，可以测算各种资源对于经济总产出的贡献率。除了这些资源的影响之外，经济制度对于总产出也有着至关重要的影响。

（四）国际收支平衡

国际收支平衡是指既无国际收支赤字又无国际收支盈余。从长期看，一国的国际收支状况无论是赤字还是盈余对一国经济的稳定发展都会产生不利的影响，会对其他宏观经济目标的实现造成障碍。具体说来，若国际收支长期处于盈余状态，会减少国内消费与投资，使社会总需求减少，不利于实现充分就业和经济持续稳定地增长；如果出现长期的国际收支赤字，赤字将由外汇储备或通过对外举债偿还，必将导致国内通货膨胀的发生。总之，国际收支平衡对现代开放性经济国家是至关重要的。

二、宏观经济政策目标之间的关系

从长期来看，这四个宏观经济目标之间是相互促进的。经济增长是充分就业、物价稳定和国际收支平衡的物质基础；物价稳定又是经济持续稳定增长的前提；国际收支平衡有利于国内物价的稳定，有利于利用国际资源扩大本国的生产能力，加速本国经济的增长；充分就业本身就意味着资源的充分利用，这当然会促进本国经济的增长。

但是，在短期中，从迄今为止的各国宏观经济政策实践来看，这几个目标之间并不总是一致的，甚至相互之间还有可能存在矛盾。如促进经济增长与维持物价稳定就是矛盾的，经济的增长有可能使价格水平的上涨，因为经济的增长加大了对资源的需求，使资源更加地稀缺，因为成本的增加导致了总的价格水平的上涨。经济政策之间的矛盾给制定宏观经济政策带来了一定的困难，但宏观经济政策是为了全面实现这四个宏观经济目标，而不仅仅是要达到其中某一、两个目标，这样，就要求政府在制定政策时或者确定重点政策目标，或者对目标进行协调，从整体上确定经济政策的宏观战略。

三、宏观经济政策工具

政府要想实现预期的政策目标就要考虑实现政策目标的措施和手段，这个手段和措施也叫政策工具。如何根据所要达到的经济目标以及各种宏观经济政策工具的性质、作用方式和作用特点来选择与运用各种政策工具，是实施宏观经济政策的关键。从宏观经济政策的作用面来看，宏观经济政策可以分为两大类：一类是供给管理政策，主要是从总供给的角度施政，以影响总产出。从前一章所学可知，供给管理政策只能从移动总供给曲线入手，长期总供给曲线的移动依靠资源的投入或技术进步，常规总供给线的移动主要通过总成本的调整。由此，供给管理政策工具主要有收入政策、经济增长政策、产业政策、人力政策等。另一类是需求管理政策，主要从总需求的角度施政，以影响总产出。总需求曲线的移动可以通过移动 IS 曲线或者移动 LM 曲线来实现，因而，需求管理政策工具主要有两种：财政政策和货币政策。

第二节 财政政策

财政政策是指为促进就业水平提高,减轻经济波动,防止通货膨胀,实现稳定增长而对政府支出、税收和借债水平所进行的选择,或对政府收入和支出水平所作出的决策。

一、财政政策工具

现代西方国家的财政由财政支出和财政收入两个方面构成。

(一) 财政支出

1. 政府购买支出

政府购买支出是政府对商品和劳务的购买,包括购买军需品、警察装备用品、政府机关办公用品、付给政府雇员的酬金、各种公共工程项目的支出等都属于政府购买。政府购买发生了商品和劳务的实际交换,直接形成了社会总需求和实际购买力,是国民收入的一个重要组成部分,因此是一种实质性的支出。它的大小是决定国民收入水平的主要因素之一,直接关系到社会总需求的规模。

政府购买支出的变动对整个社会总支出水平起着举足轻重的调节作用。当社会总支出水平过低,人们的有效需求不足,存在严重的失业时,政府可以通过增加购买支出,例如兴办学校、增加教育投入、加大基础设施建设、举办公共工程,以增加整个社会的总需求水平,减少失业,抑制经济衰退;相反,当社会总支出水平过高、社会存在超额需求、存在通货膨胀时,政府应该采取减少政府购买性支出的政策,以降低社会的总体有效需求,抑制通货膨胀,从而使经济达到充分就业的均衡。因此,通过改变政府购买性支出水平是政府财政政策的强有力手段之一。政府购买支出对于社会总产出的影响程度取决于政府购买支出乘数的大小。

2. 政府转移支付

政府转移支付是指政府的社会福利等支出,如卫生保健支出、收入保障支出、退伍军人福利、失业救济和各种补贴等方面的支出。政府转移支付直接表现为财政资金无偿、单方面的转移,体现政府的非市场性再分配活动。

政府购买支出和政府转移支付的不同之处在于购买性支出具有有偿性,转移性支出具有无偿性;购买性支出具有等价性,转移性支出具有非等价性。

政府转移支付的增减对整个社会总支出同样具有重要的调节作用。与政府购买性支出一样,政府转移支付也是财政支出的重要组成部分,也是一项重要的财政政策工具。一般来说,当社会总支出水平不足、社会的有效需求不足、经济社会失业增加时,政府可以通过增加政府的转移支付、提高社会福利水平,使公众手中的可支配收入增加,从而提高人们的消费水平,增加整个社会的有效需求;当社会总支出水平过高、有效需求过旺、存在通货膨胀时,政府则应该减少政府的转移支付,降低社会福利水平,使人们的可支配收入减少,降低公众的消费水平,从而使社会的有效需求降低,以制止通货膨胀。总之,通过政府转移支付的变动达到总供给与总需求的均衡,实现经济持续稳定地增长。政府购买支出和转移支付的变动通过乘数效应作用于国民收入,由于购买支出乘数大于转移支付乘数,因此,政府的购买支出乘数效应大于转移支付乘数效应。转移支付对于社会总产出的影响程度取决于转移支付乘数的大小。

(二) 财政收入

1. 税收

税收是国家或政府为了实现其职能,按照法律预先规定的标准,强制地、无偿地从企业和个人手中取得收入的一种手段。西方国家的财政收入的增长,在很大程度上来源于税收收入的增长。正因为如此,税收可作为实行财政政策的有力手段之一。

税收依据不同的标准可以进行不同的划分。

(1) 根据课税对象的不同,分为三类:财产税、所得税和流转税。财产税是指对纳税人的动产和不动产课征的税收。许多国家对财产的赠予或继承征税,有些国家还对纳税人的净财产征税,称之为个人财产税。所得税是对个人和公司赚取的所得课征的税收。在西方政府税收中,所得税占有的比例较大,因此,其税率的变动对社会经济生活会产生巨大的影响。流转税是对流通中的商品和劳务的交易额课征的税收,增值税是其中主要的税种之一。

(2) 根据收入中被扣除的比例,分为三类:累退税、累进税和比例税。累退税是指税率随征税客体总量增加而递减的一种税。比例税是税率不随征税客体总量变动而变动的一种税,即按一个统一的税率比例从收入中征收,多适用于流转税和财产税。累进税是税率随征税客体总量增加而增加的一种税,西方国家的所得税大部分属于累进税。这三种类型的税收通过税率的变动反映了赋税的负担轻重和税收总量的关系,因此,税率的高低以及变动的方向对经济活动如个人收入和消费、企业投资、社会总需求等都会产生极大的影响。

税收既是作为西方国家财政收入的主要来源之一,又是国家实施其财政政策的一个重要手段,它与政府的购买性支出、政府的转移支付一样,同样具有乘数效应,即政府税收的变动对国民收入的变动具有成倍的作用。在讨论税收乘数时,一般要分清两种情况:一种是税率的变化对国民收入的影响;另一种是税收绝对量的变动对国民收入的影响。

因此,税收作为一种财政政策工具,既可以通过改变税率也可以通过变动税收总量来实现宏观经济政策目标。例如,可以通过一次性减税即变动税收总量来达到刺激社会总需求的目的,还可以通过改变税率使社会总需求得以变动,以此达到预定的目标。由于改变税率主要是所得税率的变动,一般而言,当税率降低时,会引起税收的减少,个人和企业的消费和投资增加以致整个社会的总需求增加以及国民收入水平的提高。反之,税率的提高,会导致社会总需求的减少和国民收入水平的降低。因此,当经济社会有效需求不足时,一般可采用减税这种扩张性的财政政策抑制经济的衰退,而经济出现需求过旺通货膨胀时,可通过增加税收这种紧缩性的财政政策抑制通货膨胀。税收对于社会总产出的影响程度取决于税收乘数的大小。

2. 公债

公债是政府向公众举借的债务,或者说是公众对政府的债权,它是政府财政收入的另一个组成部分。公债是相对于私债而言的,其最大的区别就在于公债的债务人是拥有政治权利的政府。公债作为债券体系中的一个品种，与其他债券相比，显示了四个方面的特点：①安全性高。在各类债券中，公债的信用等级通常被认为是最高的。②流通性强。公债的二级市场十分发达，转让很方便。③收益稳定。公债的付息由政府保证，对于投资者来说，投资公债的收益是比较稳定的。④免税待遇。大多数国家规定对于购买公债所获得的收益，可以享受税收上的免税待遇。

公债与税收不同，公债是以国家（或政府）信用为基础的，是政府以其信用向公众筹集财政资金的特殊形式。从公债发行的主体看，有中央（联邦）政府公债和地方各级政府公债，通常将中央政府发行的内债称为国债，它是指本国公民持有的政府债券。公债一般分为短期公债、中期公债、长期公债三种形式。短期公债一般指偿还期在1年或1年以内的公债，短期公债最常见的形式是国库券，主要是为了弥补当年财政赤字或解决临时资金周转不灵的问题，利息一般较低，主要进入短期资本市场。中期公债是指偿还期限在1～5年的公债，主要目的是为了弥补财政赤字或筹措经济建设资。长期公债则是指偿还期限在5年以上的公债，但一般按预先确定的利率逐年支付利息，主要是为了筹措经济建设资金。中长期公债由于期限长风险大因而利率较高，也是西方国家资本市场上最主要的交易手段之一。

以上对公债的性质的分析可以看出，政府发行公债，一方面能增加政府的财政收入，弥补财政赤字，筹措建设资金，影响财政收支，属于政府的财政政策；另一方面，又能对货币市场和资本市场在内的金融市场产生扩张和收缩的作用，通过公债的发行在金融市场上影响货币的供求，促使利率发生变动，进而影响消费和投资，调节社会总需求水平，对经济产生扩张和收缩的效应。因此，从这一点上来看，公债既具有财政政策的功能，又有一定的货币政策作用。

二、财政政策使用的原则

（一）自动稳定器

自动稳定器也称为内在稳定器，是经济中一种自动的作用机制，它可以自动地减少由于自发总需求变动而引起的国民收入波动，使经济发展较为平稳。自动稳定器主要是指那些对国民收入水平的变化自动起到缓冲作用的财政调节工具如政府税收等，它的功能表现在：当经济繁荣时自动抑制通货膨胀，在经济出现萧条时自动减轻萧条，而不需要政府采取任何措施。自动稳定器是通过以下几项制度发挥其作用的。

1. 政府税收

在经济萧条时期，国民收入水平下降，个人收入减少，进而个人所得税减少；企业收入减少，进而企业所得税减少；社会交易量也减少，政府的流转税收入减少。从而政府总税收会自动减少，根据前面所学知识可知，税收乘数是负数，因此经济萧条引起的税收减少使人们的可支配收入也会因此自动地少减少一些，虽然萧条时期的消费和需求有一些下降，但会因此下降得少一些。例如，在实行累进税制情况下，由于经济萧条会引起收入的降低，使某些原来属于纳税对象的人下降到纳税水平以下，另外一些人也被降到较低的纳税等级。结果个人缴纳的所得税因为国民收入水平的降低而减少了，政府税收下降的幅度会超过收入下降的幅度，从而起到抑制经济萧条的作用。反之，在通货膨胀时期，人们收入会自动增加,更多的人由于收入的上升自动地进入到较高的纳税等级,税收会因个人收入的增加而自动增加,使得个人可支配收入由于税收的增加少增加一些,使消费和总需求自动增加得少一些,从而使得通货膨胀有所收敛。同时,公司所得税和社会交易量扩张带来的流转税也会增加,也自动具有同样的减缓经济过热、抑制通货膨胀的作用。

2. 政府转移支付

当经济繁荣的时候,企业境况好转盈利增加;企业用工需求也带来了失业人数的减少、失业率降低;同时经济繁荣也使人们的收入水平提高。这样政府需要支付的转移支付支出,比如失业救济金、困难救助金、企业救助金以及其他福利支出会随之自动下降,在转移支付乘数作用下,从而抑制消费需求的过快增长;反之,在经济萧条阶段,企业境况变差,失业率上升,失业人数增加,失业救济金、困难救助金等各种福利的支出会随之自动上升,从而减缓可支配收入和消费需求下降。

3. 农产品价格维持制度

这实际上是以政府财政补贴这一政府转移支付形式,保证农民和农场主的可支配收入不低于一定水平。在经济繁荣阶段,一方面,农产品市场价格会上升,从而缩小市场价格与农产品保护价的差距甚至超出农产品保护价水平,这样政府对于农产品的价格补贴支出会大大减少甚至不用补贴,这部分转移支付的减少会起到减缓经济繁荣的作用。另一方面,经济繁荣带来了对农产品的需求增加,政府会根据市场供给缺口抛售以前为了维持农产品保护价而库存的农产品,从而平抑农产品价格,以减少农民和农场主的可支配收入。而在经济萧条阶段,对农产品的需求减少,农产品价格下降,政府根据农产品价格维持方案,增加政府采购农产品的数量,向农民和农场主支付货币或价格补贴,增加他们的可支配收入。

4. 个人和企业储蓄的自动变化

由于边际储蓄倾向是递增的而边际消费倾向是递减的,在经济恢复及繁荣阶段,随着个人和企业的收入增加,他们的储蓄增长的幅度会增加得更多而消费需求增加得较少;相反,在经济衰退和萧条阶段,随着个人和企业的收入减少,他们的储蓄也会减少得更多而消费减少得较少。

总之,税收、政府转移支付的自动变动、农产品的价格维持制度和个人和企业储蓄的改变在一定程度上对宏观经济运行起到了稳定的作用,成为财政制度的内在稳定器和防止经济大幅度波动的第一道防线。各种自动稳定器一直都在起减轻经济波动的作用,但效果有限。

(二) 相机抉择的财政政策

相机抉择的财政政策也被称为斟酌使用的财政政策,这是凯恩斯提出的财政政策使用原则。

由于自动稳定器的作用有限,特别是对剧烈的经济波动,自动稳定器更难以扭转。因此,西方经济学者认为,要确保经济稳定,政府要审时度势,主动采取一些财政措施,即变动支出水平或税率以稳定总需求水平,使之接近物价稳定的充分就业水平。根据不同的经济形势而交替使用的扩张性和紧缩性财政政策被称为补偿性财政政策或斟酌使用的财政政策。

扩张性财政政策，即增加政府支出、减少政府税收或二者双管齐下，以刺激总需求，解决衰退和失业问题；相反，当总需求过旺、价格水平持续上涨时，政府要实行紧缩性财政政策，如减少政府支出、增加政府税收或二者双管齐下，以抑制总需求，解决通货膨胀问题。究竟什么时候采取扩张性财政政策，什么时候采取紧缩性财政政策，应由政府对经济发展的形势加以分析权衡，斟酌使用，使用的原则简言之，就是"逆经济风向行事"。

（三）功能财政

根据上述相机抉择的财政政策，政府在财政方面实施积极的政策主要目的是实现物价稳定的充分就业水平。为了实现这一目标，预算可以是盈余的，也可以是赤字的，这样的财政称之为功能财政。预算赤字是政府采取扩张性的财政政策即减税和扩大政府支出而造成的政府支出大于收入的结果，政府支出大于收入的差额即为预算赤字。预算盈余则是政府实行紧缩性财政政策即增加税收和减少政府支出而造成的政府的收入大于支出的结果，政府收入超过支出的余额产生了预算盈余。

功能财政思想是凯恩斯主义的财政思想，是对凯恩斯以前的财政平衡预算思想的否定。20世纪30年代以前，西方国家奉行的理财思想基本上还是亚当·斯密在其1776年出版的《国民财富的性质和原因的研究》中提出的原则：一个谨慎行事的政府应该厉行节约，量入为出，每年预算都要保持平衡。这就是所谓的年度平衡预算思想，它要求每个财政年度的收支平衡。20世纪30年代的世界经济危机使人们意识到在经济衰退时期机械地保持预算平衡既无必要同时也会加深衰退。在衰退时税收会由于收入的减少而减少，要保持年度预算平衡，就必然减少政府支出或提高税率，结果加深了衰退；在经济繁荣、通货膨胀严重时，由于税收随收入的增加而增加，为了减少盈余，保持年度预算平衡，政府必然增加支出或降低税率，结果造成更严重的通货膨胀。因此，年度预算平衡的思想受到众多经济学家的质疑。

功能财政思想应运而生，其中心思想就是：政府为了实现充分就业和物价的稳定，应根据经济形势的变化采取相应的政策措施，需要有赤字就有赤字，需要存在盈余就有盈余，而不应单纯为实现财政的收支平衡而影响政府制定和执行正确的财政政策。

财政政策目标应该是提供足够的有效需求和制止通货膨胀的同时实现充分就业，因此，不能机械地用财政预算收支平衡的观点对待预算盈余和预算赤字，而应从反经济周期的需要出发来合理地利用预算盈余和预算赤字。当存在通货紧缩缺口即有大量失业存在时，政府有责任不惜一切代价实行扩张性财政政策，增加政府支出和减少税收，实现充分就业。即使原来存在预算赤字，政府也应不惜赤字的继续扩大而果断地执行扩张性的财政政策。当经济存在通货膨胀缺口时，政府要采取紧缩性财政政策即减少支出、增加税收，即使原先存在预算盈余，也要不惜盈余的继续扩大实施紧缩性政策。

功能财政思想否定了原来的预算思想，主张预算的目标是实现无通货膨胀的充分就业，而不是仅仅追求政府的收支平衡，因此，这一思想的提出同单纯强调政府收支平衡的思想相比是一大进步。

（四）充分就业预算盈余与财政政策方向

依照功能财政的思想，政府实行扩张性财政政策，即政府增加支出或降低税率会提高国民收入水平，刺激经济。反之，政府采取紧缩性财政政策如减少支出或提高税率将使国民收入水平降低,从而抑制经济。并且简单地将预算盈余或预算赤字的变动作为判断财政政策是紧缩性的还是扩张性的标准。但是,引起预算盈余或预算赤字的变动的原因可能来自两方面:一是经济运行情况本身的变动,即经济趋向高涨时会引起预算盈余的增加或赤字的减少,经济趋向衰退时会引起预算盈余的减少或赤字的增加。二是财政政策的变动,即扩张性财政政策会使预算盈余减少或赤字增加,紧缩性政策会使预算盈余增加,赤字减少。因而,仅凭预算盈余或赤字的变动很难判断出财政政策是扩张性的还是紧缩性的。要使预算盈余或赤字成为衡量财政政策是扩张性的还是紧缩性的标准就必须消除经济周期波动本身的影响,美国经济学家C·布朗提出了充分就业预算盈余的概念。

充分就业预算盈余是指既定的政府预算在充分就业的国民收入水平(即潜在国民收入水平)上所产生的政府预算盈余,它是以充分就业的国民收入水平,而不是实际国民收入水平来衡量预算状况的。以实际国民收入水平衡量的预算盈余,是实际的预算盈余。充分就业的预算盈余和实际的预算盈余两者的差别就在于充分就业的国民收入水平和实际国民收入水平的差额。如果以 BS^* 代表充分就业的预算盈余,BS 代表实际的预算盈余,y_f 表充分就业的国民收入水平,y 表示实际国民收入水平,t 表示边际税率,则:

$$BS^* - BS = t(y_f - y) \tag{6.1}$$

如果实际国民收入水平等于充分就业的国民收入水平,则充分就业预算盈余等于实际预算盈余,即 $y_f = y$ 时有:$BS^* = BS$

西方经济学家认为,充分就业预算盈余概念的提出有两个重要的作用。第一,把国民收入水平固定在充分就业时的水平上,消除了经济中收入水平周期性波动对预算状况的影响,从而就能更准确地反应财政政策对预算状况的影响,并为判断财政政策究竟是扩张性还是紧缩性提供了一个较为准确的依据。如果充分就业的预算盈余增加了或者预算赤字减少了,就说明财政政策是紧缩性的,反之则说明政策是扩张性的。第二,充分就业预算盈余概念的提出,使政策的制定者更加重视充分就业的问题,把充分就业作为目标来确定预算盈余或赤字的规模,以便正确地确定财政政策。正因为如此,这一概念一经提出就得到了广泛的运用。但是,也要注意到,充分就业的国民收入或者说潜在的国民收入很难被较为准确地估算出来。

(五)合理发行公债

遵循功能财政的思想,许多西方国家先后实行了政府干预经济的积极财政政策,这种政策就是逆经济风向行事的"相机抉择"。但由于政府出于政治上的考虑,大部分是实行消除失业的扩张性财政政策,结果造成财政赤字的上升和国家债务的累积。

弥补财政赤字的方法:一是向中央银行借款,由中央银行购买政府债券,这会引起货币供给增加。中央银行购买政府债券,实际上是通过创造新货币来进行支付,这种为赤字筹资的方式称为货币筹资,结果会引发通货膨胀,其本质上是用征收通货膨胀税的方法解决赤字问题。许多发展中国家解决赤字问题往往采用这种方法,但发达国家却很少使用这种方法。另一种方法是发行公债包括内债和外债。内债是政府向本国居民、企业和各种金融机构发行的债券,外债是向外国举借的债务,包括向外国借款和发行外币债券,发行债券可称为债务筹资。从一般意义上讲,内债是向国内公众举借的债务,是将购买力由公众向政府进行转移,由于基础货币并没有增加,故不会引起直接的通货膨胀。但政府债券的发行往往会引起债券价格下降，利率上升，中央银行要想稳定利率，只有在公开市场业务中买进政府债券，无形中增加了货币供给，使得预算赤字增加的同时引起了通货膨胀。

公债作为政府取得收入的一种形式起到了弥补财政赤字的作用，但政府发行公债毕竟是一种负债，与税收不同，发行公债是要还本付息的，当每年累积的债务构成了巨大的债务净存量时，这些债务净存量所支付的利息又构成政府预算支出的一个重要的部分。赤字增长会引起政府增加债券的发行，导致政府债务增加，债务的增加又会引起政府利息负担的加重，使赤字进一步增长，如此循环往复，公债的利息支付就会与政府赤字、公债发行的同步增长。

面对日益庞大并且不断增长的政府债务，西方经济学家对公债的合理发行提出了不同看法。一些经济学家认为，公债无论是内债还是外债，和税收一样，都是政府加在人民身上的一种负担。原因是公债要还本付息，它最终是要通过征税和发行货币的方法得以解决，必然加重人民的负担。同时这种负担还将转移到未来几代人的身上，往往通过发行新债的办法来偿还旧债。另外一些经济学家则认为，外债对一国公民而言是一种负担，因为其本金和利息必须使用本国公民创造的产品来偿还，但内债则不同，因为内债是政府欠人民的债，而内债的还本付息，归根结底来自课税。况且政府总是存在的，会通过发新债的办法偿还旧债，即使通过征税的办法来偿还债务，实际上也仅是财富的再分配而已，对整个国家来说，财富并未损失。

因此公债的使用原则，当经济未达到充分就业时，发行公债可以促进资本的形成，增加有效需求，使经济增长速度加快，可以创造更多的财富，因此不会对经济产生不良影响。只有在充分就业的情况下，发行公债并且不是用于资本的形成，或者公债的增加挤占了私人投资，这种公债的发行就会成为经济的负担。

【例 6-1】

假设一经济有如下关系：消费 $c=100+0.8y_d$，投资 $i=50$，政府购买支出 $g=200$，政府转移支付 $t_r=62.5$，边际税率 $\lambda=0.25$，单位都是 10 亿美元，求：

（1）求均衡收入；

（2）求预算盈余 BS；

（3）若投资增加到 $i=100$ 时，预算盈余有何变化？为什么会发生这一变化？

（4）若充分就业收入 $y^*=1\,200$，当投资分别为 50 和 100 时，充分就业预算盈余 BS^* 为多少？

（5）若投资 $i=50$，政府购买 $g=250$，而充分就业收入仍为 1 200，试问充分就业预算盈余为多少？

（6）为什么要用 BS^* 而不是 BS 去衡量财政政策的方向？

解：

（1）$y=c+i+g=(100+0.8y_d)+50+200$

$\quad\quad y_d=y-t+t_r$

$\quad\quad t=\lambda \cdot y=0.25y$

解得 $y=1\,000$

（2）$BS=t-g-t_r=0.25\times1\,000-200-62.5=-12.5$

$$y=c+i+g=(100+0.8y_d)+100+200$$

(3) $y_d=y-t+t_r$

$t=\lambda \cdot y=0.25y$

解得 y=1 125

$BS=t-g-t_r=0.25\times1\ 125-200-62.5=18.75$

由预算赤字变成了预算盈余,因为投资增加,带动产出增加,在相同的边际税率下税收增加,导致出现盈余。

(4) $BS*=\lambda y^*-g-t_r=0.25\times1\ 200-200-62.5=37.5$

(5) $BS*=\lambda y^*-g-t_r=0.25\times1\ 200-250-62.5=-12.5$

(6) 因为预算盈余或预算赤字经常是由政府实行的财政政策造成的,所以经常用盈余或赤字来判断财政政策的方向。但是盈余或赤字的变动有时是由经济情况本身变动引起的,如本例由于投资增加到100,使得赤字变成了盈余,这是经济本身的变动,而不是财政紧缩的结果。但如果用BS*则消除了这种不确定性,比如由(4)到(5),盈余变成赤字,完全是由政府扩张性财政政策造成。所以要用BS*而不是BS去衡量财政政策的方向。

三、财政政策效果分析

财政政策工具的调整会影响总需求,进而引起国民收入变动。财政政策带来的国民收入的变动情况就是财政政策效果,它不仅取决于IS曲线的斜率,而且还取决于LM曲线的斜率。

（一）财政政策效果的IS-LM图形分析

从IS-LM模型来看,财政政策效果的大小是指政府税收和支出的变化所导致IS曲线的变化对国民收入产生的影响。研究影响政策效应的因素实际上就是研究IS曲线、LM曲线中的各参数的数值及其变化对曲线的空间位置的变化,从而对均衡产出水平的影响。从IS曲线和LM曲线的图形上看,这种影响的大小会因IS曲线和LM曲线斜率的不同而不同。下面分别加以论述。

1. IS曲线的斜率对财政政策效果的影响

（1）效果图分析

当LM曲线不变时,IS曲线斜率的绝对值越大,即IS曲线越陡峭,政府收支变化使IS曲线发生移动时,导致国民收入的变化就越大,财政政策的效果就越大;反之,IS曲线斜率的绝对值越小,即IS曲线越平坦,则IS曲线发生移动时导致国民收入的变化就越小,财政政策效果也就越小。这一结果可以用图6-1财政政策效果因IS曲线斜率而异表示。

图6-1中,假定LM曲线的斜率不变,初始状态下的均衡收入和利率完全相同,现假定政府实行一项扩张性的财政政策（增加政府支出或减少税收）,则会使IS曲线右移y_0 y_3,由于IS曲线斜率的不同,新的均衡点分别是E_1和E_2,可以看出,两图中国民收入的增加额大不相同,$y_0y_1<y_0y_2$,即IS曲线越平坦财政政策效果越小,IS曲线越陡峭财政政策对国民收入和利率的影响越大,政策效应越大。这是因为IS_1曲线、IS_2曲线向右分别平

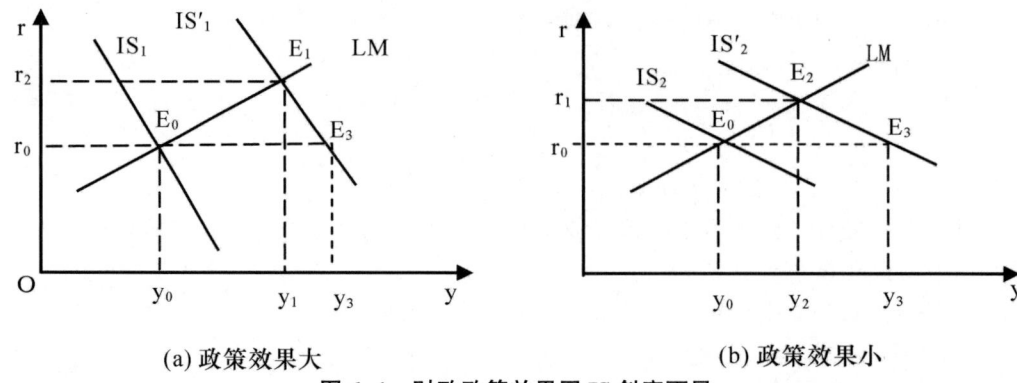

(a) 政策效果大　　　　　　　　　　　(b) 政策效果小

图 6-1　财政政策效果因 IS 斜率而异

行移动到 IS_1' 和 IS_2' 时，利率必将上升，而利率的上升导致私人投资水平下降以及总需求水平进一步下降，扩张性财政政策的产出效应受到了限制，这种限制就是所谓的"挤出效应"，是指由于存在政府支出增加从而"挤走"了私人投资。

（2）原因分析

IS 曲线斜率之所以影响财政政策效应，是与投资的利率弹性以及乘数相关的。IS 曲线的斜率的大小主要由投资的利率弹性大小所决定，IS 曲线的斜率越小，即 IS 曲线越平缓，说明投资的利率弹性越大，即利率变动一定幅度将引起投资较大幅度的变动。如果投资对利率变动的反应较为敏感，政府采取扩张性的财政政策使国民收入增加的同时，利率上升，而利率的上升必将使私人投资减少许多，"挤出效应"较大，国民收入增加的幅度较小。因此，IS 曲线越平缓，实行扩张性财政政策时挤出效应就越大，被挤出的私人投资就越多，国民收入增加得越少，即财政政策效果越小。反之，IS 曲线越陡峭，投资需求对利率的弹性越小，政府支出增加产生的"挤出效应"较小，因而国民收入增加得较多，财政政策效果较大。

2. LM 曲线的斜率对财政政策效果的影响

（1）效果图分析

当 IS 曲线的斜率给定不变时，财政政策的效果取决于 LM 曲线的斜率。LM 曲线斜率的绝对值越大，即 LM 曲线越陡峭，财政政策使 IS 曲线移动时对利率的影响越大，导致国民收入的变动越小，也就是说财政政策效果越小；反之，LM 曲线斜率的绝对值越小，LM 曲线越平坦，IS 曲线移动时将导致国民收入发生较大的变动，即财政政策效果越大，如图 6-2 所示。

（2）原因分析

LM 曲线的斜率之所以影响财政政策的效果是与货币需求的收入弹性和利

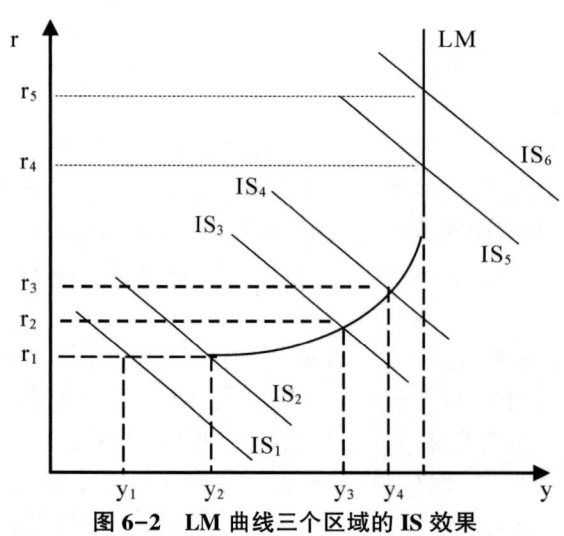

图 6-2　LM 曲线三个区域的 IS 效果

率弹性相关的。政府增加相同的一笔政府支出,当 LM 曲线斜率较大即曲线较陡峭时,表示货币需求的利率弹性较小,或者说,货币需求对利率的反应较不敏感,意味着一定货币需求的增加需要利率较多地上升,利率上升得越多,对私人投资挤占得就越多,"挤出效应"越大,导致了财政政策效果越小。

相反,LM 曲线斜率越小即 LM 曲线越平坦,表示货币需求的利率弹性越大,说明货币需求对利率的反应越敏感,当政府增加支出,即使通过发行公债向私人部门借了大量的货币,也不会使利率上升许多,利率上升得越小,对私人投资产生的影响越小,挤出效应越小,即财政政策效果较大。

(二) 凯恩斯主义的极端情况

1. 凯恩斯主义极端情况的含义

如上所述,LM 曲线越平坦,或者 IS 曲线越陡峭,则财政政策效果就越大,货币政策效果就越小。当 LM 曲线为水平线、IS 曲线为垂直线时,财政政策十分有效、货币政策完全无效,这就是凯恩斯主义的极端情况。图 6-3 中,LM 曲线的水平区域就是凯恩斯区域。扩张性的财政政策使 IS_1 曲线向右平移到 IS_2 的位置,E_2 点表示政府实行扩张性的财政政策后的均衡产出为 y_2,均衡利率仍然是 r_1,挤出效应为零,y_1y_2 即扩张性财政政策的产出效果。

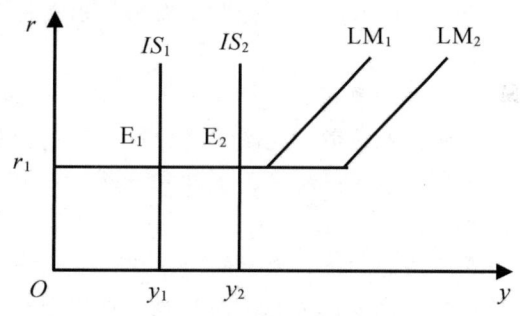

图 6-3 凯恩斯主义极端情况

2. 财政政策完全有效的原因

在凯恩斯看来,一旦利率水平极低时,人们手持货币的机会成本将变得很小,人们愿意将货币保持在手中,而不会将货币资产转化为有价证券,这时货币投机需求曲线 L_2 为一条水平线,如果这时货币供给不变即 L=ky,我们可以推导出 LM 曲线为一条水平线。如果这时采取一项扩张性的财政政策,增加政府支出或减税,会导致总产出增加即收入增加,L_1 也会增加,由于货币供给不变,L_2 必须减少。但由于 L_2 为水平线,L_2 的下降不会使利率上升,由于利率不变,挤出效应为零,政府支出的增加不会挤占私人投资,财政政策就完全有效。

3. 货币政策完全无效的原因

存在流动性陷阱时,在任意一给定的较低的利率水平上,当公众持有货币的机会成本非常小以至于可以忽略不计时,公众愿意持有任何数量的货币供给量。这时无论货币当局增发多少货币量,都会沉淀在公众的手中,LM 曲线在这时成为一条水平线,货币供给量的任何变动都不会使水平的 LM 曲线发生上下移动,向右平移的 LM_2 曲线与垂直的 IS 曲线仍然相交于 E_1 点。在这种情况下,无论增加还是减少货币供给量都不会对利率和国民收入产生任何影响,货币政策处在凯恩斯区域时,便无力影响利率和国民收入,货币政策完全没有效果。

【拓展 6-1】 影响挤出效应的因素

政府支出会在多大程度上"挤占"私人投资呢?具体来说取决于以下几个因素。

(1) 货币需求的收入弹性。货币需求的收入弹性就是货币需求函数（L= ky-hr）中的k。货币需求的收入弹性越大，LM曲线越陡峭，说明货币需求对产出水平越敏感，一定的国民收入增加所引起的货币需求的增加也大，在货币供给量不变的前提下，货币需求越大，利率上升得越高，私人投资和总需求减少得越多，国民收入增加得越少，即挤出效应越大。反之，货币需求的收入弹性越小，LM曲线越平坦，挤出效应越小。

(2) 货币需求的利率弹性。货币需求的利率弹性就是货币需求函数中的h。货币需求的利率弹性越小，LM曲线越陡峭，说明货币需求对利率越敏感，一定的货币需求增加需要利率上升很多，从而投资和总需求减少得就多，国民收入也就减少得越多，即挤出效应越大。反之，货币需求的利率弹性越大，LM曲线越平坦，挤出效应就越小。

(3) 投资的利率弹性。投资函数i=e-dr中的d就是投资的利率弹性，它表示投资需求对利率的敏感程度。投资的利率弹性越大，说明投资需求对一定的利率变动越敏感，IS曲线的斜率就越小，IS曲线越平坦，一定的利率变动所引起的投资变动也就越大，使总需求和国民收入的变动就大，因而挤出效应就越大。反之，投资的利率弹性小，"挤出效应"也越小。

(4) 支出乘数。支出乘数越小，IS曲线斜率会越大，IS曲线越陡峭，政府支出所引起的国民收入的增加也越少，但利率提高使投资减少所引起的国民收入的减少也越少，即挤出效应也越小；反之，支出乘数越大，IS曲线斜率就越小，IS曲线越平坦，"挤出效应"也越大。

在这些影响挤出效应的因素中，支出乘数主要取决于边际消费倾向。一般而言，边际消费倾向是比较稳定的，同时税率也不会轻易变动。货币需求的收入弹性k主要取决于人们的支付习惯和制度，一般也认为其比较稳定。因此，"挤出效应"的大小主要取决于货币需求的利率弹性和投资的利率弹性。

【专栏6-1】增税反而促进经济增长？——克林顿政府财政政策评析。

一、案例内容

由于里根和布什两任总统都奉行增加军费开支和减税的经济政策，因此美国财政赤字节节攀升，1992年达到2 094亿美元的天文数字。1993年克林顿当选总统后，针对美元美国经济面临周期性和结构性衰退的形势，提出了"变革"和"重振美国经济"的政策和主张，其核心部分是大幅度减少财政赤字，并使衰退的美国经济得以复苏和发展。1993年美参众两院通过的5年削减赤字法案正是对这一政策的初步落实。该法案规定，自法案生效后的5年内削减赤字4 960亿美元，其中增加的税收达2 410亿美元。增税的主要范围包括个人所得税和公司所得税。

克林顿增税措施的一个主要方面就是提高富豪阶层的个人所得税率，以此一方面增加政府财政收入，另一方面可以调节国民的收入水平。根据新税法，年收入超过18万美元的富人应缴的个人所得税税率从31%提高到36%；对年收入超过25万美元的富豪们还征收10%的附加税，使最高税率进一步上升到39.6%。与此同时，该法案允许中等收入的个人可选择较低的个人所得税率，并对一些多子女的贫困家庭予以免税。新法案规定，年应缴税收超过1 000万美元的公司，其所得税率由34%提高到36%。当时美国220万家公司中有2 700家公司属于这一增税范围。据估计，联邦财政每年将因此增加150亿美元的税收。此外，克林顿的增税计划还包括增加富裕老人的社会保险福利和全面提高能源税。据估计，该项增税计划能使联邦政府增加税收达270亿美元。但是为了振兴美国经济和促进新技术发展，对一些为创建新企业而进行风险投资的个人和一些从事研究与开发的企业实行税收减免。

1993年8月10日克林顿签署的削减财政赤字的法案中规定5年内达到削减赤字4 960亿美元的目标，除了增加2 410亿美元税收外，还必须压缩2 550亿美元财政支出。为了真正地落实节支计划，克林顿在国会发表的国情咨文中要求，全面冻结联邦政府工作人员一年的薪水，并建议在以后4年内，提薪的幅度比通常包括联邦提薪范围内的生活费用低1个百分点。此外，为迅速减少赤字，克林顿建议在联邦新财政预算中减少150个支出项目。需要指出的是，上述节支措施并不等于削减一切支出。相反，为了解决美国国内当时的失业问题，克林顿曾建议政府必须增加3 000多万美元的拨款用于重建公路、机场、住房。克林顿政府大规模削减军费开支，军费开支接连下降，由1993年度的2 911亿美元降至1996年度的2 654亿美元，其下降总额达到近500亿美元。

实践证明，克林顿政府削减赤字的政策成效是非常显著的。最为明显的变化莫过于困扰了美国经济近30年的财政赤字问题终于在克林顿的第二个任期内得以解决。自从克林顿执政以来，联邦政府的财政赤字逐年有了连续较大幅度地下降，1998年实现了历史性的突破，联邦预算近30年来首次出现盈余。从联邦财政赤字占GDP的比重来看，1993年为3.9%，1998年预算盈余占GDP的比重为0.8%。

克林顿政府的财政政策对美国经济持续增长的支持除预算赤字的大量减少外，还表现在经济的其他各个方面：一是主要经济指标全面好转，通货膨胀率、失业率都处于28年来的最低水平，而经济增长率却持续攀升，从而创造了"一高双低"的繁荣景象；二是私人投资和消费者信心增强，美国股市连续创出新高，道·琼斯指数更是在1998年突破了1万点大关，汽车、住房和其他耐用消费品的需求都有较大增长；三是美国经济的世界竞争力增强，尤其是对亚太和拉美地区的出口贸易更是显示出强劲的竞争能力，从而在与欧盟和日本的竞争中处于较为有利的地位。

二、案例评析

通过对上述案例的阐述，有的读者可能会产生疑惑：里根政府和布什政府实施的是扩张性财政政策，但是经济却没有能够实现稳定增长；而克林顿政府实施的是紧缩性财政政策，但是却实现了宏观经济的稳定增长。那么，是不是宏观经济理论失效了呢？答案当然是否定的。其中的奥秘就在于财政政策具有"挤出效应"。

我们从案例中看到，由于里根和布什两任总统都奉行增加军费开支和减税的经济政策，因此美国财政赤字节节攀升，1992年达到2 904亿美元的天文数字。巨额的赤字要通过举债弥补，从而挤占了巨额的私人资本，引起的高利率又严惩影响私人投资信心，因此严重地阻碍着美国经济的恢复和发展。布什执政4年，每年的经济增长率只有1.1%，失业率高达7.8%，人民生活水平未见改善，贫富差距拉大，不满情绪日益增长。这也是布什竞争选连任失利的主要原因。而通过克林顿政府的努力，减少了大量财政赤字，导致美国公、私债务相应减少，促使个人消费和投资消费有所回升，从而使美国经济实现持续增长。这是因为，一旦赤字大幅削减，财政政策的"挤出效应"也必将大大削弱，从而有利于经济的增长。财政赤字的大幅下降，也使美国经济在世界经济中的竞争力增强，从而也有利于增强美国同西欧和日本争夺世界范围内的经济优势地位。

尽管从总体上看，克林顿政府实施的是增税减支的紧缩性财政政策，但是如果仔细考察克林顿政府财政政策的具体内容，其中不乏增加有效需求的切实举措。比如，克林顿政府出台的增税方案，主要是针对提高富豪阶层和获利丰厚的大公司的，而与此同时，该法案允许中等收入的个人可选择较低的个人所得税率，并对一些多子女的贫困家庭予以免税。这样做，一方面可以调节国民收入分配，又可以实实在在地使中低收入的家庭增加收入，从而使他们扩大消费和投资。另外，为了促进经济增长、振兴美国经济和促进新技术发展，对一些为创建新企业而进行风险投资的个人和一些从事研究与开发的企业实行税收减免的举措也增强了美国经济的活力。同样，在减少政府支出的政策中，克林顿政府一方面减少公务员的工资和军费开支，另一方面却增加与就业息息相关的公路、机场、住房等基础设施的建设。而后者恰恰也是属于扩张性财政政策的一部分。

总的说来，克林顿政府的财政政策是成功的。而本案例告诉我们两个重要的启示。其一，财政政策具有的"挤出效应"可能使得财政政策失效，因此不能单一地依靠增加政府支出和减税的方法来刺激经济。其二，在分析具体的财政政策效应时，即要看其总体的属性，也要细致地分析其中的具体内容。因为总体上属于紧缩的财政政策可能包含刺激经济增长的举措，而我们分析的着眼点还是要落在政策的实际效果是刺激了有效需求还是抑制了有效需求。

第三节 货币政策

一、货币政策的概述

货币政策是指中央银行通过调节货币供给量促使利息率的变动，进而来影响总需求。宏观货币政策的一般表现是在萧条时扩大货币供给量，以降低利息率，刺激总需求；在经济过热或通货膨胀时缩小货币供给量，以提高利息率抑制总需求。

（一）商业银行与中央银行

在银行制度方面，西方主要国家的金融机构主要包括中央银行和金融中介机构两类，金融中介机构中最主要的是商业银行、专业性银行和非银行金融机构。

1. 商业银行的主要业务

商业银行是以获取利润为经营目标、以多种金融资产和金融负债为经营对象、具有综合性服务功能的金融企业。在各类金融机构中，是一种历史最悠久、业务范围最广泛、对社会经济生活产生的影响最为深刻的一种。

商业银行的业务种类繁多，主要有负债业务、资产业务和中间业务。负债业务是商业银行筹措资金、借以形成资金来源的业务，主要是各类存款。按存款的性质分为活期存款、定期存款和储蓄存款。资产业务是指银行运用资产的业务，银行的资产业务主要在贷款和证券投资上。贷款业务是商业银行为企业提供贷款的业务，它是商业银行的一项基本业务，也是商业银行最重要的资产，比如美国，贷款约占银行全部总资产的60%~70%。证券投资业务是商业银行重要的资金运用业务，银行通过有价证券的买卖活动取得利息收入。中间业务是指商业银行通过为客户办理支付、进行担保和其他委托事项，从中收取手续费的各项业务。

2. 中央银行的职能

中央银行身处一国金融体系的核心地位，作为领导和管理国家货币金融的首脑机构，代表国家发行货币、制定和执行货币金融政策、处理国际性金融事务、对金融体系进行监管、通过货币政策影响经济活动。

中央银行具有以下三个职能：①作为发行的银行，独享发行国家货币的权利；②作为银行的银行，一方面通过票据再贴现、抵押贷款等方式为商业银行提供贷款，另一方面为商业银行集中保管存款准备金，还为各商业银行集中办理全国的结算业务；③作为国家的银行，第一，国家可以向中央银行借款，即由中央银行用贴现国家的短期国库券的形式为政府提供短期资金，也可以帮助政府发行公债或以直接购买公债方式为政府提供长期资金，帮助政府弥补政府预算中出现的财政赤字。第二，代理国库，一方面将国库委托代收各种税款和公债价款等收入作为国库的活期存款，另一方面代理国库拨付各项经费，代办各种付款和转帐。第三，充当政府在一般经济事务和处理政府债务等方面的顾问。第四，监督、管理国家的金融市场活动，代表国家处理与外国发生的金融业务关系。第五，根据经济形势采取适当的货币政策，与财政政策相配合，为宏观经济目标的实现服务。

（二）银行体系的货币创造

现在需要说明货币是由谁提供以及是怎样提供的。根据第四章所学，货币供给是指一个国家在某一时点上所保持的不属于政府和银行所有的硬币、纸币和存款货币的总和。硬币和纸币被称为通货，而存款货币同通货一样随时可用来支付债务，因而也可看做是严格意义上的货币，而且是最重要的货币。因为货币供给量中的大部分是存款货币，同时通过存款货币的派生机制还会创造货币。

所谓存款货币，是指不用事先通知就可随时提取的银行存款。虽然活期可随时提取，但很少会出现所有储户在同一时间里取走全部存款的现象。因此，银行可以把绝大部分存款用来从事贷款或购买短期债券等盈利活动，只需要留下一部分存款作为应付提款需要的准备金就可以了。这种经常保留的供支付存款提取用的一定金额，称为存款准备金。在现代银行制度中，这种准备金在存款中起码应当占的比率是由政府（具体由中央银行）规定的。这一比率称为法定准备率。按法定准备率提留的准备金是法定准备金。法定准备金一部分是银行库存现金，另一部分存放在中央银行的存款账户上。如果商业银行认为法定准备金额度过低，或者出于其他目的多留取了一定的准备金，那么这部分准备金就叫做超额准备金，超额准备金预存款货币的比率叫做超额准备率。另外，如果有些储户在提取存款时采取了提现的方式，那么提取的现金就流出了银行系统，这部分现金总额与存款货币的比率叫做现金存款比率，也叫漏出率。

由于商业银行都想赚取尽可能多的利润，它们会把法定准备金以上的那部分存款贷放出去或用于短期债券投资。正是这种比较小的比率的准备金来支持存款货币的能力，使得银行体系得以创造货币。下面举个例子来说明这一点。

【例 6-2】

假定法定准备率为 20%，再假定银行客户会将其一切货币收入以存款货币形式存入银行。在这样情况下，甲客户将 100 万美元存入自己有账户的 A 银行，银行系统就因此增加了 100 万美元的准备金。A 银行按法定准备率保留 20 万美元作为准备金存入中央银行，其余 80 万美元全部贷出，假定是借给一家公司用来买机器，机器制造厂乙得到这笔从 A 银行开来的支票又全部存入与自己有往来的 B 银行，B 银行得到这 80 万美元支票存款后留下 16 万美元作为准备金存入中央银行，然后再贷放出去 64 万美元，得到这笔贷款的丙厂商又会把它存入与自己有业务往来的 C 银行，C 银行留其中 12.8 万美元作准备金存入自己在中央银行的账户上，然后再贷出 51.2 万美元。由此不断存贷下去，各银行的存款总额是：

$100+80+64+51.2+\cdots\cdots$

$=100(1+0.8+0.8^2+0.8^3+\cdots\cdots+0.8^{n-1})$

$=100/(1-0.8)$

$=500$（万美元）

而贷款总和是：

$80+64+51.2+\cdots\cdots$

$=100(0.8+0.8^2+0.8^3+\cdots\cdots+0.8^n)$

$=400$（万美元）

从以上例子可见，存款总和（用 D 表示）同这笔原始存款（用 R 表示）及法定准备率（用 r_d）之间的关系为：$D=\dfrac{R}{r_d}$。

上面例子中这笔原始存款假定来自中央银行增加的一笔原始货币供给，则中央银行新增一笔原始货币供给将使存款货币总和（亦即货币供给量）将扩大为这笔新增原始供给量的 $\dfrac{1}{r_d}$ 倍，也称为存款创造乘数。用 k 表示的话，则 $k=\dfrac{1}{r_d}$，它是法定准备率的倒数。如果商业银行保留了一定的超额准备金，超额准备率为 r_e，此外还有一部分存款货币被储户提现，现金存款比率为 r_c，则存款创造乘数缩小为 $k=\dfrac{1}{r_d+r_e+r_c}$。

在上例中，客户甲把 100 万美元存入银行时，这笔原始存款成为以后一轮一轮派生存款的来源或者说基础。可见，如果非银行部门（个人或企业）缩减其持有的货币，并将它存入银行，商业银行的存款货币就会成倍增加。这就为存款扩张或者说货币创造提供了基础。商业银行的准备金总额（包括法定的和超额的）加上非银行部门持有的通货，可称为基础币或货币基础，它是存款货币扩张的基础。由于它会派生出货币，因此是一种高能量的或者说活动力强大的货币，故又称高能货币或强力货币。

基础货币=准备金+流通中的现金

=商业银行在中央银行的存款（法定准备金）+商业银行的库存现金（超额准备金）+流通中的现金

如果用 C_u 表示非银行部门持有的通货，用 R_d 表示法定准备金，用 R_e 表示超额准备金，用 H 表示基础货币，则有 $H=C_u+R_d+R_e$。这是商业银行借以扩张货币供给的基础。考虑到货币供给（严格意义的货币供给）$M=C_u+D$，即为通货和存款货币的总和，则：

$$\frac{M}{H}=\frac{C_u+D}{C_u+R_d+R_e} \tag{6.2}$$

再将上式中右端的分子分母都除以存款货币（D），则得：

$$\frac{M}{H}=\frac{\frac{C_u}{D}+1}{\frac{C_u}{D}+\frac{R_d}{D}+\frac{R_e}{D}}=\frac{r_e+1}{r_d+r_e+r_c} \tag{6.3}$$

其中，r_d 为法定准备金率，r_e 为超额准备金率，r_c 为漏现率。

这里，$\frac{M}{H}$ 就是货币创造乘数。上式表明，货币创造乘数和法定准备率、中央银行贴现率及现金对存款的比率有关。所有这些影响货币供给的因素，都可以归结到准备金变动对货币供给变动的作用上来，因为准备金是银行创造货币的基础。中央银行正是通过控制准备金的供给来调节整个货币供给的。这里必须特别指出的是上述银行存款多倍扩大的连锁反应也会发生相反的作用。

从上面的分析可知，货币的供给不能只看到中央银行起初投放了多少货币，而必须更为重视派生存款或者说派生货币，即由于货币创造乘数作用而增加的货币供给量。货币创造乘数的大小和法定准备率有关，法定存款准备率越大，乘数就越小；反之，乘数就越大。这是因为，法定存款准备率越大，说明商业银行吸收的每一轮存款中可用于贷款的份额越小，由于贷款转化为存款，因而，下一轮存款就越少。

【例6-3】

假定法定准备率是0.1，没有超额准备金，对现金的需求是1 000亿美元。

(1) 假定总准备金是400亿美元，货币供给是多少？

(2) 若中央银行把准备率提高到0.2，货币供给变动多少？（假定储备金仍是400亿美元）

(3) 中央银行买进10亿美元政府债券（存款准备率是0.1），货币供给变动多少？

解：

(1) 货币供给 $M=C+D=1\,000+400/0.1=5\,000$（亿美元）

(2) 当准备金率提高到0.2，货币供给 $M=C+D=1\,000+400/0.2=3\,000$（亿美元），货币供给减少了2 000亿美元。

(3) 中央银行买进10亿美元债券，即基础货币增加10亿美元，则货币供给增加，货币供给增加额 $M=10\times(1/0.1)=100$（亿美元）。

二、货币政策工具

一国的中央银行运用货币政策工具来控制货币供给量，再通过货币供给量来调节利率进而影响消费与投资和整个宏观经济活动以达到一定经济目标的行为就是货币政策。

常见的货币政策工具主要有以下几种。

（一）法定准备率

法定准备率是中央银行控制货币供给量的有力工具。法定准备率的变化会直接改变商业银行的过度储备，引起银行贷款数量的变化，遏制商业银行的贷款扩张企图，避免挤提的倒闭风险。

由于法定准备率变动与市场上货币供给量的变动成反比例关系，因此，中央银行可以针对经济的繁荣与衰退以及银根的松紧状况调整法定准备率。例如，在经济处于总需求不足和经济衰退的情况下，如果中央银行认为需要增加货币供给量，就可以降低法定准备率，使所有的存款机构对存款只要求保留较少的准备金，在货币创造乘数的作用下，整个货币市场上的货币供给量会多倍的增加。降低法定准备率，实际上是增加了银行的可贷款数量。当然，提高法定准备率，就等于减少了银行的可贷款数量。从理论上讲，变动法定准备率是中央银行调整货币供给量的一种最简单的手段。然而，中央银行一般不轻易使用法定准备率这一政策工具，原因在于银行与金融体系、信贷、存款量、准备金量之间存在着乘数放大的关系，因此，即使法定准备率的一个很微小的变化，都会对金融市场和信贷状况产生强烈的影响。所以，法定准备率这一政策手段很少使用，一般几年才会改变一次，尤其是银行家们极不欢迎经常变动法定准备率。

（二）再贴现率

这是美国中央银行最早运用的货币政策工具。过去，贴现就是银行根据未到期票据的票面额，扣除一定的利息后把票面余额付给持票人的一种放款业务。再贴现则是商业银行持已办理过贴现的、具有清偿能力的商业票据作为担保，从中央银行取得贷款的一种借款方式。现在，都把中央银行给商业银行的贷款叫再贴现，中央银行向商业银行及其他金融机构提供贷款的利率就是再贴现率。

再贴现政策的作用，主要是掌握贷款条件的松紧程度和影响信贷的成本。当中央银行提高再贴现率时，意味着商业银行向中央银行贷款的成本增加，将减少商业银行向中央银行贷款的需求，造成货币市场信贷规模收缩，在货币创造乘数的作用下，使货币供给量多倍地减少；当降低再贴现率时，商业银行向中央银行贷款的成本就会降低，会激励商业银行向中央银行贷款的需求，出现市场信用扩张，在同样货币创造乘数的作用下，货币供给量会多倍增加。中央银行调整再贴现率，不仅直接影响到商业银行的筹资成本，同时还间接地影响到商业银行对企业和个人发放贷款的数量，从而对企业和个人的投资与消费的经济活动产生影响。

再贴现率对货币供给的影响机制大体可概括为：再贴现率上升，商业银行向中央银行的贷款下降，货币供给量有所减少；再贴现率下降，商业银行向中央银行贷款有所上升，货币供给量将增加。再贴现率的变动与货币供给量的变动成反比关系，同市场利率的变动成正比关系。

目前，再贴现率的调整在货币政策中的作用与以前相比也大大地减弱。因为在现实经济活动中，商业银行和其他金融机构尽量避免在贴现窗口向中央银行借款，只是将其作为紧急求援的手段，不到万不得已不会轻易利用，以免被人误认为财务状况不佳。每个中央银行的贴现窗口都会执行中央银行关于商业银行和金融机构可以借款的数量和次数的规定，不会随货币政策的变动而变动。

另外，贴现政策也不是中央银行的主动性政策，原因在于中央银行只能等待商业银行向其借款，而不能要求商业银行向其借款，所以，这一货币政策的效果有限。另外，当商业银行的准备金十分缺乏时，即使再贴现率很高，商业银行依然会从中央银行的贴现窗口借款，中央银行想通过较高的再贴现率来抑制商业银行的借款就起不到太大的作用。因此，通过再贴现率的变动控制银行准备金的效果是相当有限的。当今，再贴现率政策往往作为一种补充手段与公开市场业务政策结合使用。

(三) 公开市场业务

这是当代西方国家特别是美国中央银行控制货币供给量最重要也是最常用的政策工具。公开市场业务是指中央银行在金融市场上公开买进或卖出政府债券，以控制货币供给量、影响利率、消费与投资即总需求而最终达到预定的经济目标的政策行为。公开市场业务的目的是改变经济体系中货币与证券的相对供给量，从而改变利率，使公众以改变了的利率决定其持有资产的形式。中央银行买入政府债券，等于减少了市场上的债券数量，这会使债券价格上升，利率下降，公众才会愿意增加货币的持有量而减少政府债券的持有量，势必导致货币供给量增加。以美国为例，当经济形势的发展使中央银行认为有收缩银根的必要时，联邦储备系统下设的联邦公开市场委员会将在证券市场上出售政府债券，这一行动首先减少银行系统的基础货币（包括银行的存款准备金和公众手持的现金），同时通过银行系统的存款创造，导致货币供给量的多倍收缩；与此同时，由于政府出售债券，债券价格因供给量过大而下降，利率上升，企业投资降低，公众储蓄增加而消费降低，最终导致总需求降低，降低通货膨胀率，遏制经济的过热现象。反之，若经济出现萧条，失业问题严重，中央银行认为有放松银根的必要，就在公开市场中买进政府债券，增加基础货币，通过银行系统的存款创造，引起货币供给量的多倍扩张和利率的下降，使企业投资和公众消费增加，提高总需求水平，制止经济的衰退，减少失业。

由于中央银行既可以将公开市场业务作为一种防御性工具使用，例如在发生通货膨胀时，售出政府债券，使货币供给量减少，紧缩信用，抑制通货膨胀；中央银行也可以把公开市场业务作为一种进攻性工具使用，由中央银行主动决定买进或卖出政府债券的时间和数量，用以扩张或收缩信贷规模，通过货币供给量的调整来影响国民经济，达到预期的经济目标。因此，公开市场业务在西方国家被认为是最有效、最灵活的货币政策工具，也是最常使用的货币政策工具。

在西方国家，尤其是美国，一般认为公开市场业务是中央银行所能够掌握的最重要、最常使用的政策工具或手段。这是因为：第一，中央银行运用公开市场业务在金融市场上是一种"主动出击"而不是"被动等待"。就这点而言，这项政策工具比再贴现率政策具有优越性。第二，使用这项政策工具，中央银行可以随时决定买卖债券的种类和数量，可以随时进行精细的调查，以便于较好地控制业务效果，这比一刀切式地调整法定准备率要好得多。第三，公开市场业务是由专门机构和专业人员根据总的政策方针灵活进行的，无需层层审批的繁琐程序，有利于适应瞬息万变的市场需要。

以上三大政策工具要配合运用。

【拓展 6-2】货币政策的其它途径

货币政策除上述三种主要工具外，还有选择性货币政策工具、直接信用控制和间接信用指导。

1. 选择性货币政策工具

选择性货币政策工具，是指中央银行针对某些特殊的经济领域或特殊用途的信贷而采取的信用调节工具。这些措施主要有：

（1）差别利率政策。中央银行根据国家经济政策和产业政策的要求，可以实行对不同部门、不同企业和不同地区执行不同利率的政策。对国家重点发展的部门和产业执行较低的优惠贷款利率，对限制发展的部门和产业执行较高的利率。

（2）证券保证金比率。为了控制证券市场的信用投资规模，防止市场出现过度投机，中央银行实行对证券购买者在买进证券时必须支付现金的比率加以规定并可随时调节的制度。由于全部交易是借助于贷款完成的，购买证券时支付现金的部分，实际上就是交易者为获得贷款支持而必须拥有的保证金，因此，这一比率习惯上成为证券保证金比率。保证金比率越高，信用规模越小。在中央银行认为证券投机过度，证券价格过高时，提高保证金比率就可以抑制市场需求，使价格回落。反之，在证券市场低迷时则降低保证金比率。

（3）消费信用控制。就是中央银行对消费者分期购买耐用消费品的信用活动实施管理。内容主要包括：①规定以分期付款形式购买耐用消费品时的第一次付现的比率；②规定用消费信贷购买商品的最长期限；③规定用消费信贷购买耐用消费品的种类。中央银行可以根据消费品市场的供求状况及物价情况，灵活地运用这些管理措施。如在需求过度、物价上升时，就要求提高首次付现的比率，缩短消费信贷的期限；反之，在需求不足、经济萧条时，则降低比率和延长期限。

（4）预缴进口保证金。在进口过度增长，国际收支出现逆差时，为抑制进口，中央银行要求进口商按照进口商品总值的一定比例，预缴进口商品保证金，存入中央银行，以增加进口商的资金占用，增加进口成本。对于预缴保证金占进口商品总值的比例，中央银行可视国际收支状况的变化灵活调整。

（5）不动产信用控制。中央银行对商业银行办理不动产抵押贷款作限制性规定，以抑制市场的过度需求。如对金融机构的房地产贷款规定最高限额、最长期限、第一次付现的最低金额等。

2. 直接信用管制

直接信用管制是相对于间接信用指导而言的，是指中央银行将措施和手段直接作用于控制对象，并且多采用行政命令的方式。通常主要是指中央银行对商业银行作出的各种限制和干预其信用活动的强制性措施。这些措施主要有：

（1）信用额度分配。这是指中央银行根据金融市场状况及客观经济需要，对商业银行的信贷规模加以分配，限制其最高数量。这种管制方法，早在18世纪末的英格兰银行就开始使用了。英格兰银行当时为了限制各银行信用过度扩张，规定了自身每月授信的最高额度，然后将这个额度按各银行的大小进行分配。各银行向英格兰银行要求再贴现时，只能在分配的额度内申请。后来，这种办法被法国、英国、墨西哥等国采用。中国1998年以前实行的信贷资金管理制度一直坚持信贷额度控制的做法。

（2）规定利率最高限。就是规定商业银行吸收定期存款和储蓄存款所执行的最高存款利率。这一规定的目的是为了防止银行间为了争夺存款而竞相抬高利率，进而竞相发放利息风险贷款。

（3）规定流动性比率。为了限制商业银行扩张信用，降低商业银行的经营风险，中央银行对商业银行的流动性资产与存款负债的比率即流动性比率作出规定。商业银行为了保持流动性比率，就必须经常注意压缩长期贷款的比重和扩大短期贷款的比重，还必须持有一部分很容易变现的流动性较高的资产和现金。这样，商业银行的风险贷款受到了限制，提高了经营的安全性。

（4）直接干预。即对商业银行的信贷业务活动、贷款范围等直接进行干预。如不得对存款货币支付利息、不得将贷款用于股票和房地产交易等。

3. 间接信用指导

间接信用指导是指中央银行利用各种间接的措施对商业银行的业务活动和决策取向等施加影响。主要措施有：

（1）道义劝告。又叫"窗口指导"，是指中央银行利用其在金融体系中的特殊地位向各家银行说明政策、阐明立场，从道义上说服商业银行执行中央银行所要求的信贷政策和投资方向等。在日本，中央银行根据市场情况、物价变动趋势、金融市场动向、货币政策要求以及银行上一年度同期的贷款情况等，规定银行按季度贷款增加的额度，以指导的方式要求各银行遵照执行。

（2）金融宣传。是指中央银行通过定期公布资产负债表，发表年报，公布金融机构状况、金融市场状况和信贷活动状况，公布对财政、贸易、物价、经济发展趋势的统计分析结果等，向社会各界，尤其是向金融界说明货币政策的重要性及其内容，以求得到各方面的理解和支持。也可以利用新闻媒体，利用各种公共场合广泛宣传货币金融政策。

三、货币政策效果分析

货币政策是通过调整货币供给量来影响利率，以利率变动影响总需求进而影响国民收入。货币政策变化对于国民收入的影响程度称为货币政策效果，它同样不仅取决于 IS 曲线的斜率，而且还取决于 LM 曲线的斜率。

（一）货币政策效果的 IS-LM 图形分析

1. IS 曲线的斜率对货币政策效果的影响

（1）效果图分析

当 LM 曲线的斜率不变时，IS 曲线越平坦即斜率越小，实行一项货币政策变动货币供给量，LM 曲线发生移动对国民收入变动的影响越大，货币政策效果越大；反之，IS 曲线越陡峭即斜率越大，LM 曲线的移动对国民收入变动的影响就越小，货币政策效果越小。如图 6-4 货币政策效果因 IS 曲线斜率而异所示。

从图 6-4 中可以看到，IS 曲线的斜率不同，初始时，产品市场和货币市场均衡点为 E_0，均衡收入和均衡利率相同。现在货币当局实行一项扩张性货币政策，增加同样一笔货币供给量时 LM_1 右移至 LM_2，于是新的均衡点分别出现在 E_1 和 E_2 处，这两种情况下的国民收入的增量却不相同。这两种情况下的收入增量分别为 y_0y_1 和 y_0y_2，且 $y_0y_2 > y_0y_1$。从图中可以清楚地看到，即 IS 曲线越平坦货币政策效果越大，IS 曲线越陡峭货币政策效果越小。

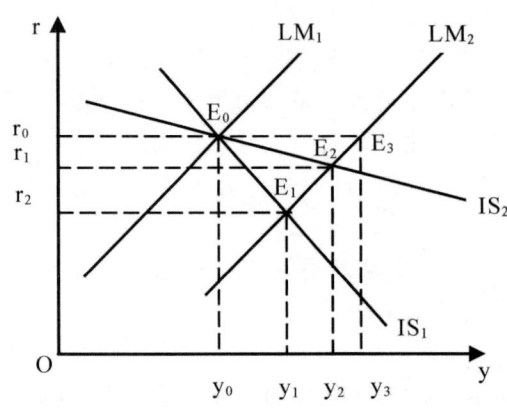

图 6-4 货币政策效果因 IS 曲线斜率而异

（2）原因分析

IS 曲线斜率之所以能够影响货币政策效果，是因为 IS 曲线的斜率主要是由投资的利率弹性决定的。从图 6-4 中可以看出，IS 曲线越陡峭，其斜率越大，投资的利率弹性越小，当货币供给量增加使 LM 曲线向右移动而导致利率下降时，投资不会增加许多，国民收入增加就越小，即货币政策的效果越小。反之，IS 曲线越平坦，其斜率越小，投资的利率弹性较大，当货币供给量的增加导致利率下降时，投资将增加许多，国民收入水平将有较大幅度的提高，货币政策的效果就大。

2. LM 曲线的斜率对货币政策效果的影响

（1）效果图分析

IS 曲线的斜率不变时，货币政策效果就取决于 LM 曲线的斜率。LM 曲线斜率越大，即 LM 曲线越陡峭，货币政策使 LM 曲线移动导致的国民收入变动就越大，也就是说货币政策效果越大；反之，LM 曲线斜率越小即 LM 曲线越平坦，LM 曲线的移动对国民收入产生的影响就越小，即货币政策效果就越小。这一结果可以用图 6-5 货币政策效果因 LM 曲线斜率而异表示。IS_1 曲线和 IS_2 曲线的斜率相同，增加相同的货币供给量使 LM 曲线从 LM_1 右移到 LM_2，这时产生的政策效果大不相同。LM 曲线比较平坦时，国民收入增加了 y_1y_2；而 LM 曲线比较陡峭时，国民收入增加了 y_3y_4，且 $y_3y_4>y_1y_2$。

（2）原因分析

LM 曲线的斜率对货币政策效果的影响与货币需求的利率弹性有关。货币供给量增加相同时，当 LM 曲线比较陡峭，货币需求的利率弹性就较小，或者说，货币需求对利率的反应较不敏感，意味着一定货币供给的增加使利率下降得较多，因而货币供给量变动对利率变动的作用较大，使得增加货币供给量的货币政策将对投资和国民收入有较大的影响。反之，如果 LM 曲线较平坦，表示货币需求受利率的影响大，利率稍有变动会使货币需求变动很多，因而货币供给量变动对利率变动影响较小，货币政策对投资和国民收入的影响较小，即货币政策的效果较小。

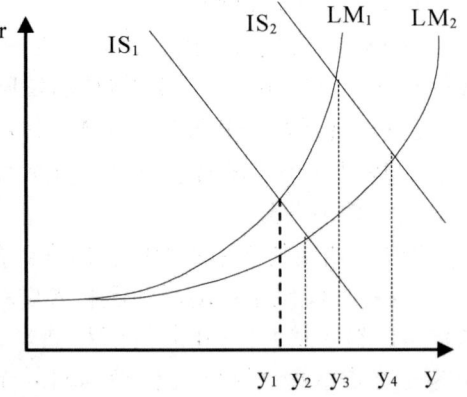

图 6-5 货币政策效果因 LM 的斜率而有差异

总之，在 LM 曲线比较陡峭时，货币当局实行的扩张性货币政策能使利率下降得较多，并且利率的下降对投资产生较大的刺激作用，这种货币政策的效果就越大；反之，在 LM 曲线比较平坦时，货币政策的效果就小。

（二）古典主义的极端情况

1. 古典主义极端情况的含义

与凯恩斯主义的极端情况相反，还存在着古典主义的极端情况。当水平的 IS 曲线与垂直的 LM 曲线相交时，财政政策完全无效、货币政策十分有效，这就是古典主义的极端情况。如图 6-6 古典主义极端中，货币当局增加货币供给量，即垂直的 LM_1 曲线向右平移到 LM_2 曲线的位置，与水平的 IS_1 曲线相交于 E_2 点，利率没有上升。同时国民收入则由 y_1 增加到 y_2，y_1y_2 正好等于货币的增加量，没有产生任何挤出效应，货币量的变动对收入水平有最大的效应。

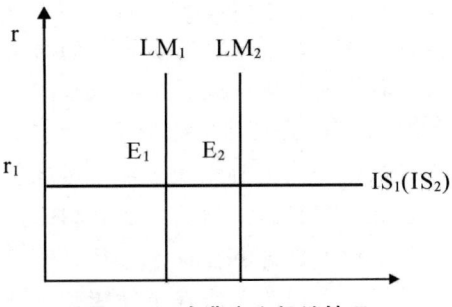

图 6-6　古典主义极端情况

2. 财政政策完全无效的原因

一方面，垂直的 LM 曲线说明货币需求的利率系数等于零，换句话说，利率已高到如此地步，即使人们持有货币的机会成本或者说损失达到极大，人们看到债券价格如此之低，低到只能上涨而不会再下跌的程度。此时，人们会将手中的全部货币拿去购买有价证券，人们为投机需求所持的货币量为零。这时，政府如果推行扩张性的财政政策而向私人部门借钱的话如出售公债，由于私人部门的手中没有闲置货币，财政部门只能通过私人部门投资支出的减少来获得货币，因此，政府的借款利率一定上升，直到上涨到政府公债产生的收益大于私人投资的预期收益。政府支出增加多少，将使投资支出减少多少，在这种情况下，政府支出对私人投资的"挤出效应"就是完全的，因此，扩张性的财政政策完全无效。

另一方面，水平的 IS 曲线说明投资需求的利率弹性无限大，利率的稍微变动都会使投资大幅度变动。当政府因增加支出或减少税收而向私人部门借钱时，利率稍有上升，私人投资便会大大减少，使挤出效应达到完全的地步。

3. 货币政策的完全有效性的原因

垂直的 LM 曲线表明当货币需求的利率弹性为零，货币需求对利率完全缺乏弹性，人们不会对利率的变动作出任何反应，即人们没有对货币的投机需求。因此，增加的货币供给会被人们全部用来增加交易需求，为此，国民收入必然极大增加。另外，水平的 IS 曲线说明投资对利率极为敏感，货币供给的增加使利率有一点点下降，都会使投资极大地增加，从而使国民收入增加极大。

垂直的 LM 曲线被称为古典主义极端，是因为在古典经济学家看来，货币需求仅同收入有关，与利率的高低没有什么关系。货币需求对利率极不敏感，货币需求的利率弹性几近于零，故 LM 曲线是一条垂线。垂直的 LM 曲线意味着货币供给量对国民收入水平的影响非常大，货币政策效应很大。

【拓展 6-3】货币政策的局限性

1. 经济运行状况处于不同的时期采取同一货币政策产生的效果会有所不同

例如在通货膨胀时期实行紧缩性的货币政策效果可能比较显著，但如果经济处于衰退时期采取扩张性的货币政策效果就不会十分理想。原因是在经济衰退时期，由于企业对经济前景普遍存在悲观态度,即使中央银行放松银根,增加货币供给量,降低利率,由于悲观心理,企业投资者也不会增加贷款以从事投资活动,银行从资产的安全性角度出发,也不会轻易发放贷款。特别是由于存在流动性偏好陷阱,当利率降低到一定水平以后,无论银行如何增加货币供给量,利率都不可能继续下降,使得作为反衰退的货币政策效果就相当微弱。货币政策从反通货膨胀的角度来看,对于反需求拉上的通货膨胀效果显著,而对于成本推进的通货膨胀效果甚微。

2. 货币政策对利率的影响程度是以货币的流通速度不变为前提的

如果这一假定前提不存在,通过货币供给的变动来影响利率水平进而对经济产生影响的作用将大打折扣。例如在通货膨胀严重情况下,即使中央银行减少货币的发行量,但由于人们手中不愿持有货币,往往将手中货币换成实物,导致货币流通速度加快,流通中的货币量增加,因此无法将通货膨胀率降低。

3. 货币政策的外部时滞也会影响货币政策的效果

货币当局运用选定的政策工具对货币存量进行调节进而影响总需求水平及目标变量过程中,存在外部时滞。外部时滞主要是由于在工具变量和目标变量之间有一个迂回曲折的传导过程。中央银行变动货币供给量,要通过利率的变动来影响企业的投资水平,进而影响总需求,最终影响就业和国民收入,而这一传导要经过长时间的过程才会使货币政策的作用得以充分发挥。同时还应看到,市场利率变动后,企业投资规模并不能马上发生相应的变动,无论是利率下降、企业扩大生产规模,还是利率的上升、企业缩小生产规模,都不是一件容易的事情,尤其是企业生产规模的缩小,更加困难,原因是已经上马在建的工程难以下马,解雇职工也并非易事。同时,货币政策是开始选用时容易,但从执行到效果的产生却要经过一个相当长的时期,在这个时期中,经济形势还有可能发生与人们先前预期不同的变化。货币政策在实践中存在的问题远远不止这些,仅就此而言,货币政策作为平抑经济波动的手段,作用也是有限的。

【专栏6-2】2017年中国货币政策评析

评析一:货币政策与实体经济

从2017年开始,全球开启同步复苏,中国货币政策的重心从摆脱危机余波,转向消解宽松遗患、呵护经济长周期复苏,另一方面,伴随从高速增长转向高质量发展,中国经济对增速放缓的容忍度渐次提高。因此,中国货币政策与实体经济的关系,从"货币驱动经济",转向"货币匹配经济",奠定了稳健中性货币政策的宏观逻辑。由此出发,稳健中性的货币政策立场本质上包含"变"与"不变"的双层内涵。在"不变"的层面,稳健中性意味着:货币政策要始终精准匹配实体经济的发展需求,长期保持绝对松紧的不松不紧(即学术意义上的中性)。在"变"的层面,由于实体经济的运行状态不断改变,因此为了与之匹配,货币政策也需要加强前瞻性的预调微调,适时调整边际松紧(与前期水平相比)。

有鉴于此,在解读新时代中国货币政策时,要明辨"变"与"不变":既不能将"稳健中性"理解为一成不变、放弃边际调整,也不能根据边际松紧的变化,误认为"稳健中性"发生了动摇。央行宣布坚持"稳健中性"货币政策,同时将流动性供给从"合理稳定"调整为"合理充裕",正是"绝对松紧不变+边际松紧变化"的体现。具体到政策实践，央行如何用边际松紧的"变"实现绝对松紧的"不变"？从数量信号来看，货币供给的规模增速，包括M_2增速和社融增速，要趋近于GDP增速与CPI增速之和。从价格信号来看，政策利率要趋近于名义自然利率（自然利率+通胀率）。值得注意的是，中国货币政策调控框架正从数量型为主转向价格型为主，所以目前政策层主要依据数量型标准来维持"稳健中性"的政策立场，而在未来（尤其是利率并轨之后），价格型标准有望逐渐发挥主导作用。

评析二：货币政策与财政政策

围绕货币政策与财政政策的搭配，目前存在着两组相互矛盾的关系。一方面，从合意角度看，随着中国经济的日益开放，货币政策和财政政策需要形成"互补替代"的协同关系。即遵循"双向指派法则"：无论是对于内部均衡（经济增长、充分就业、促进改革、物价稳定和内部协调），还是外部均衡（国际收支平衡、汇率稳定和外部协调），都需要灵活构建"货币-财政"的政策搭配，共同进行调节。另一方面，在长期政策实践中，中国财政政策和货币政策一定程度上形成了"内生纽带"。中国经济高速增长阶段的"地方GDP锦标赛"，现行财税体制下地方"事多钱少"的困境，以及预算软约束下地方政府对借贷成本的不敏感，导致地方政府倾向于过度加杠杆，倒逼金融机构过度提供流动性。这不仅削弱货币政策的调节功能，亦助长地方财政的无序扩张。

2017年以来，通过树立正确政绩观、规范地方政府举债融资行为、严控地方债务规模等举措，地方政府的加杠杆冲动得到有效约束。由此，货币政策和财政政策的关系逐步跳出"内生纽带"，加速迈向更为合理的"互补替代"，能够提供更为灵活的政策搭配。以处置地方债风险为重心，财政政策的去杠杆有望大幅加码。在"互补替代"关系下，财政政策在去杠杆领域的"发力"，意味着货币政策需要相应地"留力"。因此，流动性供给从"合理稳定"调整为"合理充裕"，能够避免政策同向共振导致去杠杆力度失控、触发债务通缩，从而呵护实体经济的复苏势头。

评析三：宏观架构定位中国货币政策立场

随着供给侧结构性改革、简政放权和创新驱动战略不断深化实施，我国经济运行的稳定性、协调性进一步增强，质量效益提高，经济下行压力有所减缓，但仍面临杠杆率相对较高、部分资产价格仍处高位等问题。在这种情况下，稳健的货币政策须更趋向中性，一方面要维护银行体系流动性中性适度，平衡好稳增长、调结构、防风险等多目标之间的关系；另一方面也要密切监测流动性变化情况，对引起流动性波动的时点性扰动因素提前分析预判，防止由于流动性短期变化引起市场过度波动。探索发挥货币政策的结构调整作用，支持经济结构调整和转型升级。货币政策属总量政策，但针对部分领域尤其是在社会资本不愿参与的国民经济重点领域、薄弱环节和社会事业等，货币政策也可以发挥一些边际上的辅助作用。当前经济运行中仍存在一定程度的软约束问题，部分经济主体对资金价格还不敏感，也需要运用一定的结构性工具帮助疏通政策传导机制。这就需要我们平衡好结构性目标和总量目标之间的关系，在保持总量稳定的同时，尝试通过一些结构性的手段适度进行"精准滴灌"。2017年，人民银行运用信贷政策支持再贷款、再贴现、抵押补充贷款（PSL）等工具引导金融机构加大对重点领域和薄弱环节的支持力度。自2018年起，将对普惠金融领域贷款达到一定标准的金融机构实施定向降准。完善PSL管理，强化激励约束机制，促进降低实体经济融资成本。总的来看，在党中央、国务院的正确领导下，2017年的货币政策保持稳健中性，取得了较好的政策效果，在金融体系稳步去杠杆的同时，有力促进了我国经济平稳健康发展，稳定了市场预期。银行体系流动性基本稳定，货币信贷平稳增长，金融对实体经济的支持力度较为稳固，稳杠杆初见成效。2017年，全年人民币贷款新增13.53万亿元，同比多增8782亿元，12月末余额同比增速为12.7%。2017年，社会融资规模增量为19.44万亿元，同比多增1.63万亿元，12月末存量同比增长12.0%，符合年初预期水平。2017末，M_2同比增长8.2%，环比回落0.9个百分点。M_2增速放缓的主要原因是去杠杆和金融监管逐步加强背景下银行资金运用更加规范、金融部门内部资金循环和嵌套减少。缩短资金链条也有助于降低资金成本，缓解融资难、融资贵问题。当前我国经济保持平稳增长，内生增长动力增强，M_2增速慢一些还有利于从宏观上实现稳杠杆。随着供给侧结构性改革逐步深化，基建和房地产等资金密集型产业在经济增长中的拉动作用有所下降，同时服务业、技术进步等在推动经济增长中的作用上升，实体经济更趋"轻型"，由此对货币信贷的依赖程度有所减轻。随着经济内生增长动力不断增强，资金周转及货币流通速度亦会加快，因此相对慢一点的货币信贷增速仍可以支持经济实现平稳较快增长。2018年，在中国经济步入新时代之际，把握好结构性去杠杆的力度和节奏，是当前"货币-财政"政策搭配的核心出发点。

第四节　财政政策和货币政策的混合使用

决策者在制定政策时既可选择财政政策，也可选择货币政策，或将两种政策结合起来使用。这样就有一个政策如何选择，并使之配合的问题。

一、经济政策的选择

当均衡的国民收入低于充分就业的国民收入时，决策者可以进行多种政策选择，一是采取扩张性财政政策，使IS曲线向右移动，增加了总需求和国民收入但也使利率上升；二是采取扩张性货币政策，使LM曲线向右移动，可以增加国民收入水平但使利率下降；三是同时采取扩张性财政政策和扩张性货币政策，即对这两种政策搭配使用。

可以得出这样的结论：尽管这两种政策都可以增加总需求，使国民收入增加，但两者还使有一定的差别。货币政策的实施是通过对利率的影响来影响总需求的，因此，主要是刺激对利率的变动非常敏感的那些投资支出与消费支出尤其是住房建筑投资。原因是住房建筑投资是一种长期投资，利率的变动对其影响最大。

财政政策影响则取决于采取的是何种具体的政策措施。政府购买支出的增加将使国民收入增加，但利率的提高会影响私人投资；所得税的减少和转移支付的增加，都将使消费水平得以提高，导致国民收入增加，但利率的提高仍然会影响投资；只有对投资进行直接补贴，才会使投资增加，尽管利率也会上升，但它是先有投资增加而后才有利率上升。

决策者在进行决策时，如果要刺激总需求就应该考虑究竟要刺激总需求的哪一部分。如果要刺激私人投资，最好使用财政政策中的投资补贴政策；要是刺激投资中的住房建设，就应采取货币政策；若刺激消费，则可通过增加转移支付和减少所得税的财政政策。无论如何，只有找到了问题的根源，才能对症下药，政策才能取得明显效果。另外，不同政策的选择还会对不同的人群产生不同的影响，社会政治问题也是影响决策的因素。

二、财政政策和货币政策的搭配使用

从 IS-LM 模型的分析中可以看出，能使政策效果得以最好发挥的方法是将财政政策和货币政策配合起来使用，如图 6-7 所示。

如果政府可以有多种政策选择，就要作出权衡取舍，在实现充分就业均衡的同时，兼顾其他政策目标的实现。如表 6-1 所示，当经济处于萧条状态但不十分严重时，可采用第一种政策组合，以扩张性财政政策刺激总需求，又以紧缩性货币政策抑制通货膨胀。因为扩张性财政政策尽管会产生"挤出效应"，但对刺激总需求还是有一定的作用的，而紧缩性货币政策通过减少货币的供给量可以抑制由于货币供给量过多而引起的通货膨胀。当经济发生严重的通货膨胀时，可采用第二种组合，通过紧缩货币提高利率，从货币供给方面控制通货膨胀；通过紧缩财政，

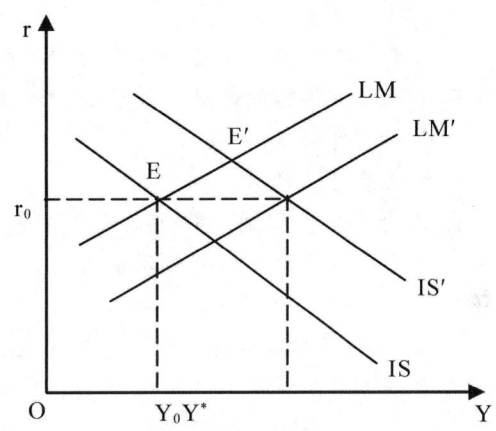

图 6-7　财政财政策和货币政策的混合使用

降低总需求水平，从需求方面抑制通货膨胀，同时防止利率上升过高。当经济中出现通货膨胀但又不十分严重时，可采用第三种组合，通过紧缩财政压缩总需求，消除财政赤字，但又通过扩张性货币政策降低利率，刺激总需求，以防止由于财政过度紧缩引起的衰退。当经济严重萧条时，可采用第四种组合，这样能有力地刺激经济。扩张性财政政策使总需求增加，但提高了利率水平，用扩张性的货币政策可以抑制利率的上升，以克服扩张性财政政策的挤出效应，在保持利率水平不变的情况下刺激经济增长。

表 6-1　财政政策和货币政策搭配使用的政策效应

	政 策 搭 配	产出	利率
1	扩张性财政政策和紧缩性货币政策	不确定	上升
2	紧缩性财政政策和紧缩性货币政策	减少	不确定
3	紧缩性财政政策和扩张性货币政策	不确定	下降
4	扩张性财政政策和扩张性货币政策	增加	不确定

在具体考虑两种政策的搭配使用上，不仅要看到当时的经济形势，还要顾忌到政治上的需要。虽然扩张性财政政策和货币政策都能够增加总需求，但两者的后果对不同的人群会产生不同的影响，也使 GDP 的组成比例发生变化。例如，实行扩张性货币政策，导致利率下降，投资增加，因而对投资部门尤其是住宅建筑部门有利。但是，若实行扩张

性财政政策如减税，则有利于个人可支配收入的提高，消费支出将增加，若仍然采取扩张性财政政策如增加政府支出，比如兴办教育、对在职工人进行培训、治理环境等，则受益的人群又将不同。正因为如此，政府在作出政策的抉择时，必须要考虑到各行各业、各个阶层的利益，尽量协调好各种利益关系。

【拓展6-4】供给管理政策

供给管理政策是指政府为了实现特定的政策目标，通过对总供给的调节，来影响国民收入的经济政策。供给管理包括收入政策、人力政策、经济增长政策等。

一、收入政策

收入政策的主要理论基础是供给推进的通货膨胀理论，它是政府通过控制货币工资和物价来制止通货膨胀的政策。因为控制的重点是工资，所以称为收入政策。其目的是消除成本推进的通货膨胀。

收入政策有三种形式：

1. 工资—物价管制。即政府采用法律手段禁止在一定时期内提高工资与物价。这种措施作用强、效力大，但副作用也大。例如，它会导致排队抢购、定量供应、黑市盛行、地下经济扩张等。

2. 工资与物价指导线。政府为了制止通货膨胀，根据劳动生产率的增长率和其他因素，规定出工资与物价上升的限度，其中主要是规定工资增长率，所以又称"工资指导线"。

3. 税收刺激计划。以税收为手段来控制工资的增长。具体作法是：政府规定货币工资增长率，即工资指导线，以税收为手段来付诸实施。如果企业的工资增长率超过这一指导线，就课以重税，以示惩罚；如果企业的工资增长率低于这一规定，就给予减税，以示奖励。

二、指数化政策

指数化政策就是为了消除通货膨胀的影响，政府按通货膨胀指数来调整有关变量的名义价格，以便使其实际值保持不变，进而稳定总供给和整个国民经济的政策。指数化政策有：

1. 工资指数化。即按通货膨胀率指数来调整名义工资，以保持实际工资水平不变。为了保持工人的实际工资不变，在工资合同中就要确定有关条款，规定在一定时期内按消费物价指数来调整名义工资，这项规定称为"自动调整条款"。

2. 税收指数化。即按通货膨胀率指数来调整起征点与税率等级，已消除物价变动对实际税收额的影响。

3. 利率指数化。即按通货膨胀率指数来调整名义利率，已保证实际利率基本稳定。

三、人力政策

人力政策又称就业政策或劳工市场政策，是一种改善劳动市场结构，以减少失业，增加就业机会的政策。人力政策主要措施有：加大人力资本投资、完善劳动市场、促进劳动力更顺畅流动等。

四、经济增长政策

提高经济潜力或生产能力的经济增长政策就是供给管理政策的重要内容。促进经济增长的政策措施是多方面的，其中主要有：提高劳动力的数量和质量、增加资本积累、促进技术进步等。

本章术语中英文对照

Macroeconomic Policies 宏观经济政策
Fiscal Policy 财政政策
Monetary Policy 货币政策
Expansionary Fiscal Policy 扩张性财政政策
Contractionary Fiscal Policy 紧缩性财政政策
Expansionary Monetary Policy 扩张性货币政策
Tight Monetary Policy/Contractionary Fiscal Policy 紧缩性货币政策
Fiscal-monetary Mix 财政—货币政策组合
Full Employment 充分就业
Unemployment 失业
Voluntary Unemployment 自愿失业
Involuntary Unemployment 非自愿失业
Price Stability 物价稳定
Inflation 通货膨胀
Inflation Rate 通货膨胀率
Economic Growth 经济增长
Balance of International Payments 国际收支平衡
Government Budget 政府预算
Fiscal Expenditure 财政支出
Purchasing Power 购买力
Government Purchase Payment 政府购买支出
Government Transfer Payment 政府转移支付
Property Tax 财产税
Income Tax 所得税
Turnover Tax /Circulation Tax 流转税
Regressive Tax 累退税
Graduated Tax/Progressive Taxation 累进税
Proportional Tax 比例税
Government Bond/ Public Bond 公债
Treasury Bill (T-bonds) 国库券
Automatic Stabilizer 自动稳定器
Functional Finance 功能财政
Keynesianism 凯恩斯主义
Crowding-out Effect 挤出效应

IncomeElasticity of Monetary Demand 货币需求的收入弹性
Interest Rate Elasticity of Monetary Demand 货币需求的利率弹性
Interest Rate Elasticity of Investment 投资的利率弹性
Intermediary Services 中间业务
BankReserves 存款准备金
Required Reserves 法定准备金
Excess Reserves 超额准备金
State Treasury 国库
Deposit Creation 存款创造
Monetary Base 基础货币
Money Supply 货币供给
Money Multiplier 货币乘数
Discount 贴现
DiscountRate 贴现率
Rediscount Rate 再贴现率
Open Market Operation 公开市场业务
Subsidy 补贴
Deficit 赤字

思考题

1. 假定经济起初处于充分就业状态，现在政府要改变总需求构成，增加私人投资而减少消费支出，但不改变总需求水平，试问应当实行一种什么样的混合政策？并用IS-LM图形表示这一政策建议。

2. 假定政府要削减税收，试用IS-LM模型表示以下两种情况下减税的影响：
（1）用适应性货币政策保持利率不变。
（2）货币存量不变。
说明两种情况下减税的经济后果有什么区别。

3. 1998年亚洲许多国家发生金融危机，经济遭到重创。由泰铢贬值开始，不少亚洲国家货币纷纷贬值，我国政府从维持亚洲地区经济稳定的大局出发，坚持人民币不贬值。这就必然影响我国出口。再从当时国内经济形势看，内需严重不足。针对国际经济环境严峻和国内有效需求不足的困难局面，我国政府果断地把宏观调控的重点，从实行适度从紧的财政政策和货币政策，治理通货膨胀，转为实施积极的财政政策和稳健的货币政策。请分析我国实施的积极的财政政策中哪些措施是成功的，哪些措施需要在今后改进？

4. 在1990年日本泡沫经济崩溃后，日本经济陷入低迷，日本政府和日本央行采取了扩张货币政策刺激经济，但是低利率政策并没有促使投资需求和消费快速增加，请问为什么日本在对付衰退的过程中会发生货币政策失效？

5. 通过美国20世纪70年代以来的宏观经济政策的变革历史解读宏观经济学流派的演变。

第七章 失业与通货膨胀理论

学习目标 通过本章的学习，要求能辨别失业和通货膨胀的类型，能运用经济学原理分析现实生活中的失业和通货膨胀现象。

知识点 掌握失业的含义与类型，失业的经济学分析；掌握通货膨胀的含义、类型及产生的原因；了解失业和通货膨胀之间的关系；了解失业的治理方法与通货膨胀的治理方法。

注意点 不同经济社会失业的统计口径和方法不同；失业与通货膨胀的经济背景不同决定了解决方法也不同；摩擦性失业和结构性失业只能缓解不能消除，周期性失业可以消除。

在第五章介绍的 AD-AS 模型可以看到，总需求曲线和总供给曲线未必相交于充分就业点，即使两者偶然相交于充分就业点，两者的向右或向左移动也以造成物价的变化，即经济波动。从现实情况看，总需求和总供给由于经常受到外界的干扰而经常处于变动中，也就是经济社会可能会遭受失业和通货膨胀的困扰。本章主要对失业和通货膨胀问题进行介绍。

第一节 失 业

一、失业的概念和衡量

（一）失业的概念

失业是指在一定年龄以上、有劳动能力的劳动者，在某一时间内没有工作或工作时间没有达到规定标准，愿意工作并正在积极寻找工作的经济现象。在对失业者进行统计时，并不是把每一个没有工作的人都看作失业者。只有年龄在规定范围内（各国对劳动力的年龄规定有不同的标准，我国规定男性 16~60 周岁，女性 16~55 周岁为劳动年龄；美国规定 16~65 岁为劳动年龄；日本规定 16~64 岁为劳动年龄；英国规定女性 16~59 岁为劳动年龄。）、有工作能力、愿意工作并积极寻找工作却没有工作的人才算做是失业者。

需要注意的是，成年人中，除了劳动力外，还有非劳动力。非劳动力包括在校学生、家务劳动者、退休者、身体不适合参加工作的人，还包括不愿工作或不积极寻找工作者、正在服刑的犯人等。例如，近些年来，美国的非劳动力人口约占成年人口的 34% 左右。表 7-1 显示的是 2012 年和 2005 年美国的劳动力和失业人口数。

表 7-1　2012 年和 2005 年美国的劳动力和失业人口数（单位：百万人）

人口类型	2012 年	2005 年
成年人口	243.3	226.1
劳动力	155.0	149.3
就业	142.5	141.7
失业	12.5	7.6
非劳动力	88.3	76.8

（二）失业的衡量

衡量失业的指标有两个：失业人数和失业率。失业人数是全部失业者的绝对数，它等于劳动力人数与就业人数之差。失业率是失业人数占全部劳动力人数的比率。

$$失业率(\%) = \frac{失业人数}{劳动力人数} \times 100 = \frac{失业人数}{就业人数+失业人数} \times 100 \quad (7.1)$$

根据表 7-1 可以计算出 2012 年和 2005 年美国的失业率。以 2012 年为例：

$$失业率(\%) = \frac{12.5}{155.0} \times 100 = 8.06\%$$

劳动力在成年总人口中的比率称为劳动力参与率，根据表 7-1 也可以计算出 2012 年和 2005 年美国的劳动力参与率。以 2012 年为例：

$$劳动力参与率(\%) = \frac{155.0}{243.3} \times 100 = 63.7\%$$

在计算失业人数和失业率时，各个国家具体的统计范围和方法规定有所不同。首先，年龄范围的规定就不同。其次，宽严程度不同，如有些国家将愿意工作而没有工作的人都计入失业人数，另一些国家只把那些领取失业救济金的人算作失业者。还有"愿意工作"的标准也不尽相同。一般都规定，只是自己声称"愿意工作"还不够，而必须是"正在积极寻找工作"。所谓的"正在积极寻找工作"，一般来说，要在规定的时期，参加过招工面试、提出过书面申请、正在等待原工作单位将其召回、或者在一定时期就可在新岗位就业者。再次，统计方法也有差异，有些国家采取随机抽样调查得出失业统计数字，有些国家根据领取失业救济金的人数来统计。因此，各国的失业统计数字不具有完全的可比性。同时，统计得出的失业数字，也不能完全准确地反映实际的失业水平。

就业与失业是一个问题的两个方面，宏观经济学中最重要的问题之一就是研究为什么经济社会不能为所有劳动力都提供工作。

【例 7-1】

假定某国某时期有 1.2 亿工作年龄的人口，其中有 7 000 万人有工作，1 000 万人在寻找工作，500 万人放弃寻求工作，3 500 万人不能工作，试求：

（1）劳动力数。

（2）劳动力参与率。

（3）官方统计的失业率。

解：

（1）劳动力数 = 工作人数 + 失业人数 = 7 000 + 1 000 = 8 000（万人）

(2) 劳动力参与率＝劳动力数÷工作年龄人数＝(7 000+1 000)÷12 000＝66.7%

(3) 官方统计的失业率＝失业人数÷劳动力数＝1 000÷8 000＝12.5%

【专栏7-1】城镇登记失业率 & 城镇调查失业率

1. 城镇登记失业率

城镇登记失业率，是报告期内在劳动保障部门登记的城镇失业人数占期末城镇从业人员与期末实有登记的城镇失业人数之和的比。计算公式为：

$$城镇登记失业率(\%) = \frac{期末实有城镇登记失业人数}{期末城镇从业人数+期末实有城镇登记失业人数} \times 100 \quad (7.2)$$

2. 城镇调查失业率

城镇调查失业率是是国际劳工组织通用的一个指标，是反映城镇常住经济活动人口中，符合失业条件的人数占全部城镇常住经济活动人口的比率。其计算公式为：

$$城镇调查失业率(\%) = \frac{城镇调查失业人数}{城镇调查从业人数+城镇调查失业人数} \times 100 \quad (7.3)$$

我国于2011年开始正式实施调查失业率。其是由国家统计局进行的，最大的好处是灵敏、快捷，随时可以基于抽样获得。但是它并不能简单替代登记失业率。

3. 调查失业率和登记失业率主要区别

(1) 数据来源不同。登记失业数据来源于各级失业登记机构的行政记录取得；调查失业数据通过对住户进行调查的结果汇总取得。

(2) 失业定义不同。失业登记使用的失业定义是具有当地非农业户口，具有劳动能力，无业而要求就业并已在就业登记机构进行了失业登记的人。失业调查使用的失业定义为劳动年龄人口中，当前没有工作，但可以工作，并且正在寻找工作的人。

(3) 包括的人员范围不同。失业登记取决于失业者本人是否在就业服务机构进行登记，只有登记的人才被统计在失业人员范围内。失业调查是按照常住人口进行的，既包括具有本地非农业户口的人员，也包括没有本地非农业户口但在本地居住的常住人口，失业调查不以是否进行失业登记作为判定失业与否的依据，而是以是否符合判定失业的三个条件作为依据。

(4) 数据作用不同。登记失业率注重从社会保障角度反映失业问题，着眼点是放在登记的失业人数，通过个人登记情况，对失业救济金的发放进行管理和对登记失业人员提供就业帮助，调查失业率注重从经济分析的角度反映失业问题，用来反映宏观经济的运行情况和劳动力市场的供需变化，强调失业率的变动趋势。

二、失业的类型

我们可以从不同角度对失业进行分类。

(一) 自愿失业

自愿失业是指劳动力不接受当前的工资支付标准、或对现有的工作条件不满意而主动放弃就业机会造成的失业。自愿失业者一般有其他收入来源，如财产性收入、遗产或馈赠等，因此，当他们能够胜任的工作条件和工资支付标准与其所期望的情况有一定出入时，他们会放弃可能的就业机会。

（二）非自愿失业

非自愿失业是指由于经济社会没有提供足够的劳动岗位，导致许多人在现行工资水平愿意工作却找不到工作。这是政府宏观经济政策需要重点解决的问题，也是失业理论主要研究的对象。

（三）摩擦性失业

摩擦性失业是在劳动力正常流动过程中产生的失业。这里所谓的劳动力流动过程包括工人退休、年轻人进入劳动力市场的新老交替过程，以及人们由于某种原因放弃原来的工作或被解雇寻找新工作的过程。无论是年轻人刚进入劳动力市场，还是原来有工作的人要变换工作，都需要花费一定时间寻找工作，在此期间，这部分人就处于失业状态。这种失业即摩擦性失业。

产生摩擦性失业的主要原因有：劳动力不断流动，信息的不完全，以及寻找工作的人和拥有工作空位的雇主发现对方都需要一定时间相互了解。

摩擦性失业量的大小取决于劳动力流动性的大小和寻找工作所需要的时间。劳动力流动量越大越频繁、寻找工作所需要的时间越长，则摩擦性失业量就越大。而劳动力流动性的大小在很大程度上是由社会制度因素、文化因素和劳动力的结构决定。寻找工作所需要的时间则主要取决于获得有关工作信息的难易程度和速度，以及失业的代价和失业者承受这种代价的能力。在其他条件相同时，取得有关信息越难、花费的时间越多，则寻找工作所需要的时间就越长，摩擦性失业量就越大；失业的代价越大，失业者越不愿意长期处于失业状态，则摩擦性失业量就越小。失业者承受失业代价的能力越强，越能够花较多时间去寻找工作，摩擦性失业量就越多。

（四）结构性失业

结构性失业是指在经济结构的变化过程中，由于劳动力供给和需求不匹配造成的失业。其特点是既有失业，又有职位空缺。失业者或者没有合适的技能，或者居住地点不当，因此无法填补现有的职位空缺。

经济发展、技术进步、消费者偏好、人口规模和构成的变化等都会引起经济结构的变化，进而引起劳动力的需求结构和供给结构的变化，而劳动力供给结构的调整往往滞后于劳动力需求结构的变化，从而产生二者的不一致和不平衡。例如，当某些产业部门走向衰落时，这些部门对劳动力的需求就减少，从而引起这些部门中工人的失业。与此同时，某些新兴产业部门所需要的具有特殊技能的劳动力却供不应求，产生了许多职位空缺。同样，在某些走向衰落的地区存在大量失业者的同时，另一些新兴地区却可能出现劳动力供不应求和职位空缺的情况。

结构性失业的多少取决于劳动力转移成本的高低。劳动力在各个部门之间的转移和流动需要成本，例如，重新接受职业培训、再教育等都需要花费时间和金钱。转移成本越高，花费的时间越长，结构性失业就越严重。转移成本的高低取决于两方面的因素：一是不同产业部门之间的差异程度。部门之间的差异程度越大，劳动力转移所需的成本就越高；一是劳动力的初始素质及培训机制。劳动力的初始素质较高，就比较容易接受新技能的培训，并且培训机制越完善，转移成本就越低。

结构性失业与摩擦性失业既有区别又有联系。二者的共同点是每有一个失业者，就有一个职位空缺。两者的区别是，在纯粹的摩擦性失业情况下，劳动力的供给结构与劳动力的需求结构是相吻合的，每一个寻找工作的人，都有一个适合他的空缺职位，只是寻找者尚未找到这个空缺。在结构性失业的情况下，劳动力的供给结构与劳动力的需求结构是不相符的，寻找工作者不可能找到与自己的技能、职业、居住地等条件相符合的工作。与摩擦性失业相比，结构性失业问题要严重的多。因为摩擦性失业的失业者能胜任可能获得的工作，而结构性失业的失业者却不具备这种条件。另外，摩擦性失业持续的时间一般较短，结构性失业持续的时间较长。

（五）周期性失业

周期性失业又称为总需求不足的失业，是指由于总需求不足因而生产萎缩，进而导致对劳动力的需求下降而产生的失业。它一般出现在经济周期的收缩阶段。

在经济社会中，相对于劳动力的总需求而言，整个社会的劳动力总供给是比较稳定的，因此，周期性失业主要是由于周期性的经济收缩导致对劳动力的需求不足引起的。这种失业与经济中周期性波动是一致的。在复苏和繁荣阶段，各厂商争先扩充生产，就业人数普遍增加。在衰退和萧条阶段，由于社会需求不足，前景暗淡，各厂商纷纷压缩产品的生产，大量裁减雇员，失业人员大量增加。这种失业是可以随着总需求的提高而消除的失业。

周期性失业与摩擦性失业和结构性失业的根本区别在于，后两者即使在劳动力市场均衡的状态下也会存在，而周期性失业则是劳动力需求不足引起的失业，存在周期性失业的劳动力市场必然处于非均衡状态，一些人愿意工作却无业可就，因此，周期性失业属于非自愿失业。

【案例7-1】无聊的工作

徐先生毕业于某大学的俄语专业，5年前，由于小语种专业不太好找工作，他便暂时在某行政机构的办公室找了一份工作。办公室的工作其实是打杂，而且办公室有5个人，大部分时间没有什么事，常常是在玩电子游戏、打扑克等"活动"中无聊地打发时间。

徐先生是外地人，当初本来只想在这里先落下户口，呆一两年就走。在这里呆了两年后，他也曾经尝试去找别的工作，但他发现，由于长期不用，他的外语明显退步了，一家准备同俄罗斯做贸易的公司考虑后，还是放弃了对他的录用。不仅如此，他还发现，长期呆在办公室的小圈子里，自己的社交能力也明显下降了。于是，他逐渐滋生了一种自悲感和满足现状的惰性。但现状能够一直维持下去吗？他并没有足够的信心。

讨论：

1. 该案例能引发你对人的就业能力的怎样的思考？
2. 该案例对于人的工作态度又有怎样的启迪？

三、自然失业率和充分就业

通过前述可知，摩擦性失业、结构性失业和自愿失业都是难以避免的，它们与经济社会的总需求以及经济运行周期无关，因此被统称为自然失业。自然失业人数与总劳动力的比率就是自然失业率。自然失业率是经济社会难以消除的，因为摩擦性失业、结构性失业和自愿失业总是存在的。

自然失业率由于与周期性失业、经济运行周期以及总需求的变动无关，因而是相对稳定的。但自然失业率也会变动。在美国，20世纪60年代的自然失业率约为4%，70年代估计值上升到4.9%，80年代初期上升到6%，90年代初期略有下降，为5.5%左右。

对自然失业率的估算和衡量并没有统一的程序。一种方法是计算一个长时期里的平均失业率，这一方法被认为纠正了实际失业率在自然失业率上下波动的偏差，因而又有人将自然失业率理解为长期的平均失业率。另一种方法是挑选一个特定的年份，该年份被认为已不存在周期性失业或非自愿失业。在美国，1898年被认为属于这样的年份，该年的失业率为5.3%，这同许多经济学家估计的这一时期的自然失业率大致相同。此外，还有更复杂、更系统的衡量自然失业率的办法，这里不再展开论述。

【拓展7-1】影响失业率变动的因素

自然失业率的变动是一系列因素综合作用的结果。这些因素比如：

（1）劳动力结构的变化。在全部劳动力中，如果流动性较大的青年的比重提高，则会使劳动力的流动率上升，从而增加摩擦性失业，提高自然失业率。反之，会降低自然失业率。

（2）劳动力市场的组织因素。如果劳动力市场的中介机构增多，并更有效率，则会改进劳动力市场供求信息的传播，降低摩擦性失业和自然失业率。

（3）失业保险制度的深化和完善，这会支持失业者延长找工作的实践，并为一些人更频繁地变化工作提供收入保障，这会增加摩擦性失业和自愿失业，进而提高自然失业率。

（4）经济结构和技术水平的变化，一方面促进了结构性失业的增加，另一方面也促进了结构性失业的减少，因为一些行业衰退的同时，一些新的行业也在崛起和发展，这些新的行业会吸纳大量的劳动力，甚至会使一些因经济结构调整而失业的人重新得到就业机会。

（5）员工技能培训的加强有助于降低结构性失业，进而降低自然失业率。

与自然失业率对应的社会就业状况是充分就业。充分就业是指消除了非自愿失业或周期性失业以后的社会就业状况。在充分就业下，仍存在摩擦性失业、结构性失业和自愿失业。因此，充分就业时的失业率就是自然失业率。充分就业不仅意味着一个国家劳动力资源的充分利用，而且意味着一个国家所有经济资源的充分利用。

当实际失业率等于自然失业率时，经济处于长期均衡状态，所有经济资源都得到了充分利用，经济处于稳定状态。如果实际失业率高于自然失业率，说明失业过多，可能引发严重的经济问题和社会问题。如果实际失业率低于自然失业率，则意味着社会经济资源被超负荷利用，经济处于通货膨胀装体重。工人加班加点，生产设备过度使用，一些自愿失业者也在高工资引诱下，以及高物价、高生活费的逼迫下参加工作，一些摩擦性失业和结构性失业也被非正常的压缩。

四、失业的原因

（一）失业的经济学解释

失业现象从表面上看就是过多的劳动力去追逐过少的工作岗位。为了更好地理解失业问题，我们使用微观经济的供求模型对不同类型的失业加以解释。

图 7-1 中，横轴为劳动力数量，纵轴为劳动力价格，即工资率。曲线 D 为劳动需求曲线，曲线 S 为劳动供给曲线。图 7-1（a）中描述的是竞争性的劳动力供给和需求的一般情况。市场的均衡点在 E 点，工资水平为 W^*。在竞争性的市场出清的均衡状态下，厂商愿意雇用接受市场工资水平为 W^* 的合格工人，雇用数量为 N_E。在 W^* 的工资水平上，另有数量为（N^*-N_E）的工人，他们虽愿意工作，但却要求较高的工资，由于这部分工人不愿意在现行的市场工资率下工作，所以他们被认为是自愿失业的。在现行工资率下，自愿失业者可能更偏好闲暇或其他活动，而不是工作。他们可能属于摩擦性失业，也可能正在寻找第一份工作；他们可能是生产率较低的劳动力，相对于较低收入的工作，他们更愿意享受福利和失业保险。

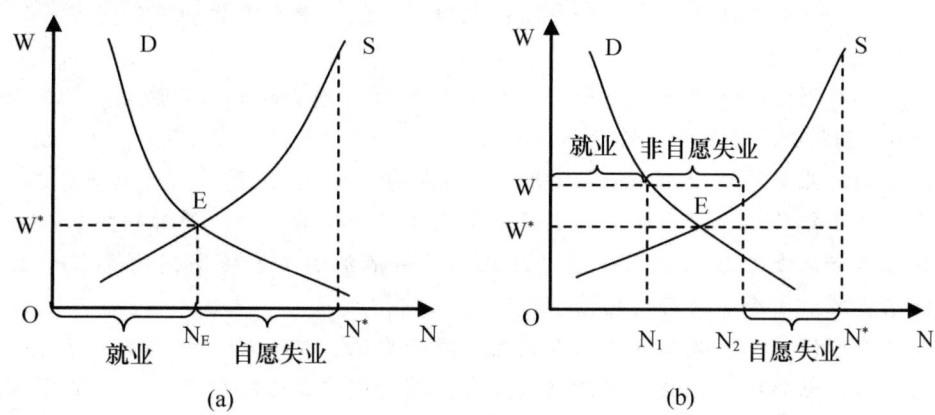

图 7-1　失业的经济学解释

图 7-1（b）显示的是非出清的劳动市场分析，它用来说明没有伸缩性的工资怎样导致非自愿失业。比如，最低工资法规定的劳动市场工资过高，劳动的价格是 W 而不是均衡工资或市场出清的工资 W^*。在过高的工资率下，寻找工作的合格工人的数量大于提供的工作职位数。愿意在工资 W 下工作的工人数量是 N_2，而企业愿意雇用的数量则为 N_1。由于工资高于市场出清水平，于是出现劳动供给过剩，（N_2-N_1）表示的是这部分非自愿失业的失业者的数量。在劳动力供给过剩的情况下，企业雇用劳动力时将会提出更严格的技能要求，雇用最有资格、最有经验的劳动者。

（二）失业的理论性解释

凯恩斯主义认为，经济性失业存在的根本原因是有效需求不足，有效需求不足会引起对劳动力的需求下降，导致劳动力需求小于供给而引起非自愿的失业，即劳动力市场是非出清的。由此引发进一步的问题，即为什么工资不上下浮动以便实现劳动市场的出清。在对劳动力市场的研究中，工资刚性理论和效率工资理论影响较大。

1. 工资刚性理论

工资刚性理论认为，工资率具有向下的刚性或黏性特征，工资率因此不会随着劳动市场供求的变化而做出充分的调整，从而导致非自愿失业的存在。

这种理论认为，劳动合同阻止了工资率的降低。存在工会的部门，劳资双方往往签订工资合同，由于每次进行谈判时耗费的人力、物力都很大，所以合同期限往往较长，通常是 3 年，在合同期内名义工资一般固定不变，对劳方来说，工资固定可以获得稳定的收入，防止经济萧条引起的工资下降，因而其愿意接受固定工资。如果经济衰退始于合同签订之后不久，则雇主不能通过降低工资来扩大劳动力需求，使得劳动力市场处于非出清状态，造成部分失业，这种失业是出于长期合同中的名义工资刚性引起的。各部门的工资合同又是彼此错开的，几乎每个月都有到期的合同，每个月都有新的合同订立，在签订新的合同时，其他行业的大部分合同仍没到期，新合同中的工资往往会参照其他行业的工资和上一期合同中的工资而订立，这样使得工资的刚性超过一个合同期，有时延续到好几个合同期。

【拓展 7-2】 工资刚性的原因

工资刚性存在的原因主要有三个原因：最低工资法、效率工资和工会的力量。下面对前两个原因进行说明。

为了减少贫困和降低收入不平等，一些国家先后颁布了最低工资法案。以美国为例，美国政府在 1938 年通过了该国的最低工资法《公平劳动标准法案》，该法案规定的最低工资一般为制造业平均工资的 30%~50%，现在是每小时 7.25 美元。对大多数工人来说，最低工资约束不起作用，因为他们的小时工资高于这一最低水平。但对一些工人，特别是不熟练的工人和缺乏经验的工人来说，最低工资将他们的工资提高到均衡水平之上。因此，最低工资减少了企业对劳动的需求。

效率工资理论认为，高工资使工人的生产效率更高。工资对工人效率的影响可以解释尽管存在超额劳动供给，企业也不能削减工资，因为削减工资减少了企业的工资总额，但它会降低工人的生产效率和企业利润。

西方学者还提出了各种理论来解释工资如何影响工人的生产率。一种理论认为，高工资减少了劳动力的更替。在现实中，员工有很多原因辞职，如接受了其他企业更好的职位、改变职业或迁移到另一个地方。企业给工人支付的工资越高，工人留在企业的激励就越大。企业通过支付高工资减少了工人辞职的频率，不仅减少了用于雇佣和培训新工人所花费的实践和金钱，而且保证了企业各项业务工作的连续性。另外一种理论认为，高工资提高了工人努力的程度。一般来说，企业不可能完全监督其员工的努力程度，员工必须自己决定工作的努力程度。员工可以选择努力工作，也可以选择偷懒及冒着被发现和解雇的风险。在这种情况下，企业通过支付高工资减少道德风险问题。工资越高，工人被解雇的代价越大。通过支付高工资，企业可以促使更多的员工不偷懒，从而提高劳动生产率。

2. 效率工资

效率工资理论的基本原则是由索洛提出来，它强调了工资的激励作用，认为高工资导致高效率。首先，高工资会增加工人怠工偷懒的机会成本，一旦怠工偷懒被发现，工人会失去高工资的工作，损失将是巨大的，为了保住工作，他们会努力工作，提高效率。其次，高工资有较强的吸引力，可以吸引优秀的工人加入，带来丰富的工作经验和较高的劳动技能，从而提高工作效率。高工资会减少工人变换工作的行为，因为其他的工作未必能提供如此高的待遇，这样可以长期留住工人，保证了工作的连续性，提高了效率。而且，高工资可以减少工人联合的动机，因为联合的目的是为了提高并稳定工资，这样工人可以一心一意地工作，这会提高效率。所以为了使工人主动地提供生产过程中的劳动努力，雇主就有可能把工资定在劳动力市场非出清的水平，那么，劳动力市场总是存在过剩劳动供给，失业也就会持续。

五、失业的影响及治理

(一) 失业的影响

严重的失业既是一个经济问题，又是一个社会问题。之所以说失业是一个经济问题，是因为它浪费了有价值的资源。说它是一个的社会问题，是因为失业工人由于收入剧减而承担了极大的痛苦。在严重失业时期，这种痛苦会蔓延开来，影响人们的情绪和家庭生活。因此，失业主要有两种影响，即经济影响和社会影响。

1. 失业的经济影响

从经济方面看，失业会直接造成资源浪费，带来经济上的损失。劳动力是重要的生产要素，失业或劳动力的闲置本身就是资源的浪费。而且，劳动力资源具有其自身特点，本期可使用的劳动力资源不能延至下期使用，本期可利用的劳动力的闲置就是这部分资源的永久性浪费。在劳动者失业的同时，生产设备以及其他经济资源也常常大量闲置。由于生产性资源的闲置，造成生产能力开工不足，从而直接减少了社会产品，降低了产出水平，给经济造成严重的损失。在高失业时期，这种损失是巨大的。表7-2给出了20世纪中的高失业给美国经济带来的损失。

表 7-2 高失业时期的经济损失

时期	产出损失		
	平均失业率（%）	GDP 损失（10亿美元，2008年价格）	占该时期 GDP 的比重（%）
大萧条时期（1930—1939年）	18.2	2 796	30.0
石油危机和通货膨胀时期（1975—1984年）	7.7	1 694	2.7
新经济跌落后萧条的时期（2001—2003年）	5.5	509	1.4

从表7-2可以看出，美国最大的经济损失发生在大萧条时期。20世纪70年代和80年代的石油危机和通货膨胀也使产出损失高达1万多亿美元。相比之下，2001—2003年这一时期，失业的损失相对较小。

失业变动与产出波动是否存在一定的关系呢？美国经济学家阿瑟·奥肯根据美国的数据提出了经济周期中失业变动与产出变动的经验关系，即奥肯定律，即失业率每高于自然失业率1个百分点，实际GDP将低于潜在GDP两个百分点。换一种说法，相对于潜在GDP，实际GDP每下降2个百分点，实际失业率就会比自然失业率上升1个百分点。

西方学者认为奥肯定律揭示了实际GDP与失业率之间短期变动的联系，根据奥肯定律，可以通过失业率的变动推测GDP的变动，或者通过GDP的变动估计失业率的变动。例如，假定经济的自然失业率为6%，如果实际失业率是8%，高于自然失业率2个百分点，则实际 GDP 就将比潜在 GDP 低 4%左右。一般地，奥肯定律可以用下式表示：

$$-\alpha(U-U^*) = \frac{Y-Y^*}{Y^*} \tag{7.4}$$

式中，U 表示实际失业率，U^* 表示自然失业率，Y 表示实际产出，Y^* 表示潜在产出，α 表示参数（$\alpha>0$）。

2. 失业的社会影响

从社会方面看，虽然失业的影响无法用货币单位表示，但这种影响却可能是非常巨大的。失业会使失业者及其家庭的收入及消费水平下降，特别是在没有失业保险制度的情况下，失业者只能靠自己的积蓄和亲朋的帮助维持生存，其悲惨情况可想而知。在发达的市场经济国家，由于实行了失业保险制度，在一定程度上缓和了失业的社会影响，但仍不能抵消失业对失业者的损害及对社会的不利影响。失业给人的心理造成巨大的创伤。在现代世界中，最显著的例子是 20 世纪 90 年代的俄罗斯，1995 年，俄罗斯约有 1/5 的工人失业，实际产出急剧下降，人口平均健康恶化，男性人口的平均预期寿命从 1990 年的 64 岁下降到了 1995 年的 57 岁。失业还会造成失业者的失望和不满，从而提高社会犯罪率、离婚率，并可能引发各种社会骚乱。

由于失业对社会经济具有重大影响，因而它在政治上也具有重要性。当失业率较低时，政府会得到人们的信任，执政者会得到更多人的拥护；当失业率较高时，政府和执政者会受到人们的指责。因此，失业问题还直接关系到政治的稳定与否，任何政府都必须关注失业问题，政府在制定任何一项宏观经济政策时，都必须考虑其对失业的影响。

（二）失业的治理

失业会给经济社会带来很大的损失，因此必须尽可能地降低失业率。由于不同类型失业的产生原因各异，故采取治理的措施也不尽相同。

1. 摩擦性失业的治理

摩擦性失业产生的主要原因是劳动力市场是不断变动的以及信息的不完全。在这两个条件的约束下，劳动力的流动就需要一定的时间，因而摩擦性失业就不可避免。

根据摩擦性失业的这种情况，可以通过缩短选择工作的时间来减少摩擦性失业。例如，通过增设职业介绍所和青年就业服务机构、召开人才招聘会、互联网招聘等形式，使失业者更加全面的了解就业信息，达到减少摩擦性失业的目的。

2. 结构性失业的治理

大多数国家都把保持一定的经济增长速度作为追求的目标之一，因为经济增长可以增强一个国家的综合国力并提高人民的生活水平。经济增长的过程必然伴随着经济结构的变化，而经济结构的变化又会导致结构性失业。所以，我们必须辩证地看待结构性失业。

一般来说，有两种方法来减少结构性失业。

（1）阻止或减缓经济结构的变化。这些抑制经济结构调整的政策，短期来看有助于缓解结构性失业，但长期来看对经济的发展是不利的，反而会加重结构性失业。比如抑制以机械替代劳动力的政策可能在短期内有助于减少失业，但从长期看，会降低受保护工业的竞争能力，从而无力与国外竞争者相抗衡，最终加重结构性失业。

（2）接受伴随经济增长的经济结构的变化，并设计出更适应这种变化的政策。结构性失业的主要原因是劳动力与经济结构变化后的新职位不匹配，因此针对容易失业的劳动者群体，如青年人、妇女、低技能劳动者及缺乏劳动经验的人，首先通过加强职业培训来降低他们的失业率。例如欧洲的学徒制度因为能使青年人接受在职培训而受到广泛的赞誉，该制度不仅为青年人提供了工作，而且使他们成为长期颇具生产力的人。其次，可以帮助劳动力迁移，使劳动力很容易在不同的工作与地域之间流动，以此来降低结构性失业。最后，谨慎实施最低工资法。因为实行最低工资法会引起某些特殊劳动力的失业。如一个体力较弱、技能较低的人，或头一次参加工作的年轻人，可能愿意接受工资水平低于法定最低工资的工作，企业也愿意以较低的工资水平雇用这个人，但由于有最低工资法的限制，这些人就只能失业。

3. 周期性失业的治理

周期性失业是由于总需求不足引起的。对于这种失业，按照凯恩斯主义的观点，只要国家积极干预经济，设法刺激社会的有效需求，就能够实现充分就业。凯恩斯主义提出的重要措施是刺激私人投资，为个人消费的扩大创造条件；促进国家投资。现在人们一般认为，可以通过扩张性的财政政策或货币政策来刺激总需求，以消除由于总需求不足而造成的这类失业。

需要指出的是，对于摩擦性失业和结构性失业，只能降低其程度而不可能完全消除。周期性失业则会随着经济的复苏和经济社会总需求的增加而消除。

第二节 通货膨胀

一、通货膨胀的定义

通货膨胀，简称通胀，它是指经济社会一般物价水平的普遍的和持续的上涨。对这一定义有两点需要说明。

第一，一般价格水平的上涨不同于个别商品价格的上涨。一般价格水平指的是经济社会的总体价格水平。但一个经济社会存在着无数种商品和劳务，要对所有的价格进行统计几乎是不可能的。因此，一般采用价格指数来衡量一般价格水平，一般价格水平的上涨幅度不一定等于某一种商品的价格上涨幅度，一般价格水平上涨的时候，个别商品的价格也可能下降。局部的或个别的商品和劳务的价格上涨不能视之为通货膨胀。

第二，通货膨胀是物价持续上涨的过程，而不是暂时的物价上涨。一次性上涨或短期内由于某种突发因素上涨，然后稳定下来，甚至回落，这不属于通货膨胀。另外，通货膨胀与高物价水平是不同的。高物价水平并不意味着存在通货膨胀，只有物价水平不断地持续上涨，才存在通货膨胀。

二、通货膨胀的衡量

通货膨胀的程度通常用通货膨胀率来衡量。通货膨胀率被定义为从一个时期到另一个时期价格水平变动的百分比，它衡量的是货币的购买力。用公式表示为：

$$\pi_t = \frac{P_t - P_{t-1}}{P_{t-1}} \tag{7.5}$$

式中,π_t 代表第 t 期的通货膨胀率,P_t 代表 t 期的价格水平,P_{t-1} 代表 $t-1$ 期的价格水平。

如果用价格指数来衡量价格水平,则通货膨胀率就是不同时期价格指数变动的百分比。例如,某经济中消费者价格指数从 2016 年的 120 变化到 2017 年的 132(都以 2000 年为基期),那么 2017 年的通货膨胀率为:

$$\pi_{2017}(\%) = \frac{P_{2017} - P_{2016}}{P_{2016}} = \frac{132 - 120}{120} = 10$$

【例 7-2】

若某一经济的价格水平 2014 年为 107.9,2015 年为 111.5,2016 年为 114.5。问 2015 年和 2016 年通货膨胀率各是多少?若人们对 2017 年的通货膨胀率预期是按前两年通货膨胀率的算术平均来形成。设 2017 年的利率为 6%,问该年的实际利率为多少?

解:(1) 2015 年的通货膨胀率为 π_{2015}

$$\pi_{2015}(\%) = \frac{P_{2015} - P_{2014}}{P_{2014}} = \frac{111.5 - 107.9}{107.9} = 3.34\%$$

$$\pi_{2016}(\%) = \frac{P_{2016} - P_{2016}}{P_{2016}} = \frac{114.5 - 111.5}{111.5} = 2.69\%$$

(2) 如果预期通货膨胀率 π_e 为前两年的平均值,即

$$\pi_{2017}(\%) = \frac{P_{2016} - P_{2015}}{2} = \frac{3.34\% + 2.69\%}{2} = 3.015\%$$

按照名义利率、实际利率与预期通胀率之间的关系,得

实际利率$_{2017}$ = 名义利率$_{2017}$ - π_{2017} = 6% - 3.015% = 2.985%

【拓展 7-3】常用的价格指数

目前普遍使用的价格指数主要有三个:消费者价格指数(CPI)、生产者价格指数(PPI)和国内生产总值平减指数。

1. 消费者价格指数(CPI)

消费者价格指数被广泛地用来度量通货膨胀,它度量的是典型化的城市消费者所购买的一组固定物品的价格平均上涨情况。它是建立在人们日常生活中所购买的食品、衣服、住宿、燃料、交通、医疗、学费及其他商品的价格基础上的。每种商品的价格根据其在消费者的总消费支出中的相对重要性而被相应地给出一个固定的权重。消费者价格指数的特点在于资料较易收集,公布次数较为频繁(通常每月一次),因此,能较迅速地反映直接影响民生的物价趋势。

$$CPI = \frac{一组固定商品按当期价格计算的价值}{该组固定商品按基期价格计算的价值} \times 100 \tag{7.6}$$

例如,设 2000 年为基年,如果普通家庭每个月购买一组特定商品的支出为 1 286 元,2016 年购买同样一组商品的支出是 1 588 元,那么当地 2016 年的消费者价格指数为:

$$CPI_{2016} = \frac{1\,588}{1\,286} \times 100 \approx 123.5$$

2. 生产者价格指数（PPI）

在美国，生产者价格指数是自1890年以来一直由美国劳动部公布的最古老的统计数字。生产者价格指数是一个度量投资品（如钢材、水泥等）的批发价格指数。PPI是衡量工业企业产品出厂价格变动趋势和变动程度的指数，是反映某一时期生产领域价格变动情况的重要经济指标，也是制定有关经济政策和国民经济核算的重要依据。

$$PPI = \frac{一组固定商品按当期价格计算的价值}{该组固定商品按基期价格计算的价值} \times 100 \tag{7.7}$$

PPI通常作为观察通货膨胀水平的重要指标。由于食品价格因季节变化加大，而能源价格也经常出现意外波动，为了能更清晰地反映出整体商品的价格变化情况，一般将食品和能源价格的变化剔除，从而形成"核心生产者物价指数"，进一步观察通货膨胀率变化趋势。

3. 国内生产总值平减指数

国内生产总值平减指数是指按当年价格计算的国内生产总值对按固定价格计算的国内生产总值的比率。这一指数的特点在于范围较为广泛，除了私人部门的消费外，还包括公共部门的消费、生产资料和资本、进出口商品与劳务等价格在内，因此较能准确地反映整体物价水平的趋向。但由于资料较难收集，公布次数不如消费物价指数频繁，多数国家通常是每年公布一次，即使在国民经济统计发达的国家，目前也只能做到每季一次，所以不能迅速反映通货膨胀的程度和动向，不大适用于作为政府制定政策的依据。国内生产总值平减指数可按下式计算：

$$GDP\,平减指数 = \frac{名义\,GDP}{实际\,GDP} \times 100 \tag{7.8}$$

一般说，上述三种指数都能反映出基本相同的通货膨胀率变动趋势，所以可以用其中的任何一种来测度总物价水平上升的幅度或通货膨胀率，但由于各种指数所包括的范围不同，所以，其数值并不相同。在这三种指数中，消费者价格指数与人民生活水平关系最密切，因此，一般都用消费者价格指数来衡量通货膨胀。

我国的CPI、PPI是如何统计出来的？可以通过国家统计局网站观看视频资料。
CPI：http：//www.stats.gov.cn/tjzs/spdb/tjxcycb/201010/t20101025_57075.html
PPI：http：//www.stats.gov.cn/tjzs/spdb/tjxcycb/201109/t20110919_57090.html

三、通货膨胀的类型

根据不同标准，经济学家将通货膨胀划分为不同类型。

（一）按照通货膨胀的程度或者说价格上升的速度进行分类

1. 温和的通货膨胀

温和的通货膨胀又称低通货膨胀，是指每年物价上升的比例在10%以内。或者说年通货膨胀率为个位数的通胀。温和的通货膨胀的特点是价格上涨缓慢。此时物价相对比较稳定，人们对货币比较信任，愿意在手中持有货币，因为这些货币的购买力在一个月或一年当中不会有很大变化。人们也愿意签订以货币形式表示的长期合同,因为他们有把握肯定自己买卖的商品价格不会超出现行价格水平太多。目前,许多国家都存在着这种温和的通货膨胀,甚至有人还认为这种缓慢而逐步上升的价格对经济和收入的增长有积极的刺激作用,因为它使得总需求适当地超过总供给,企业生产出来的产品能以较高的价格较快地销售出去,从而较为稳定地扩大生产。

2. 奔腾的通货膨胀

奔腾的通货膨胀又称急剧的通货膨胀,是指年通货膨胀率在10%~100%的通货膨胀。发生奔腾的通货膨胀时,货币流通速度提高,货币购买力以较快速度下降,由于价格上涨率高,一般公众预期价格还会进一步上升,因而会采取各种措施来保障自己的财富免受通货膨胀损害,如尽量少持有货币、抢购日用品、购买黄金等,这往往使通货膨胀进一步加剧。

3. 超级通货膨胀

超级通货膨胀又称恶性通货膨胀,是指年通货膨胀率在100%以上的通货膨胀。发生这种通货膨胀时,价格持续猛涨,人们都尽快的使货币脱手,从而大大加快了货币流通速度。其结果是,人们对货币完全失去信任,有时甚至会部分地出现物物交易,各种正常的经济联系遭到破坏,以致使货币体系和价格体系最后完全崩溃。在严重的情况下,还会出现社会动乱。

20世纪80年代和90年代,一些拉丁美洲的国家就出现过恶性通货膨胀。俄罗斯在1992年放开物价后的5年内,物价上升了1 000倍。表7-3显示的是一些国家的高通胀情况。

表7-3 一些国家的高通胀情况(每年%)

国家	1985年	1986年	1987年	1988年	1989年	1990年	1991年
阿根廷	672	90	131	343	3 080	2 314	172
玻利维亚	11 750	276	15	16	15	17	21
巴西	58	86	132	682	1 287	2 938	441
以色列	305	48	20	16	20	17	19
墨西哥	58	86	132	114	20	27	23
尼加拉瓜	220	681	911	10 205	23 710	13 491	1 183
秘鲁	163	78	86	825	3 399	7 482	410

【专栏7-2】1923年德国爆发恶性通货膨胀:女子用马克当柴烧

一战结束后,西方国家普通陷入了经济衰退。整个欧洲在1920—1921年间,制造业就下降了9.5%。英国失业率高达11%,美国的失业率则达11.5%。每个国家,都承受着社会大变动的剧烈震撼。相较之下,最引人注目的是发生在德国的恶性通货膨胀。1919年1月到1923年12月,德国的物价指数由262上升为126 160 000 000 000,上升了4 815亿倍,被称为"最经典的通货膨胀"。

当时,德国在战争中丧失了10%的人口和将近1/7的土地,换来的是每年1 320亿金马克的赔款,相当于1921年德国商品出口总值的1/4。德国拿不出这笔钱,法国就联合比利时、波兰，毫不客气地进入了德国经济命脉鲁尔工业区，史称"鲁尔危机"。德国政府走投无路，断然采取了千古不变的饮鸩止渴的老办法：大量增发纸币。

真正的灾难由此开始。随着印刷机的全速开动，1921年1月31日，世界金融史上前所未有的恶性通货膨胀，如同张开翅膀的死神，扑向了已经奄奄一息的德国经济。那么，这次通货膨胀严重到了什么程度？可以这样打一个比喻：如果一个人在1922年初持有3亿马克债券，仅仅两年后，这些债券的票面价值就买不到一片口香糖了。据说，有两位教授曾将德国的通货膨胀数字绘成书本大小的直观柱状图，可是限于纸张大小，未能给出1923年的数据柱，结果不得不在脚注中加以说明："如果将该年度的数据画出，其长度将达到200万英里。"

而对所有的企业主来说，薪水必须按天发放。不然，到了月末，本来可以买面包的钱只能买到面包渣了。发工资前，大家通常都要活动一下腿脚，准备好起跑姿势，钱一到手，立刻拿出百米冲刺的速度，冲向市场与杂货店。那些腿脚稍微慢了几步的，往往就难以买到足够的生活必需品，而且会支付更高的价格。

农产品和工业品生产都在急剧萎缩，市面上商品奇缺，唯一不缺的就是钱。孩子们把马克当成积木，在街上大捆大捆地用它们堆房子玩耍。1923年，《每日快报》上刊登过一则轶事：一对老夫妇金婚之禧，市政府发来贺信，通知他们将按照普鲁士风俗得到一笔礼金。第二天，市长带着一众随从隆重而来，庄严地以国家名义赠给他们1 000 000 000 000马克——相当于0.24美元或者半个便士。更有甚者，就连钞票也先是改成单色油墨印刷，继而又改成单面印刷——因为来不及晾干。而最经典的一幕，莫过于一名女子用马克代替木柴，投入火炉中烧火取暖，因为这样更划算一些。

到了这个地步，德国人的日常生活可想而知。无数百姓陷入赤贫，整个德国处在深深的绝望之中……

资料来源：凤凰网历史《1923年德国爆发恶性通货膨胀：女子用马克当柴烧》2012-4-28。

（二）按照通货膨胀的表现形式分类

1. 显性通货膨胀

又称公开的通货通胀，是指通货膨胀通过价格水平的公开上涨表现出来。在正常的市场经济条件下，通货膨胀一般是显性的。

2. 隐性通货膨胀

隐性通货膨胀是指虽然商品供不应求，但并不表现为价格水平的上涨，而是以较为隐蔽的方式表现出来。如有价无货、凭票供应等。隐性通货膨胀一般是由于政府的强制性的价格管制造成的，通常存在于计划经济国家、战争时期和严重的自然灾害时期。

（三）按照人们的预期程度分类

1. 未预期到的通货膨胀

未预期到的通货膨胀是指价格水平的上升幅度超出人们的预料，或者人们根本没有想到价格会上涨。例如，突然发生国际冲突或国内政治事件，导致一国国内大量抢购消费品而引起价格水平的普遍上升，或者在长时期内价格不变的情况下突然出现的价格上涨。

2. 预期到的通货膨胀

预期到的通货膨胀是指通货膨胀完全在人们的意料之中，从而可以采取某些措施来抵消通货膨胀的影响。例如，当某一国家的物价水平年复一年地按4%的速度上升时，人们便会预计到，物价水平将会按同一比例继续上升。既然物价按4%的比例增长成为意料之中的事，则该国居民在日常生活中进行经济核算时会把物价上升的比例考虑在内。例如，劳动者要求涨工资时，涨幅不能低于4%，否则会导致实际工资的下降。预料之中的通货膨胀具有自我维持的惯性特点，因此，预期到的通货膨胀有时又被称为惯性的通货膨胀。

四、通货膨胀的原因

同许多经济现象一样，通货膨胀的原因是复杂多样的，经济学家对通货膨胀的原因提出了多种解释，归纳起来有三个方面：第一个方面是作为货币数量论的解释，这种解释强调货币在通货膨胀过程中的重要性；第二个方面是用总需求与总供给来解释，包括从需求角度和供给角度的解释；第三个方面是从经济结构因素变动的角度来说明通货膨胀的原因。下面依次加以说明。

(一) 作为货币现象的通货膨胀

货币数量论的观点是：每一次通货膨胀背后都有货币供给的迅速增长。这一理论的出发点是如下所示的交易方程：

$$MV = PY \tag{7.9}$$

式中，M 为货币供给量；V 为货币流通速度（名义收入与货币量之比，即一定时期平均一元钱用于购买最终产品与劳务的次数）；P 为价格水平；Y 为实际收入水平。

短期内 V 是一个比较稳定的因素，因为它取决于银行及信用机构的组织结构、效率、工业集中程度以及人们的货币支出习惯等因素，这些因素在短期内不可能有大的变化。Y 也被认为是比较稳定的，因为它取决于既定的经济资源的总量。也就是说 V 和 Y 可以视为常数，那么 $\frac{V}{Y}$ 也是常数。由式 (7.9) 可得：

$$P = \frac{MV}{Y} \tag{7.10}$$

所以，价格水平 P 就取决于货币供给量 M，M 的变化必将引起 P 的同比例变化。也就是说，通货膨胀是由货币供给的数量增加引起的。

【拓展7-4】货币现象通货膨胀的进一步说明

为了更好说明通货膨胀是由货币数量的增加引起的，对式 (7.10) 取自然对数，有：

$$\ln P + \ln Y = \ln M + \ln V \tag{7.11}$$

两边取微分，并整理得：

$$\frac{dP}{P} = \frac{dM}{M} + \frac{dV}{V} - \frac{dY}{Y} \tag{7.12}$$

若记 $\pi = \frac{dP}{P}$，$\hat{m} = \frac{dM}{M}$，$\hat{v} = \frac{dV}{V}$，$\hat{y} = \frac{dY}{Y}$，则有：

$$\pi = \hat{m} - \hat{y} + \hat{v} \tag{7.13}$$

式中，π 为通货膨胀率，$\hat{m}$ 为货币增长率，$\hat{v}$ 为货币流通速度变化率，$\hat{y}$ 为产量增长率。根据式 (7.13)，通货膨胀率主要取决于三个方面，即货币流通速度、货币增长和产量增长。进一步，假设货币流通速度不变，则有：

$$\pi = \hat{m} - \hat{y} \tag{7.14}$$

上式表明，通货膨胀等于货币增长减去产量的增长率。另一方面，在长期内，实际产量的增长率是固定不变的。因此，上式意味着，在长期内，货币供给增长率的变化一对一地导致通货膨胀率的变化。

举例，如果货币供给按每年8%的速度增长，且实际产量按每年5%的速度增长，则该经济每年的通货膨胀率将是3%。

（二）需求拉动的通货膨胀

需求拉动的通货膨胀，也称超额需求通货膨胀。是指总需求超过总供给所引起的通货膨胀。无论是消费、投资还是政府支出的增加，都有可能使总需求出现过度的增长。总需求的过度增长往往伴随着货币数量的增长，因而总是表现为"过多的货币追逐过少的商品"。用图7-2来说明需求拉动的通货膨胀。

图7-2中，横轴代Y表示总产量（国民收入），纵轴P表示一般价格水平，AD为总需求曲线，AS为总供给曲线。总供给曲线AS起初呈水平状，这表示，当总产量较低时，总需求的增加不会引起价格水平的上涨。在图7-2中，产量从零增加到Y_1，价格水平始终稳定。总需求曲线AD_1与总供给曲线AS的交点E_1决定的价格水平为P_1，总产量水平为Y_1。当总产量达到Y_1以后，继续增加总需求就会遇到生产过程中所谓的瓶颈现象，即由于劳力、原料、生产设备等的不足而使成本提高，从而引起价格水平上涨。图7-2中总需求曲线AD继续提高（右

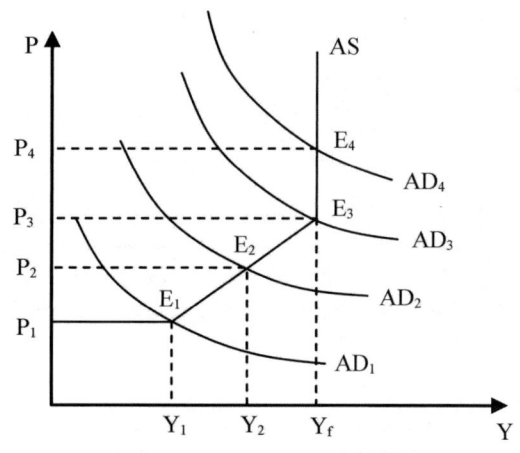

图7-2 需求拉动的通货膨胀

移）时，总供给曲线AS便开始逐渐向右上方倾斜，价格水平逐渐上涨，总需求曲线AD_2与总供给曲线AS的交点E_2决定的价格水平为P_2，总产量水平为Y_2，此时需求增加引起产量增加和物价上涨同时发生。在达到充分就业的产量Y_f时，整个社会的经济资源全部得到利用。在达到充分就业的产量Y_f以后，如果总需求继续增加，总供给就不再增加，因而总供给曲线AS呈垂直状，这时总需求的增加只会引起价格水平的上涨。图中总需求曲线从AD_3提高到AD_4时，总产量并没有增加，仍然为Y_f，但是，价格水平已经从P_3上涨到P_4。这就是需求拉动型通货膨胀。

西方经济学家认为，不论总需求的过度增长是来自消费需求、投资需求，或是来自政府需求、国外需求，都会导致需求拉动型通货膨胀。需求方面的原因或冲击主要包括财政政策、货币政策、消费习惯的突然改变、国际市场的需求变动等。

（三）供给推动的通货膨胀

供给推动的通货膨胀理论是在20世纪50年代末期兴起并传播开来的一种"新通货膨胀论"。当时西方主要发达国家普遍出现了通货膨胀与生产资源闲置、经济增长缓慢并存

的"滞胀"现象。凯恩斯学派的过度需求论无法解释这种现象，一些经济学家转而从总供给方面去寻找通货膨胀产生的原因。

供给推动的通货膨胀，包含两种类型：一是利润推动的通货膨胀，二是成本推动的通货膨胀。前者是由于企业追求更高的利润而引起的物价提高，后者是指在没有超额需求的情况下，由于供给方面成本的提高而引起的一般物价水平持续上涨的现象。西方经济学更多研究的是后者，所以又常常被供给推动的通货膨胀称为成本推动的通货膨胀。例如1973年的石油价格上涨，导致了美国1973—1975年的成本推动型的通货膨胀。

强大的工会有时会导致工资的过快增长。如1982年，美国的失业率几乎达到10%的时候，工资却上升了5%。工资的增长引起企业生产成本的增加，从而导致价格水平的上升和成本推动的通货膨胀。这种情况可以用图7-3来说明。

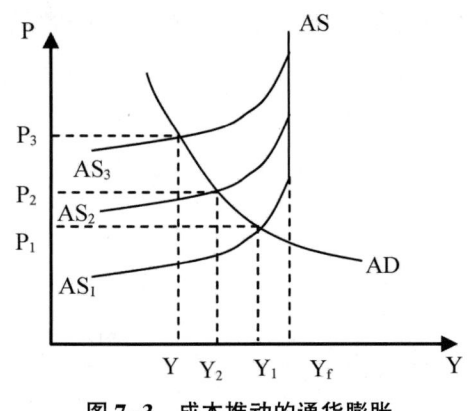

图7-3 成本推动的通货膨胀

图7-3中，总需求是既定的，不发生变动，变动只出现在供给方面。当总供给曲线为AS_1时，其与总需求曲线AD的交点为E_1，E_1点决定的总产量为Y_1，价格水平为P_1。当总供给曲线由于成本提高而移动到AS_2时，其与AD曲线的交点是E_2，决定的总产量为Y_2，价格水平为P_2。此时，总产量比以前下降，而价格水平比以前上涨。当总供给曲线由于成本进一步提高而移动到AS_3时，其与AD曲线的交点E_3决定的总产量为Y_3，价格总水平为P_3。这时，总产量进一步下降，而价格水平进一步上涨。

很多经济学家由此进一步认为，需求拉动的通货膨胀与成本推动的通货膨胀常常难以截然分开，它们是相互促进、相互推动的。这种互相推动的通货膨胀被称为混合通货膨胀。

（四）结构性通货膨胀

结构性通货膨胀是指由于社会经济结构的特点所引起的通货膨胀。社会经济结构的特点是，一些部门生产率提高的速度快，一些部门生产率提高的速度慢；一些行业正在迅速地发展，另一些行业正逐渐衰落；一些部门收益和利润增长快，另一些部门收益和利润增长慢；等等。但是，那些生产率提高速度慢的部门，那些收益和利润增长慢的部门，那些正在衰落的行业和部门往往在工资水平和产品价格上要求向别的部门或行业看齐，进行攀比。这种缺乏相应生产成果基础的价格与工资的上涨在越来越多的部门、行业中蔓延开来，就形成结构性通货膨胀。结构性通货膨胀最易产生于经济结构转型中的发展中国家。

下面用生产率提高快慢不同的两个部门说明结构性通货膨胀。假定A、B分别为生产率提高快慢不同的两个部门，两者的产量相等。部门A的生产增长率$\left(\dfrac{\Delta Y}{Y}\right)_A$为3.5%，工资增长率$\left(\dfrac{\Delta W}{W}\right)_A$也为3.5%。这时，全社会的一般价格水平不会因部门A工资的提高而上涨。但是，当部门 B 的生产增长率 $\left(\dfrac{\Delta Y}{Y}\right)_B$ 为 0.5%，而工资增长率 $\left(\dfrac{\Delta W}{W}\right)_B$ 因向部门 A 看齐也达到 3.5% 时，这就使全社会的工资增长率超过生产增长率。

全社会的工资增长率为：

$$\frac{\Delta W}{W} = \left[\left(\frac{\Delta W}{W}\right)_A + \left(\frac{\Delta W}{W}\right)_B\right] \div 2 = 3.5\%$$

全社会的生产增长率为：

$$\frac{\Delta Y}{Y} = \left[\left(\frac{\Delta Y}{Y}\right)_A + \left(\frac{\Delta Y}{Y}\right)_B\right] \div 2 = (3.5\% + 0.5\%) \div 2 = 2\%$$

这样，全社会的工资增长率超过生产增长率 1.5%，工资增长率超过生产增长率的百分比就是价格上涨率或通货膨胀率。

(五) 通货膨胀螺旋

需求拉动的通货膨胀和成本推动的通货膨胀的分析说明，对经济的冲击通过移动总需求曲线和总供给曲线导致价格水平上升。这种价格水平的上升，可能是短期的、一次性的，通货膨胀也可能会出现价格水平的持续性的上升。这是因为，工资提高与价格上涨之间存在着互相推动的关系，因为工资提高会导致产品单位成本的上升，企业为维持盈利水平，势必会提高产品价格，这便是由工资提高所引发的物价上涨，物价上涨后，工会又会进一步要求提高工资，从而再度引起价格上涨。这被称为工资——价格螺旋，或者叫通货膨胀螺旋、通货膨胀惯性。

通货膨胀螺旋发生的原因是，在经济运行中发生物价水平上升时，大多数人可能认为这种价格上升还会继续，一旦出现对通货膨胀的这种预期，它往往就会成为经济运行的现实。由于通货膨胀预期的存在，劳资双方谈判时，为了保证实际工资不会下降，签订的工资合同中往往就包含了物价可能上涨的因素。银行发放贷款时也会考虑货币可能贬值的因素，而使利率定的高出一定的幅度。这意味着，在以货币计量的一些名义变量（如工资、利息、租金）的提高与价格水平上涨之间存在着因果关系。以工资为例，工资提高引起成本上升和价格上涨，价格上涨又引起工资进一步提高，于是，工资提高和价格上涨形成了螺旋式的上升运动。

事实上，无论通货膨胀的初始原因是什么，只要通货膨胀开始，需求拉动和成本推动的过程几乎都发挥着作用，当通货膨胀达到一定程度时，即使导致通货膨胀的初始原因消失，通货膨胀也可能持续进行下去。

【专栏 7-3】猪肉价格的上涨

2007 年 5 月开始，国内市场的猪肉价格突然出现了持续性的上涨。到 5 月下旬，全国 36 个大中城市白条猪肉每千克平均批发价达到 16.53 元，较 5 月 11 日上涨了 16%。国家商务部和各地政府立即采取相关措施。到 6 月份，各地猪肉价格开始回落并趋于平稳，但这样的状况仅仅维持了不到一个月的时间。6 月底 7 月初，各地的猪肉价格再次开始上涨。7 月 4 日，36 个大中城市猪肉每千克平均批发价上升到 17.83 元，到了 7 月 11 日这一价格又再次上升到 18.57 元。猪肉价格到 7 月份升至历史高位，精瘦肉的全国平均零售价格达到了 23 元 1 千克。在以后的 3 个月中，生猪价格一直频繁波动，但始终处于高价运行。进入11月，各地生猪价格再次出现了全国性的上涨。

猪肉价格的上涨产生了一些连锁反应，一些白酒甚至方便面等食品也一度纷纷涨价。

商务部有关负责人表示，猪肉价格上涨的原因，一是上一年的上半年受疫病和市场供需变化等因素影响，猪肉价格持续下跌，一些养殖户为减轻损失，缩减养殖规模，而6月后，虽然猪肉价格逐步回升，但养殖户的补栏进度比较缓慢，导致了生猪存栏水平较低，市场供应少。二是在2007年，玉米等主要饲料价格上涨，养猪成本增加。当时还有人认为重要原因之一是进城民工增加，进而民工的食肉总量增加所致。

思考：
1. 猪肉价格的上涨对社会总体物价水平的影响如何？
2. 仅从该案例看，你认为猪肉价格的上涨是结构性的还是总体上的？
3. 该案例对于我们全面认识通货膨胀还有何启示性意义？

五、通货膨胀的影响

（一）通货膨胀的再分配效应

通货膨胀的再分配效应是指通货膨胀对收入和财富所起的重新分配的作用。一般地讲，通货膨胀对财富和收入的再分配效应表现在以下几个方面。

1. 在债务人与债权人之间，通货膨胀将有利于债务人而不利于债权人

这是因为，债务契约根据签约时的通货膨胀率来确定名义利息率。当发生了未预期到的通货膨胀之后，债务契约无法更改，从而就使实际利息率下降，债务人受益，而债权人受损。例如，甲借给乙1 000元，借款合同中规定还款期限为一年，借款利率为8%，若不发生通货膨胀，一年以后乙应向甲偿还1 080元，甲获得80元实际利息收入。但是如果这一年内通货膨胀率为10%，则借款人的实际利率为负数，甲虽然得到1 080元货币本息，但是其购买力只相当于一年前借出时的1 080/(1+10%)=982元。可见，在发生通货膨胀时，靠固定利率贷款的人由于还款时的实际金额下降而受损，而靠固定利率借款的人由于通货膨胀使借款的代价降低而受益。

2. 在雇主与工人之间，通货膨胀将有利于雇主而不利于工人

因为，在不可预期的通货膨胀之下，工资不能迅速地根据通货膨胀率来调整，从而就在名义工资不变或略有增长的情况下使实际工资下降。实际工资的下降就会使利润增加，而利润的增加是有利于刺激投资的，因此，通货膨胀有利于雇主而不利于工人。

3. 在政府与公众之间，通货膨胀将有利于政府而不利于公众

因为在不可预期的通货膨胀之下，名义工资总会有所增加。而所得税是根据名义收入来征收的，而且个人所得税往往实行累进税率制，所得税的增长会快于收入上升的速度。通货膨胀的最终影响是，个人收入占国民收入的比例下降，政府收入占国民收入的比例有所上升，这实际上是有利于政府不利于公众。

4. 在"固定索取权资产"和"变动价格资产"之间，前者比后者受通胀影响更大

一个经济单位的财富或资产可以分为"固定索取权资产"和"变动价格资产"。前者是指储蓄、银行存款和购买的各种债券等，其票面价值是固定的，实际价值随着物价的上涨而下降；后者是指房屋、土地、黄金等，其价格随着物价的上升而提高，实际价值随着

物价的上涨而上升。在通货膨胀中，资产中"固定索取权资产"占比重大的经济单位所遭受的损失较大，而此项比重小的经济单位所遭受的损失较小；相反，资产中"变动价格资产"所占比重小的经济单位所遭受的损失较大，而此项比重大的经济单位所遭受的损失较小。

【专栏 7-4】每一个通货膨胀都是一个劫富济贫的过程

2010 年 9 月，中国 CPI 同比上涨 3.6%，涨幅创 23 个月新高。通胀让政府和政府扶持的行业先受益。此轮通货膨胀的重要原因是，金融危机爆发后，引发中国通货紧缩的忧虑，于是政府 4 万亿扩大内需，而这 4 万亿并不是平均分配给每个人，而是投入到政府所扶持的行业，不同商品和服务的价格会陆续上涨，且上涨幅度大不相同。

超发货币会导致通货膨胀，但短期内会拉动经济增长。不论在哪个国家，按照增发货币的模式，新增货币首先会流入政府部门，在中国尤其会流入政府照顾的各个行业和企业，大量货币也会以政府投资的方式花出去。而越先得到超量货币者，越早从通货膨胀中受益；反之，越晚被通胀波及的行业，受损失越大。假如，超量货币最早进入房地产行业，房价率先大幅上涨，此时其他物价尚未被通胀波及，那房地产行业的开发者、和早期进入的购房者，可以坐待通货膨胀的蔓延，收割通胀成果。

讨论：通胀对富人和穷人带来的经济影响有哪些？谁受到的影响更大？

（二）通货膨胀的产出效应

通货膨胀的产出效应是指通货膨胀对实际国民产出和就业的影响。

一般说，在短期内，由于意料之外的需求拉上的通货膨胀会使产品价格的上涨快于货币工资率的上涨，实际工资率会有所降低，从而促使企业增雇工人、扩大产量以谋取利润，使国民产出和就业增加。但工人们不会长期容忍货币工资率滞后于产品价格上涨的情况。一旦工人工资与物价变动的"时差"消失后，企业就会停止扩大生产，通货膨胀促使就业和产出增加的效果就会消失，因此，通货膨胀对就业和国民产出的影响只能是暂时的。并且工人们会对通货膨胀进行预测，采取措施防止工资增长滞后于价格上涨的情况。如果通货膨胀是人们预料之中的，就不会对就业和国民产出水平产生直接的、实质性的影响。

供给方面的冲击引起的通货膨胀与需求拉上的通货膨胀对就业和国民产出水平的影响不同。供给冲击引起的通货膨胀不会增加产出和就业，反而会引起产出和就业水平的下降。美国 20 世纪 70 年代的经济实践给这种观点提供了依据。1973 年石油输出国组织（OPEC）限制石油产量导致国际市场石油价格翻了两番，成本推动的通货膨胀在西方国家全面爆发，其结果是物价水平迅速上升的同时，美国的失业率从 1973 年的不到 5% 上升到了 1975 年的 8% 以上。不过这种影响也是暂时的。

最后应该指出，温和的通货膨胀与剧烈的、奔腾的通货膨胀对经济的影响是不同的。一般说，较慢的通货膨胀对经济的影响要小，不会给社会经济总体带来严重的危害。而较快的通货膨胀对经济的影响要大，从而很可能造成整个社会经济的不稳定，具有较大的危害性。

【专栏 7-5】委内瑞拉的通货膨胀

目前，委内瑞拉正经历严重的通货膨胀。2018 年 7 月的通货膨胀率为 83 000%，国际货币基金组织（International Monetary Fund，IMF）预测，年底通货膨胀率可能超过1 000 000%。与之伴随的是物价的不断攀升，该国物价平均26天就会翻倍。超级通货膨胀让经济体系出现停滞：吓跑了国外投资者、让本国的企业没有信心、摧毁了存款和家庭收入的购买价值，因此也破坏了长期的经济增长。据IMF预测，2018年该国经济增长率为-18%。

委内瑞拉是如何沦为这种境地的？

委内瑞拉经济对石油依赖程度非常高。委内瑞拉已探明石油储量在全球高居第一位。在国际贸易中，委内瑞拉的石油出口量占到该国出口总量的90%以上。当2014年国际原油价格开始下跌的时候，石油出口带来的收入大大下降，这给委内瑞拉经济带来了新的挑战。

尼古拉斯—马杜罗（Nicolas Maduro）在2013年接替了查韦斯成为委内瑞拉的总统。马杜罗政府一直让该国的货币处于被高估的状态，并收紧了兑美元的渠道，这意味着委内瑞拉人想要用玻利瓦尔兑换美元是非常困难的。玻利瓦尔是委内瑞拉的货币。玻利瓦尔在国内的供给数量越来越多，但是进口的商品数量却越来越少，这就导致委内瑞拉国内的物价大幅上涨，目前委内瑞拉国内的通货膨胀率已经升至创纪录的水平。

委内瑞拉国内的经济问题大部分是因为马杜罗采取的独裁政策导致的。马杜罗政府选择印制更多的钱，而不是削减开支。马杜罗的政策在许多选民看来在过去都是非正常的一种措施。所以说马杜罗政府的经济政策导向进一步加剧了委内瑞拉的通货膨胀率。

委内瑞拉经济出现危机除了是因为国际原油价格和国内政府经济政策失当外，还有来自国际方面的制裁。美国方面禁止购买委内瑞拉政府和委内瑞拉国有石油公司新发行的国债。美国之所以要制裁委内瑞拉，最主要的原因是美国认为委内瑞拉政府是一个专制政府。

由于国内经济出现了巨大的困难，委内瑞拉政府无法按时偿还国际投资者的债务。无法偿还债务，不仅导致委内瑞拉的国债量上升，还进一步恶化了委内瑞拉融资贷款的外来渠道。委内瑞拉政府在国际上也丧失了信誉，这无疑降低了委内瑞拉获得更多贷款的机会。

为了对抗国内的超级通货膨胀，马杜罗政府打算把该国货币的0减少5个，即使如此，委内瑞拉面额最大的货币到8月底预计也仅相当于6美元，预计到2018年年底，只相当于20美分。最终的结果是，委内瑞拉国内的民众纷纷逃离委内瑞拉。

根据联合国（United Nations）今年5月公布的数据，自2014年以来已经有150多万委内瑞拉人逃出了委内瑞拉。

联合国发布的报告还称，每天都有成千上万的委内瑞拉人逃到附近的邻国，预计在整个2018年这个趋势将会持续下去。

大量的委内瑞拉人出逃委内瑞拉给委内瑞拉带来了更多的经济问题。这使委内瑞拉不仅会受到人才流失带来的伤害，还会导致委内瑞拉国内缺乏劳动力。

思考：

(1) 委内瑞拉通货膨胀的类型。

(2) 委内瑞拉通货膨胀产生的原因及影响。

第三节 菲利普斯曲线

失业与通货膨胀是短期宏观经济运行中的两个重要问题。最理想的经济决策目标是低通货膨胀和低失业,但是这两个目标之间往往是相互冲突的。美国20世纪70年代以前长期的经济数据显示,在通货膨胀严重的年份,失业率一般较低;失业较严重的年份,往往通货膨胀率较低。

总需求—总供给模型显示,当决策者用货币政策或者财政政策扩大总需求,试图促进经济增长、减少失业时,将使经济沿着短期供给曲线向右上方移动到更高产出和更高价格水平的状态,也就是说,高产出意味着低失业和高通货膨胀。相反,当决策者通过紧缩总需求来抑制通货膨胀时,经济均衡状态将沿着短期总供给曲线向左下方移动到低产出、低物价水平,即通货膨胀受到抑制的同时,导致产出下降和失业增加。

失业和通货膨胀之间是否存在必然关系、存在怎样的关系?宏观经济学中,菲利普斯曲线是对该问题的一种理论说明。

一、菲利普斯曲线的提出

(一)菲利普斯曲线

菲利普斯曲线是表示货币工资变动率或通货膨胀率与失业率之间相互关系的曲线。

菲利普斯曲线最初是由在英国任教的新西兰籍经济学家菲利普斯提出的。1958年,菲利普斯研究了1861—1957年英国失业率和货币工资增长率之间的关系,提出了一条用以表示失业率和货币工资增长率之间替换关系的曲线,在以横轴表示失业率,纵轴表示货币工资增长率的坐标系中,画出了一条向右下方倾斜的曲线,这就是最初的菲利普斯曲线。该曲线表明:当失业率较低时,货币工资增长率较高;当失业率较高时,货币工资增长率较低,甚至为负数。

以萨缪尔森为代表的新古典综合派随后把菲利普斯曲线改造为失业和通货膨胀之间的关系。改造的出发点在于货币工资增长率、劳动生产率增长率和通货膨胀率之间的关系:

通货膨胀率=货币工资增长率-劳动生产率增长率

(7.15)

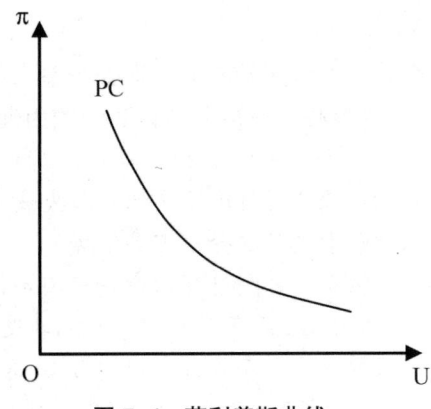

图7-4 菲利普斯曲线

根据这一关系,如果劳动生产率增长率为零,那么通货膨胀率完全等于货币工资增长率。因此,可以用通货膨胀率代替货币工资增长率。改造后的菲利普斯曲线就表示了失业率与通货膨胀率之间的替代关系,即失业率高,则通货膨胀率低;失业率低,则通货膨胀率高。菲利普斯曲线如图7-4所示。

图中,横轴代表失业率U,纵轴代表通货膨胀率π,向右下方倾斜的PC曲线即为菲利普斯曲线。

菲利普斯曲线可以用简单形式的方程式表示如下：

$$\pi = -\theta(U - U^*) \tag{7.16}$$

式中，U^* 代表自然失业率，参数 θ 表示通货膨胀对周期性失业的反应程度。菲利普斯曲线方程描述的是，当经济周期中失业率超过自然失业率时，即 $U>U^*$，价格水平就下降；当经济周期中失业率低于自然失业率时，价格水平就会上升。

(二) 菲利普斯曲线的政策含义

早期的经验数据表明，通货膨胀率与失业率之间的确存在着替代关系，因此，菲利普斯曲线提出以后，曾在西方经济学界受到普遍的赞赏。人们认为，它为政府制定经济政策提供了一个方便的工具。政策制定者可以选择不同的失业率和通货膨胀率的组合，例如，只要他们能够容忍高通货膨胀，就可以拥有低失业率，或者也可以用高失业来维持低通货膨胀率。

具体而言，首先要确定社会可接受或可容忍的最大失业率和通货膨胀率，将其作为"临界点"，由此确定一个失业与通货膨胀的组合区域。如果实际的失业率和通货膨胀率组合在组合区域内，则社会决策者不用采取调节行动，如果在区域外，则可根据菲利普斯曲线所表示的关系进行调节。下面用图7-5来进行说明。

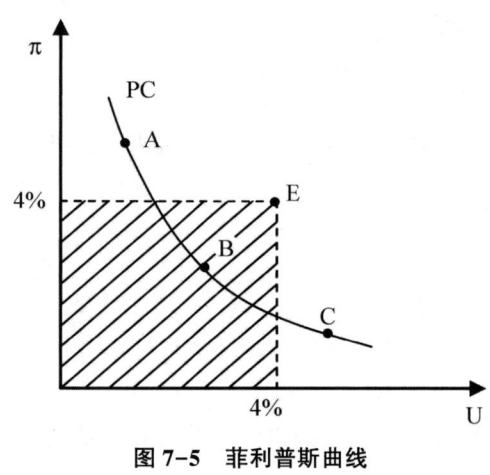

图 7-5 菲利普斯曲线

图中，假设认定失业率和通货膨胀率不高于4%是可以容忍的，则4%就是"临界点"即 E 点，由此形成一个四边形的区域，称其为安全区域，如图中的阴影部分所示。如果失业率和通货膨胀率组合落在安全区域内，如 B 点，政府就不必采取措施加以干预；失业率和通货膨胀率组合落在安全区域外时，如 A 点，政府就必须采取措施加以干预。根据通货膨胀率与失业率之间相互替代的关系，此时政府可以采取措施，在不使失业率超出临界点的前提下，以提高失业率为代价换取通货膨胀率的降低。相反，如果经济处于 C 点，此时通货膨胀率低于临界点，而失业率却高于临界点，那么政府可以用较高的通货膨胀率为代价，使失业率降低到临界点以下。

【专栏 7-6】菲利普斯曲线为何失灵？

50多年前，菲利普斯曲线折射了失业与通货膨胀之间的关系——通货膨胀率高时，失业率低；通货膨胀率低时，失业率高。经济学家对此进行了大量的理论解释，并成为宏观调控者进行抉择的重要依据。

然而，菲利普斯曲线在中国却似乎失灵了。

自2012年下半年以来，尤其是三季度到四季度，GDP增速放缓的同时，物价增幅处于较低水平，而就业却保持了较高增长。数字显示，2012年9—12月，CPI数字分别为1.9%、1.7%、2.0%和2.5%，处于较低水平；同时，就业却保持了较快增长，2012年全国城镇新增就业1 266万人，城镇失业人员再就业552万人，年末城镇登记失业率为

4.1%，均超额完成年初的预定目标。"较低的物价"和"较高的就业"，这两个在经济学和经济社会中似乎不可兼得的目标正在中国成为现实。

这难道是一种中国奇迹吗？答案绝非如此简单。

菲利普斯曲线为何在中国失灵？现在理论界似乎没有定论。有经济学家说，菲利普斯曲线的假设条件在中国不存在了；也有说，菲利普斯曲线适用于一个经济周期，而中国目前正处于过渡期，所以不太适用；还有说，西方的经济学模型大多在中国水土不服，因为国情差距太多。这些似乎都有道理，而这种"失灵"是否正常？"失灵"到底带给我们什么警示？

讨论：根据所学知识分析，菲利普斯曲线在我国"失灵"的原因是什么？

二、附加预期的菲利普斯曲线

1968年，货币主义的代表人物，美国经济学家弗里德曼指出了菲利普斯曲线分析的一个缺陷，即它忽略了影响工资变动的一个重要因素，即工人对通货膨胀的预期。弗里德曼指出，企业和工人关注的不是名义工资，而是实际工资。当劳资双方谈判新工资协议时，他们都会对新协议期的通货膨胀进行预期，并根据预期的通货膨胀相应地调整名义工资水平。根据这种说法，人们预期通货膨胀率越高，名义工资增加越快。由此，弗里德曼等人提出了短期菲利普斯曲线的概念。这里的"短期"是指从预期到需要根据通货膨胀做出调整的时间间隔。短期菲利普斯曲线就是预期通货膨胀率保持不变时，通货膨胀率与失业率之间关系的曲线。考虑预期通货膨胀之后，菲利普斯曲线方程可以改为：

$$\pi - \pi^e = -\theta(U - U^*)$$

即

$$\pi = \pi^e - \theta(U - U^*) \tag{7.17}$$

式中，π^e表示预期通货膨胀率。方程（7.13）被称为现代菲利普斯曲线或附加预期的菲利普斯曲线。注意，附加预期的菲利普斯曲线有一个重要性质，这就是当实际通货膨胀率等于预期通货膨胀率时，失业处于自然失业率水平，即$\pi = \pi^e$时，$U = U^*$。这意味着，附加预期的菲利普斯曲线在预期通货膨胀水平上与自然失业率相交。附加预期的菲利普斯曲如图7-6所示。

如果失业率低于自然失业率，实际通货膨胀率就会提高，从而高于预期通货膨胀率；如果失业率高于自然失业率，则实际通货膨胀率就会降低，从而低于预期通货膨胀率。但是实际通货膨胀率高于或低于预期通货膨胀率的情况都不会长期维持下去，因为人们会根据实际通货膨胀率的变化，调整对通货膨胀的预期，从而使预期通货膨胀率也相应改变。一旦预期通货膨胀率发生了变化，菲利普斯曲线本身就会发生移动，如图7-6所示。

应该指出，附加预期的菲利普斯曲线表明，在预期的通货膨胀率低于实际的通货膨胀率的短期中，失业率与通货膨胀率之间仍存在替代关系。由此，向右下方倾斜的短期菲利普斯曲线的政策含义就是，在短期引起通货膨胀率上升的扩张性财政政策与货币政策是可以起到减少失业的作用的。也就是，调节总需求的宏观经济政策在短期是有效的。

三、长期菲利普斯曲线

西方一些学者认为，在长期中，工人将根据实际发生的情况不断调整预期，工人预期的通货膨胀率迟早会同实际通货膨胀率趋于一致，这时工人就会要求增加工资以保持实际工资不至于下降，从而使得较高的通货膨胀率长期中不会起到减少失业的作用。长期菲利普斯曲线是一条垂直线，而且，在长期中，经济社会能够实现充分就业，经济社会的失业率将处在自然失业率的水平。下面用图7-7说明长期菲利普斯曲线的形成过程。

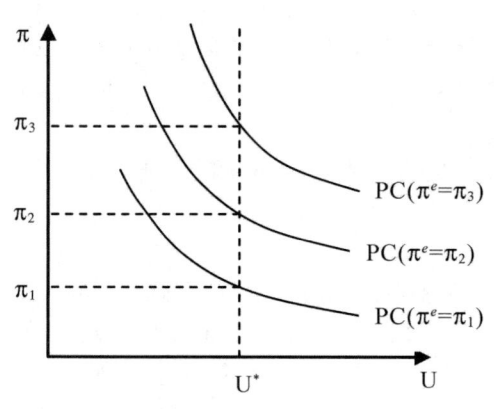
图7-6　附加预期的菲利普斯曲线

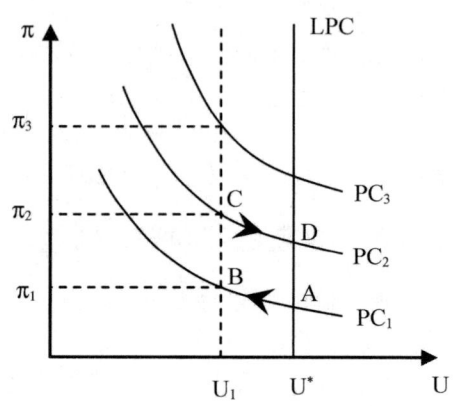
图7-7　长期菲利普斯曲线

假设失业率最初处于自然失业率 U^* 水平上，没有意料之外的冲击，经济处于菲利普斯曲线 PC_1 上的 A 点。如果此时发生了某种冲击，使失业率降低到了低于自然失业率的 U_1，则经济会沿菲利普斯曲线 PC_1 向左上方移动，从点 A 移动至 B 点。此时，通货膨胀率相应提高到点 B 所对应的水平。当人们发现实际通货膨胀率已经上升时，他们对通货膨胀的预期也会随之提高，并按照新的预期通货膨胀率调整工资协议和各种契约。由于预期通货膨胀率已经提高，因此，在每一失业水平上都会有较高的通货膨胀率，从而菲利普斯曲线发生了向上的移动，如图7-7所示，从 PC_1 上移至 PC_2。此时，与 U_1 相对应的通货膨胀率也由 B 点对应的水平上升到 C 点的水平。只要失业率继续处于低于自然失业率的水平，菲利普斯曲线就会不断地向上移动，比如由 PC_2 上升至 PC_3。

然而，通货膨胀率一般不会无限制地上升，外部冲击可能会向相反方向转化，而且，持续上升的通货膨胀率迟早会达到人们不能容忍的程度，从而迫使政府和中央银行采取措施进行干预，使失业率回到自然失业率水平上来。如果在通货膨胀率达到 C 点对应的水平时进行干预，在失业率向自然失业率回升的同时，虽然通货膨胀率也会有所降低，但它仍然会高于冲击发生前的 A 点所对应的水平。此时，经济只能沿新的菲利普斯曲线 PC_2 从 C 点移动至 D 点，而不是回到 A 点。

综上所述可以看到，失业率对自然失业率的任何偏离，通货膨胀率都会发生变化。如果失业率低于自然失业率，通货膨胀率就会年复一年地上升。相反，如果失业率高于自然失业率，通货膨胀率就会下降或者说趋向于零。只有当失业率等于自然失业率时，通货膨胀率才会保持稳定，处于既不上升也不下降的状态。可见，在长期中，并不存在失业率与通货膨胀率之间的替代关系，失业率将不受通货膨胀的影响而必然地趋向于自然失业率。因此，长期菲利普斯曲线只能是位于自然失业率上的垂直线，如图7-7中LPC所示。

上述理论具有重要的政策含义：即政府只能在短期内，才能以较高的通货膨胀率为代价使失业率降至自然失业率以下。从长期看,这种政策只能使通货膨胀加速,而不能使失业率长久地保持在低于自然失业率的水平上。

【拓展 7-5】短期,通货膨胀率和失业率之间是否存在替代关系?

尽管各个学派的经济学家都承认通货膨胀率和失业率之间不存在长期的替代关系,但是他们对二者短期是否存在替代关系存在着明显的分歧。凯恩斯主义者虽然承认通货膨胀率和失业率之间不存在长期的替代关系,强调二者短期的替代关系。在他们看来,菲利普斯曲线的移动是非常慢的,这是由于凯恩斯主义对货币工资刚性的强调。即使人们认识到了通货膨胀率的上升,但是如果货币工资水平是既定的,在执行的劳动合同结束以前,人们对通货膨胀预期的变化就无法影响货币工资增长率,也就无法影响通货膨胀率。于是,政府扩张性的货币政策可以使失业率在低于自然失业率的水平上停留几年甚至更长时间。但是,如果政府采用紧缩性的货币政策来降低通货膨胀率,失业率将在高于自然失业率的水平上停留很长时间。换句话说,凯恩斯主义经济学家认为,政府运用紧缩性的货币政策来降低通货膨胀所引起的产出和就业成本是很大的。因此,他们主张使用其他手段,如收入政策来对付通货膨胀。

货币主义学派经济学家承认通货膨胀率和失业率之间短期替代关系的存在,也承认短期菲利普斯曲线的移动需要一定的时间,但是他们认为短期菲利普斯曲线的移动要比凯恩斯主义者所认为的快得多。因此,他们不主张用扩张性的货币政策来降低失业率,也不主张用收入政策来控制通货膨胀,他们强调稳定中央银行货币供给增长率的重要性。

理性预期学派的经济学家不仅否认通货膨胀率和失业率之间长期替代关系的存在,也不承认二者短期替代关系的存在。在他们看来,当货币供给的增长率发生变化时,公众会预期到这一变化。结果,只会引起价格水平和货币工资水平的变化,对就业量和产出不会发生影响;当然,如果发生政策的意外变化或者经济中出现需求或者供给冲击,就业量和产出将会发生相应的变化,但是,公众将会很快了解到这种变化,从而使通货膨胀率和失业率在短期也不会具有明显的替代关系。因此,与货币主义相同,他们也主张中央银行货币供给增长率应该保持稳定。

供给学派与理性预期学派一样,也否认通货膨胀率和失业率之间短期替代关系的存在。与理性预期学派不同的是,他们认为通货膨胀率和失业率在短期都可以降低。他们的理由是,中央银行要实行适度从紧的货币政策,从而引起人们通货膨胀预期的下降。同时,政府应该实行减税政策,促进人们工作和储蓄的积极性,增加厂商投资的积极性,结果,总供给相对于总需求会增加。在这种情况下,通货膨胀率和失业率就都可以降低。

本章术语中英文对照

Unemployment 失业
Unemployment Rate 失业率
Natural Unemployment 自然失业
Full Employment 充分就业
Natural Rate of Unemployment 自然失业率
Voluntary Unemployment 自愿失业

Involuntary Unemployment 非自愿失业
Frictional Unemployment 摩擦性失业
Structural Unemployment 结构性失业
Cyclical Unemployment 周期性失业
Inflation 通货膨胀
Inflation Rate 通货膨胀率
Price Index 价格指数
Consumer Price Index（CPI）消费者价格指数
Producer Price Index（PPI）生产者价格指数
GDP Deflator 国内生产总值平减指数
Moderate Inflation 温和的通货膨胀
Galloping Inflation 急剧的通货膨胀
Hyperinflation 恶性通货膨胀
Demand-pull Inflation 需求拉动通货膨胀
Cost-push Inflation 成本推动通货膨胀
Philips Curve 菲利普斯曲线
Supply-side Economics 供给学派

思考题

1. 你认为许多进城的农民工可以找到工作，而一些长期居住和生活在城市里的人却失业在家的原因是什么？

2. 讨论下列变化对自然失业率的影响，并分析这些变化可能产生的负面影响：

（1）劳动力市场上接近退休年龄的人员比重增加。

（2）取消工会。

（3）通过网络大量发布企业招聘信息。

（4）增加职业培训机构。

（5）失业救济金的增加。

3. 讨论预期因素在通货膨胀中的作用。

4. 为什么说对付通货膨胀不能一概采用压缩总需求的办法？

5. 具体分析降低通货膨胀的社会代价。

第八章 经济增长与经济周期理论

学习目标 通过本章的学习,要求掌握经济增长的概念、源泉与途径,了解新古典经济增长模型和内生增长理论的基本内容和结论;掌握经济周期概念、实质与原因。

知识点 经济增长的概念与源泉;哈罗德——多马模型;新古典增长模型;内生增长模型;经济增长的途径;经济周期的概念与实质;古典经济周期理论;乘数—加速数模型。

注意点 从马克思主义的角度来看待经济周期和经济增长问题,学习重点不是复杂模型的推理,而是每个模型下变量之间的关系并予以分析。

第一节 经济增长理论

一、经济增长概述

(一) 经济增长含义

经济增长通常是指在一个较长的时间跨度上,一个国家总产出或人均产出(或人均收入)水平的持续增加。经济增长这一定义有以下三个含义。

第一,经济增长就是实际国内生产总值的增加。如果考虑到人口的增加,经济增长就是人均实际国内生产总值的增加。

第二,技术进步是实现经济增长的必要条件。在影响经济增长的诸因素中,技术进步是第一位的。

第三,制度与意识形态的调整或变革是经济增长的充分条件。一方面社会制度与意识形态的变革是经济快速增长的前提。例如,私有产权的确立是经济增长的起点和基础。只有在制度与意识形态的调整基础上,技术才能极大地进步;另一方面,新的经济制度的出现,使交易费用降低时,分工将进一步细化,促进经济增长,制度模仿对于后发国家来说比技术模仿重要得多。

(二) 经济增长的源泉

对于经济增长的源泉,不同的经济学家常有不同的看法。亚当·斯密强调分工、专业化生产与国际贸易中的绝对优势;李嘉图强调了比较优势与自由贸易;马克思和恩格斯以及熊彼特强调了创新;而索洛等人强调生产要素;贝克尔和舒尔茨则强调了教育与人力资本;新经济增长理论中,罗默和卢卡斯强调内生性增长,特别是规模报酬递增在经济增长中的贡献,其实质是强调内生性技术创新;诺斯等人强调制度创新对经济增长的作用;最近,鲍默尔在新书中强调了自由市场机制是资本主义经济增长的关键。

一般来说,经济增长的源泉主要有四个:人力资本、自然资源、资本和技术。

可以根据总量生产函数来研究增长的源泉:$Y = AF(L, K, R)$。其中,Y 代表总产量,K 代表资本、L 代表劳动,A 代表技术,R 代表自然资源。由总量生产函数可以看出,经济增长的源泉是资本积累、自然条件的改良、劳动素质的提高或人力资本的积累与技术进步。

1. 人力资源

劳动力的数量与质量是决定一国经济增长的重要因素。尤其是劳动力的质量或素质,如劳动者的生产技术水平、知识水平与结构、纪律性以及健康程度,是决定一国经济增长最重要的因素。一个国家可以购买最先进的生产设备,但是这些先进的生产设备只有拥有一定技术受过良好训练劳动者才能使用,并使它们充分发挥效用。提高劳动者的知识水平与生产技能,增强他们的身体素质与纪律意识,将极大地提高劳动生产率。一般来说,在经济增长的开始阶段,人口增长率较高,这时,经济增长主要依靠劳动力数量的增加。而经济增长到了一定阶段,人口增长率下降,劳动时间缩短,这时,就要通过提高劳动力的质量或人力资本的积累来促进经济增长。

2. 自然资源

自然资源也是影响一国经济增长的重要因素。一些国家,例如加拿大和挪威,就是凭借其丰富的自然资源,在农业、渔业和林业等方面获得高产而发展起来的。但在当今世界上,自然资源的拥有量并不是取得成功的必要条件。许多几乎没有自然资源可言的国家,如日本,通过大力发展劳动密集型与资本密集型的产业而获得经济发展。

3. 资本

资本分为物质资本和人力资本。物质资本又称有形资本,是指设备、厂房、基础设施等存量。人力资本又称无形资本,是指体现在劳动者身上的投资,如劳动者的文化技术水平、纪律性与健康状况等,已经包含在人力资源之中。因此,这里的资本是指物质资本,包括厂房、机器设备、道路以及其他基础设施等。

资本积累是经济增长的基础。英国古典经济学家亚·当斯密曾把资本的增加作为国民财富增加的源泉。现代经济学家认为,只有人均资本量的增加,才有人均产量的提高。许多经济学家把资本积累占国民收入的 10%~15% 作为经济起飞的先决条件,把增加资本积累作为实现经济增长的首要任务。西方各国经济增长的事实表明,储蓄多从而资本积累多的国家,经济增长率往往是比较高的,例如德国、日本等。

4. 技术进步

技术进步在经济增长中的作用,主要体现在生产率的提高上,使得同样的生产要素投入量能提供更多的产品。随着 K、L、R 投入的增加,产出虽然也增加,但由于其 MP 递减,经济增长的速度会日益减慢。而技术水平的提高可以使一国的经济快速增长。

技术进步在经济增长中有着十分重要的作用。据估算,在 1909—1940 年间,美国 2.9% 的年增长率中,由技术进步引起的增长率为 1.49%,即技术进步在经济增长中所做出的贡献占 51% 左右。而且,随着经济的发展,技术进步的作用越来越重要。

上述分析，隐含着现存的社会政治经济制度符合经济增长的要求的假定。若不具备这一假设条件，社会政治经济制度的相应调整对促进经济增长具有十分重要的作用。一个社会只有在具备了经济增长所要求的基本制度条件，有了一套能促进经济增长的制度之后，上述影响经济增长的因素才能发挥其作用。

二、经济增长模型

经济增长就是社会物质财富不断增加的过程，是一般社会再生产动态过程的共性实质。它代表的是一国潜在的 GDP 或国民产出的增加。对于一个国家而言，经济增长是宏观经济中衡量一个国家经济状况的重要指标。无庸置疑，没有谁不希望经济增长，但是，用什么方法实现经济增长，人们却有不同的看法。一些经济学家强调投资的重要性，还有一些人则提倡提高劳工素质。

长期以来，经济学家们一直致力于研究经济增长中各种决定因素的相对重要性，从而提出了种种经济增长理论。自从萨缪尔森把经济学分为宏观经济学和微观经济学以来，经济增长理论发展迅速，各种经济增长模型应运而生，其中哈罗德—多马模型、新古典增长模型等在宏观经济学中占有突出地位。

（一）哈罗德—多马模型

1. 哈罗德模型的假设条件和基本方程

哈罗德模型的假设前提是：（1）全社会只生产一种产品；（2）储蓄 S 是国民收入 Y 的函数，即 S=sY，这里 s 代表整个社会的储蓄比例，即储蓄在国民收入中所占的份额；（3）生产过程中只用两种生产要素，即劳动 L 和资本 K；（4）劳动力按照一个不变的比率增长；（5）不存在技术进步，也不存在资本折旧的问题；（6）生产规模报酬不变，即生产一单位产品所需要的资本和劳动数量都是固定不变的。

哈罗德认为，一个社会的资本（存量）和该社会的总产量或实际国民收入之间，存在着一定的比例，这一比例称为资本—产量比，以 v 来表示。若 K 和 Y 依次代表资本和产量（或国民收入），则有

$$K = v \cdot Y \tag{8.1}$$

随着社会资本的增长，该社会的产量也增长，假设二者的产量增长量依次为 ΔK 和 ΔY。两者之比被称为边际资本—产量比。如果原有的资本产量比等于边际的资本—产量比，那么有

$$\Delta K = v \cdot \Delta Y \tag{8.2}$$

由于假设不存在折旧，资本增量 ΔK 因而全部来源于新的投资，即 $\Delta K = I$，因此公式 $\Delta K = v \cdot \Delta Y$ 可以写成

$$I = v \cdot \Delta Y \tag{8.3}$$

另一方面，从假设（2）知道到

$$S = s \cdot Y \tag{8.4}$$

按照凯恩斯的理论，只有当 I=S 时，也就是只有当投资等于储蓄时，经济活动才能达到的均衡状态。哈罗德以凯恩斯提出的这个均衡条件为基础，进一步提出，在经济增长过程中，同样只有实现了 I=S 这一条件，经济才能实现均衡增长。根据式（8.3）和式

(8.4)，可以得到：

$$v \cdot \Delta Y = s \cdot Y$$

通过变形，可以得到均衡条件下的经济增长率：

$$G = \frac{\Delta Y}{Y} = \frac{s}{v} \tag{8.5}$$

式（8.5）即为哈罗德模型的基本方程。它表明，要实现均衡的经济增长，国民收入增长率就必须等于社会储蓄倾向与资本—产量比。

2. 有保证的增长率

如果上述基本方程中的 v 是资本的实际变化量与国民收入的实际变化量的比率，那么在一定的储蓄比例下，由此而导出的国民收入增长率称为实际增长率，用 G_A 表示。于是，式（8.5）可写为

$$G_A = \frac{s}{v} \tag{8.6}$$

根据哈罗德的说法，要进行动态理论探讨，重要的是考虑企业家的预期和企业家是否合乎意愿等心理因素。如果考虑到这些因素，情况就会有所不同。若把资本—产量比理解为企业家意愿中所需要的资本—产量比，用 v_r 表示，那么基本方程即可以写为

$$G_W = \frac{s}{v_r} \tag{8.7}$$

这里的收入增长率是与企业家所需的资本—产量比 v_r 适合的收入增长率，它是企业家的合意的收入增长率，哈罗德把它称为"有保证的增长率"，用 G_W 表示。

根据式（8.6）变形，有：

$$G_A \cdot v = s \tag{8.8}$$

根据式（8.7）变形，有：

$$G_W \cdot v_r = s \tag{8.9}$$

于是得到：

$$G_A \cdot v = s = G_W \cdot v_r \tag{8.10}$$

式（8.10）表明，如果现实经济活动中出现的实际增长率 G_A 等于企业家的合意增长率，即有保证的增长率 G_W，那么实际资本—产量比 v 就必然等于企业家的合意的资本—产量比 v_r。或者说，如果国民收入按照 G_W 比率增长，那么与实际产量或者实际收入的增长相联系的实际资本增量就会等于企业家的合意的资本增量。由于在资本主义国家的积累或资本增量取决于企业家的意愿，所以只要国民收入按照 G_W 增长，就会使企业家保持"愿意进一步实现类似增长"的心理状态，从而国民收入就会年复一年地按照 G_W 增长下去。正是由于此，哈罗德才把它称为"有保证的增长率"。这里的有保证是指"由于资本家满意而得到的保证"。

3. 存在问题和稳定性问题

关于哈罗德模型的上述讨论遇到了两个不易解决的问题。第一个问题是经济沿着均衡途径增长的可能性是否存在，或者说，就具体的经济活动来说，是否存在一条均衡增长途径。这个问题又被称为"存在问题"。

由于实际增长率是许多各不相同的决策者的预期、监测和外部环境等多种因素作用的结果，因此人们没有理由期望经济活动实际上一定会长期持久地按照"有保证的增长率"增长下去。同时，还应该考虑就业水平这一因素，说明实际增长率与劳动力增长率二者之间的关系。要实现劳动力的充分就业，国民收入的增长率必须等于劳动力的增长率。简言之，按照哈罗德的说法，首先，国民收入要实现均衡增长就必须等于 G_W。其次，要实现充分就业的均衡增长，就必须满足

$$G_A = G_W = \frac{s}{v} = \frac{s}{v_r} = n = G_n \tag{8.11}$$

式中，n 为一国的人口增长率。这一等式表明了实现充分就业均衡增长的必要条件。哈罗德又把符合上述条件的增长率称为"自然增长率"，用 G_n 来表示。显然，$G_n = n$。这是社会所能达到的最大的、最适宜的增长率。如果上式所表明的条件得到满足，那么经济活动就会按照 $\frac{s}{v} = \frac{s}{v_r} = n$ 的比率增长。在现实经济活动中，$\frac{s}{v} = \frac{s}{v_r} = n$ 这一种情况毕竟是有可能出现的，因此哈罗德认为，在资本主义条件下，实现充分就业均衡增长的可能性是存在的。但另一方面，由于储蓄比比例，实际资本—产量比和劳动力增长率分别是由各不相同的若干因素独立的决定的。因此，除非偶然的巧合，这种充分就业的均衡增长是不可能出现的。

于是，哈罗德认为，虽然 $G_A = G_w = G_N$。这种理想的充分就业均衡增长的途径是存在的，但是，一般来说，实现充分就业均衡增长的可能性极小，也就是说，在一般情况下，经济很难按照均衡增长途径增长。

第二个问题是，经济活动一旦偏离了均衡增长途径，其本身是否能够自动地趋向于均衡增长途径，这个问题又称为稳定性问题。进一步考察式（8.10），即 $G_A \cdot v = s = G_W \cdot v_r$，可以看出，只有当实际的资本—产量比 v 等于合意的资本—产量比 v_r 时，实际增长率 G_A 才会等于有保证的增长率 G_W。如果 G_A 大于（或小于）G_W，那么 v 就会小于（或大于）v_r。也就是说，一旦实际增长率大于（或小于）有保证的增长率，企业的固定资产或存货就会少于（或多于）企业家所需要的数量。这种情况促使企业家增加（或减少）订货，增加（或减少）投资，从而使实际产量水平进一步提高（或降低），使实际增长率 G_A 与有保证的增长率 G_W 之间出现很大的缺口。现有的实际经济增长就会在市场上的企业中产生相应的反应，使得 G_A 进一步大于（或小于）G_W。因此，哈罗德得出结论，实际增长率与有保证的增长率之间一旦发生偏差，经济活动不仅不能自我纠正，而且还会产生更大的偏离。这个结论被称为哈罗德的不稳定原理。这意味着，资本主义经济发展很难稳定在一个不变的发展速度，不是连续上升，便是连续下降，呈现出剧烈波动的状态。

根据上述分析可知，哈罗德模型中所提到的有保证的增值率等于实际增长率的经济均衡稳定增长的条件，在现实生活中几乎是难以达到的。如果要实现这样的增长，就类似于在刀尖上行走一样，稍有不慎重就会偏离均衡增长的轨道，所以，这种增长也称为"刀锋式增长"。

（二）新古典经济增长模型

1. 新古典增长模型的假定条件和资本与产出的关系

新古典模型的基本假定包括：①社会储蓄函数 S=sY，式中，s 是作为参数的储蓄率；

②劳动力（人口）按照一个不变的比率 n 增长；③生产的规模报酬不变。

在生产规模报酬不变的情况假定下，暂时不考虑技术进步，并假定全部人口都参与生产（即劳动力数量等于人口总数），可将经济中的生产函数表示为人均的形式。

$$y=f(k) \tag{8.12}$$

式中，y 为人均产量；k 为人均资本。

根据（8.12）式，可以画出人均生产函数，如图 8-1 所示。从图 8-1 中可以看出，随着每个工人拥有的资本量的上升，即 k 值的增加，每个工人的产量也增加，但由于报酬递减规律，人均产量增加的速度是递减的。

由式（8.12）可知，在基本假定条件下，如果不考虑技术进步的影响，产出增长率就唯一地由资本增长率来解释。下面具体考察资本与产量的关系。

一般情况下，资本增长由储蓄（或投资）决定，而储蓄又依赖收入，收入或产量又要视资本而定。于是，资本、产量和储蓄（投资）之间建立了一个如图 8-2 所示的相互依赖的体系，在这个体系中需着重说明储蓄对资本存量变化的影响。

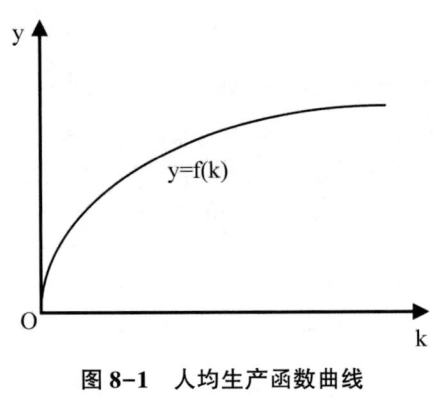

图 8-1 人均生产函数曲线

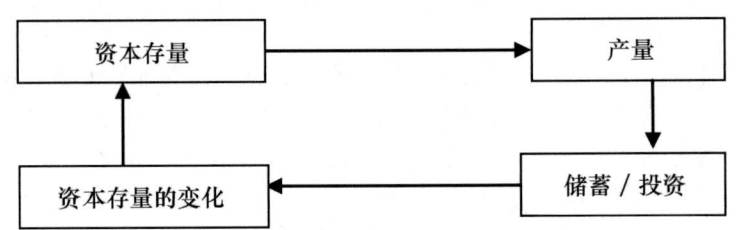

图 8-2 资本、产量和储蓄（投资）之间的相互依赖

2. 新古典增长模型的基本方程

在这里，我们假设一个只包括家庭部门和企业部门的两部门模型，在这个两部门经济中，我们用大写符号表示变量的总量，小写符号表示变量的人均量（小写 s 表示储蓄率除外），则经济的均衡为

$$I=S \tag{8.13}$$

即投资等于储蓄。

总投资由两部分构成：新增投资和重置投资。新增投资又叫净投资，是指资本存量的增加量；重置投资主要是折旧。因此，新增投资就等于总投资减去折旧。我们设资本存量为 K，折旧是资本存量 K 的按照折旧率 δ（$0<\delta<1$）计提，则新增投资 ΔK 为

$$\Delta K = I - \delta \cdot K \tag{8.14}$$

我们设储蓄函数为 $S=sY$，其中，大写的 S 为储蓄，小写的 s 为储蓄率，也可以理解为第三章所讲的储蓄倾向，即储蓄由收入决定，随收入同向变化。

根据 $I=S$，式（8.3）可写为

$$\Delta K = s \cdot Y - \delta \cdot K \tag{8.15}$$

式（8.4）两边同时除以劳动数量 N，有

$$\frac{\Delta K}{N} = \frac{s \cdot Y}{N} - \frac{\delta \cdot K}{N} = s \cdot y - \delta \cdot k \tag{8.16}$$

另一方面，注意到人均资本 $k = \frac{K}{N}$，因此 k 的增长率由资本存量 K 的增长率和总人口 N 增长率 n 共同决定：

$$\frac{\Delta k}{k} = \frac{\Delta K}{K} - \frac{\Delta N}{N} = \frac{\Delta K}{K} - n \tag{8.17}$$

式（8.6）进一步变形，可得：

$$\Delta K = \frac{\Delta k}{k} \cdot K + nK$$

上式两端同时除以 N，则有：

$$\frac{\Delta K}{N} = \frac{\Delta k}{k} \cdot \frac{K}{N} + n \cdot \frac{K}{N} = \Delta k + n \cdot k \tag{8.18}$$

将式（8.16）与式（8.18）合并，则有

$$\frac{\Delta K}{N} = s \cdot y - \delta \cdot k = \Delta k + n \cdot k$$

变形可得：

$$\Delta k = s \cdot y - (n + \delta) k \tag{8.19}$$

式（8.19）是新古典增长模型的基本方程。

这一关系式表明，人均资本的增加等于人均储蓄 $s \cdot y$ 减去 $(n+\delta)k$ 项。$(n+\delta)k$ 项可以这样来理解：劳动力的增长率为 n，一定量的人均储蓄必须用于装备新工人，每个工人占有的资本为 k，这一用途的储蓄为 $n \cdot k$。另一方面，一定量的储蓄必须用于替换折旧资本，这一用途的储蓄为 $\delta \cdot k$。

总计为 $(n+\delta)k$ 的人均储蓄被称为资本的广化。

人均储蓄 $s \cdot y$ 如果超过 $(n+\delta)k$，则必然导致人均资本 k 的上升，即 $\Delta k > 0$。我们把 $\Delta k > 0$ 称为资本的深化。因此，新古典增长模型的基本方程可以表述为：

$$资本深化 = 人均储蓄 - 资本广化 \tag{8.20}$$

3. 稳态分析

在新古典增长模型中，所谓稳态指的是一种长期均衡的状态。在稳态时，人均资本达到均衡值并维持在均衡水平不变，在忽略了技术变化的条件下，人均产量也达到稳定状态。因此，在稳态之下，k 和 y 达到一个持久性的水平。

根据上述定义，要实现稳态，即 $\Delta k = 0$，即既不能存在资本深化，也不能存在资本"浅化"，则人均储蓄必须正好等于资本的广化。所以，新古典增长理论中的稳态的条件是：

$$s \cdot y = (n + \delta) k \tag{8.21}$$

需要注意的是，稳态虽然意味着 y 和 k 值的固定，但总产量和资本存量都在增长。实

际上，在稳态中，总产量和总的资本存量均与劳动力的增长率相等，即均为n。理解这一点，只需注意到劳动人口以n速度增长，因此，由于k=K/N固定，所以资本存量K必须与劳动力按同比率n增长。又由于y=Y/N，且在稳态时y固定，因此总产量Y也必须按比率n增长。总之，在新古典增长理论的框架内，稳态意味着

$$\frac{\Delta Y}{Y}=\frac{\Delta K}{KN}=\frac{\Delta N}{N}=n \tag{8.22}$$

新古典增长模型的稳态可以用图形来分析，如图8-3所示。

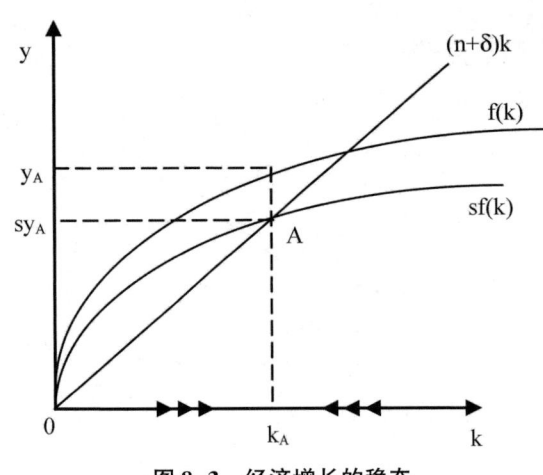

图8-3 经济增长的稳态

图中8-3中，$s \cdot f(y)$线为人均储蓄线。由于储蓄率s介于0和1之间，故人均储蓄曲线与人均生产函数曲线具有同样形状，但位于生产函数的下方。在这一坐标系下，通过原点且斜率为$(n+\delta)$的直线表示资本的广化，即$(n+\delta)k$项。

根据以上的分析，在稳态时，有$s \cdot y=(n+\delta)k$，因此图8-3中$(n+\delta)k$线和$s \cdot f(y)$线必定相交。交点A对应的人均资本为k_A，人均产量为y_A，这时人均储蓄恰好等于资本广化的需要，即$s \cdot y_A=(n+\delta)k_A$，或者说，人均储蓄恰好能够为不断增长的人口提供资本（设备）和替换折旧资本而不会引起人均资本的变化。

在点A以左，$s \cdot f(y)$曲线比$(n+\delta)k$线高，这表明储蓄高于资本广化的需要。即经济运行就存在着资本深化。资本深化意味着每个工人占有的资本存量上升，即△k>0。因此，在A点以左，经济中的人均资本k有上升的趋势，如横轴上的箭头所示。随着时间的推移，k向k_A逼近，最终用于资本广化所需的资本数量增加到k_A。在A点以右，情况正好相反，人均储蓄不能满足资本广化的需要，这时有△k<0。所以人均资本k有下降的趋势，如图中横轴上的箭头所示。

考虑经济在向稳态过渡的时期里经济增长的情况。当经济处于资本深化的阶段时，y和k会逐步上升。就是说Y/N和K/N向其稳态值接近。如果Y/N上升，则Y就会增长得比N快。因而，△Y/Y>△N/N=n。这表明，在资本深化阶段，产量增长率高于其稳态值。这意味着，在其他条件相同的情况下，资本贫乏的国家的增长快于资本充裕的国家。随着资本存量的深化，即k接近于k_A，增值率会慢下来。同样的道理，如果资本富裕国家的人均资本下降时（即k大于k_A且向k_A逼近时），那么产量的增长率就会降低到n以下。

以上的论述表明，当经济偏离稳定状态时，不管人均资本过多还是过少，都存在着某种力量使其恢复到长期的均衡。这表明，新古典增长理论展示了一个稳定的动态增长过程。

4. 储蓄率的增加

图8-4显示了储蓄率的增加是如何影响产量增长的。图中，经济最初定位于C点的

稳态均衡，此时人均收入为 y_0，人均资本为 k_0。现在假定人们想增加储蓄，这使储蓄曲线上移至 $s' \cdot f(k)$ 的位置。这时新的稳态为 C'，此时人均收入提高为 y'_0，人均资本提高为 k'_0。比较 C 点和 C' 点，可知储蓄率的增加提高了稳态的人均资本和人均产量。

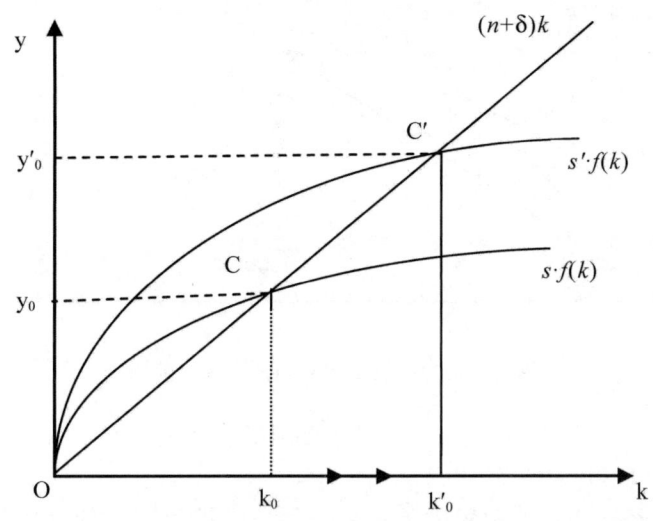

图 8-4　储蓄率增加对产量增长的影响

对于从 C 点到 C' 的转变，这里需要指出：首先，从短期看，更高的储蓄率也导致了总产量和人均产量增长率的增加，这可以从人均资本从初始稳态 k_0 的上升到新的稳态 k' 的事实中看出。因为增加人均资本的唯一途径是资本存量比劳动力更快地增长，进而又引起产量的更快地增长。其次，由于 C 点和 C' 点都是稳态，按照前面关于稳态的分析，稳态中的产量增长率是独立于储蓄率的。从长期看，随着资本积累，增长率逐渐降低，最终又回落到人口增长的水平。

5. 人口增长

新古典增长理论虽然假定劳动力按一个不变的比率 n 增长，但当把 n 作为参数时，就可以说明人口增长对产量增长的影响，如图 8-5 所示。图中，经济最初位于 A 点的稳态均衡，此时人均收入为 y_0，人均资本为 k_0。现在假定人口增长率从 n 增加到 n'，则图 8-5 中的资本广化线 $(n+\delta)k$ 便移动到 $(n'+\delta)k$，这时，新的稳态均衡为 A' 点，此时人均收入提高为 y'_0，人均资本提高为 k'_0。比较 A 点和 A' 点可知，人口增长率的增加降低了人均资本的稳态水平（从原来的 k 减少到 k'），进而降低了人均产量的稳态水平。这是从新古典增长理论得出的又一重要结论。西方学者进一步指出，作为人口增长率上升所产生的人均产量的下降正是许多发展中国家面临的问题。两个有着相同储蓄率的国家，一个国家的人口增长率比另一个国家高，就可以有差别较大的人均收入水平。

对人口增长进行比较静态分析的另一个重要结论是，人口增长率的上升增加了总产量的稳态增长率。理解这一结论的要点在于懂得稳态的真正含义，并且注意到 A 点和 A' 点都是稳态均衡点。

6. 新古典模型的评价

作为创立新古典经济增长模型的先驱，索洛教授在构造他的长期增长模型过程中，不

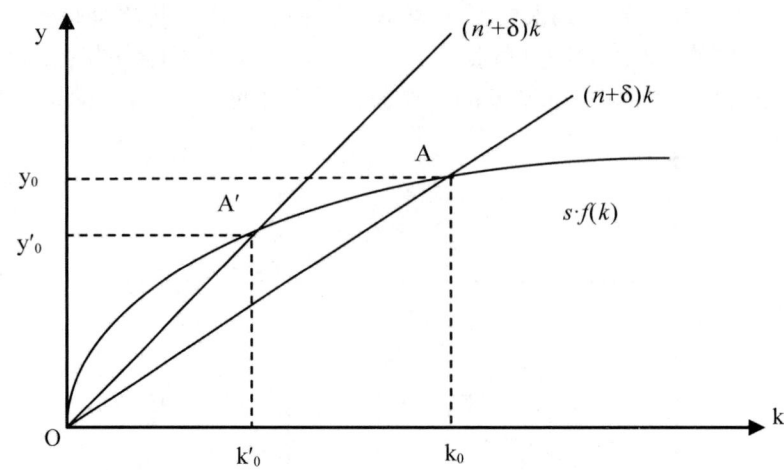

图 8-5 人口增长率提高对产量增长的影响

仅保留了比例储蓄函数以及既定的劳动力增长率,而且还在理论模型的现实性方面有新的突破。主要表现在以下几个方面。

(1) 他在分析经济增长的过程中采用了一种连续性生产函数,从此人们称其为新古典生产函数。

(2) 劳动力与资本之间可相互替代的假设使得经济增长过程具有调整能力,从而该理论模型更接近于现实。

(3) 长期增长率是由劳动力增加和技术进步决定的,前者不仅指劳动力数量的增加,而且还含有劳动力素质与技术能力的提高,所以,新古典增长模型打破了一直为人们所奉行的"资本积累是经济增长的最主要的因素"的理论,向人们展示,长期经济增长除了要有资本以外,更重要的是靠技术的进步、教育和训练水平的提高。

在一定程度上说,技术进步、劳动力质量的提高比增加资本对经济增长的作用更大。除了纯粹的农业国以外,这一理论对所有国家都适用。发展中国家不能把本国经济的发展仅仅依赖于资本和劳动力的增长上。发展中国家,特别是起步较晚国家,要更多地研究如何在现有工业的基础上逐步提高劳动生产率、技术和教育进程。这样就能有效地跟上世界经济的发展。

当然,作为一种理论模式,新古典增长模型也并非尽善尽美。新古典增长模型也有其不足之处。

(1) 新古典增长模型没有投资函数,此函数一旦引入,不稳定性问题即会出现于新古典增长模型中。劳动力和资本间的替代性假设似乎并不是新古典学派和新凯恩斯学派对增长研究之不同的关键所在,其主要差异在于新古典增长模型没有考虑投资函数以及由此产生的企业家对将来预期的重要性。

(2) 新古典增长模型假设要素价格是可变的,这也会给稳定增长的路径设置障碍。例如,利息率由于流动陷井问题而不会下降到低于一定的最低水平;反过来,这也许使资本—产出比率不能提高到实现均衡增长路径所必需的水平。

(3) 新古典增长模型是以提高劳动生产率的技术进步为假定前提构建的。

（4）新古典增长模型的另一假设是"资本是同质的且易变的"，但事实上，资本品是高度异质的，因此而出现不能简单加总问题。结果，当存在多种多样的资本品时，稳定增长路径是很难实现的。

（三）新经济增长理论

按照新古典经济增长理论，所有经济都可以得到相同的技术，而且，在没有外力推动时，经济体系无法实现持续的增长。只有当经济中存在技术进步或人口增长等外生因素时，经济才能实现持续增长。这一理论的缺陷是明显的：一方面，它将技术进步看作经济增长的决定因素；另一方面，它又假定技术进步是外生变量而将它排除在考虑之外，这就使该理论排除了影响经济增长的最重要因素。

1. 新经济增长理论概述

新经济增长理论，或称"内生技术变革理论"，内生增长理论的主要任务之一是揭示经济增长率差异的原因和解释持续经济增长的可能。尽管新古典经济增长理论为说明经济的持续增长导入了外生的技术进步和人口增长率，但外生的技术进步率和人口增长率并没有能够从理论上说明持续经济增长的问题。内生增长理论是基于新古典经济增长模型发展起来的，从某种意义上说，内生经济增长理论的突破在于放松了新古典增长理论的假设并把相关的变量内生化。

2. 新经济增长理论假设条件

（1）经济制度和个人偏好属于外生变量。

（2）技术进步是内生变量，发现产生于选择。发现新技术时，人们认为自己是幸运的，但作出新发现的速度不由机遇决定。它取决于有多少人寻求新技术以及他们如何迫切地寻找新技术。

（3）总量生产函数规模收益递增。

（4）政府应当对经济进行适当干预。"看得见的手"与"看不见的手"共同作用，使经济均衡增长率表现为社会最优增长率。

（5）经济没有收益递减。

3. 新经济增长理论基本模型

阿罗模型，假定全经济范围内存在技术溢出，因此不存在政府干预时的竞争性均衡是一种社会次优，均衡增长率低于社会最优增长率，政府可以采取适当政策提高经济增长率，使经济实现帕累托改善，将技术进步解释为由经济系统决定的内生变量。

宇泽弘文两部门模型，假定经济中存在一个生产人力资源的教育部门，将索落模型中的外生技术进步内生化。由于人力资本部门的生产函数具有线性的规模收益不变的形式，并且经济中不存在任何固定的生产要素，经济将实现平衡增长。

罗默知识溢出模型，认为内生的技术进步是经济增长的唯一源泉。

卢卡斯人力资本溢出模型，假定存在全经济范围内的人力资本外部性。全经济范围内的外部性是由人力资本溢出造成的。人力资本既具有内部效应又具有外部效应。

4. 对新经济增长理论的评述

第一，生产率的内生化问题一直是内生经济增长理论和内生经济波动理论的核心问题。无论从理论上的熊彼特创新理论、内生增长理论、真实经济周期理论和供给学派等宏观经济理论的演变来看，还是从实践中的信息经济、数字经济、知识经济、网络经济和目前的"新经济"，贯穿其中的主线之一，就是生产率的内生化及其度量问题。生产率及相应的生产可能性边界，是决定经济增长速度极限和经济周期微波化的主要因素之一。

第二，"新经济"的可持续性问题，不仅具有理论意义，而且具有政策含义。"新经济"的发展对经济理论研究具有重要的启示，必将促进我们进一步加强生产率问题研究，加强对内生增长理论和内生经济波动理论的研究。

第三，新经济增长理论有助于我们认识知识、技术在现代经济中所具有的至关重要的作用；更深刻地认识现实经济增长方式转变的必要性和紧迫性。新经济增长理论说明，要素投入的增加只有在技术进步的条件下才能推动经济的持续发展，这从理论上说明粗放型经济增长模式不可持续。

【专栏8-1】中国经济增长的现状与未来发展

我国经济发展进入了新时代，面临新问题和新矛盾。要实现新时代的新目标，不能继续简单地追求经济增速，而要更多注重经济质量的提升和经济效益的增长，推进经济结构转型和增长动能转换。

一、中国经济发展现状分析

（一）处于新老动能交替的关键节点

从2000年以来，我国传统增长动能已走到尾声，处于供给老化阶段。国内产能供给端难以满足消费需求转型，导致消费外流现象日益严重。目前是传统过剩产能出清时期，化解过剩产能将影响经济增速。旧动能供给走弱的末期，同时是新动能形成的初期，处于新老动能交替的关键节点。产能过剩严重行业产值负增长，新动能增长较快。高新技术产业、高端装备制造业增长快速，但占比较小，难以完全对冲传统动能走弱的趋势。随着新兴行业持续快速增长，占比逐渐提升，经济下行压力将逐渐缓解。民间投资和制造业投资积极性并不高，新的设备投资周期并未形成。当制造业投资显著改善，主动开启新一轮设备投资周期，那时新的供给周期才可能形成。

（二）人口结构转换导致动能走弱

从经济增长的长周期来看，随着人口结构的转变，我国逐渐步入老龄化社会，经济增速将逐渐放缓。2009年我国15~64岁的劳动人口比例达到74.5%的顶峰之后逐渐下降，2016年为72.6%。从劳动人口绝对数量来看，15~59岁劳动年龄人口在2012年就出现了改革开放以来的第一次绝对下降。我国人口红利走到尾声，高储蓄、高投资和高增长的局面难以维持，经济增长动能从投资需求向消费需求转变。与劳动人口比例走势相同，我国总储蓄率在2010年达到顶点的50.9%，之后逐渐下降，目前为47.9%。人口结构变化带来需求结构转变，投资需求走弱将导致经济增速放缓。但随着城乡居民更加注重对美好生活的向往，消费倾向提高将为经济结构转型提供条件，促使经济增长动能从投资向消费转变。

根据对经济短、中、长三种周期的分析，都显示未来一个时期经济增长仍将放缓。随着人口老龄化加快，长周期将逐渐下行，未来经济增长减速的趋势难以逆转。人口的数量及结构红利消失，仍可通过人口质量的提升来弥补，未来通过提升人口的平均受教育年限，加大人力资源的技能培训等仍可提升人口的整体质量，从而获得新的人口红利。

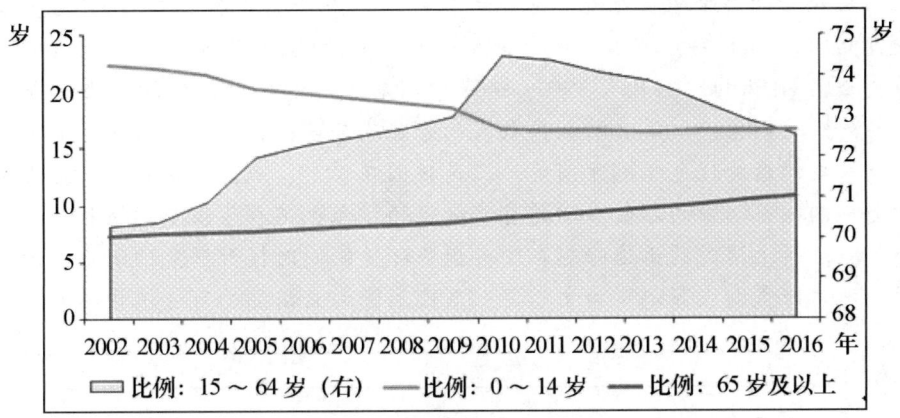

图 8-6 劳动人口比例下降

二、经济增长的三驾马车

从投资占 GDP 的比重来看，增长空间不大。我国固定资产投资与 GDP 的比例逐年上升，2016 年这一比重上升至 80%，已经非常高。然而投资效率却在下降，目前资本形成总额占 GDP 的比重只有 45% 左右。从投资的金融支持来看，依靠货币和信贷投入来拉动投资，会导致整个社会杠杆率的持续上升，风险可能越来越大。从能源和环境的角度分析，投资拉动经济增长的粗放式增长模式也难以为继。2015 年中国能源消费占全球消费的 23%，占全球净增长的 34%，创造的 GDP 只占到世界经济的 15% 左右。同时由于高能耗又带来了高污染，中国也是世界最大的污染物排放国。从固定资产投资的构成分析，未来各部分增长的空间都不大。我国固定资产投资主要由基建、房地产、制造业及其他类这四部分构成，未来这几个构成部分的增长空间都不大。未来投资增长空间在于提升投资效率和改善结构，如果能够持续提升投资效率，改善投资结构，投资仍然有较大潜力可挖。

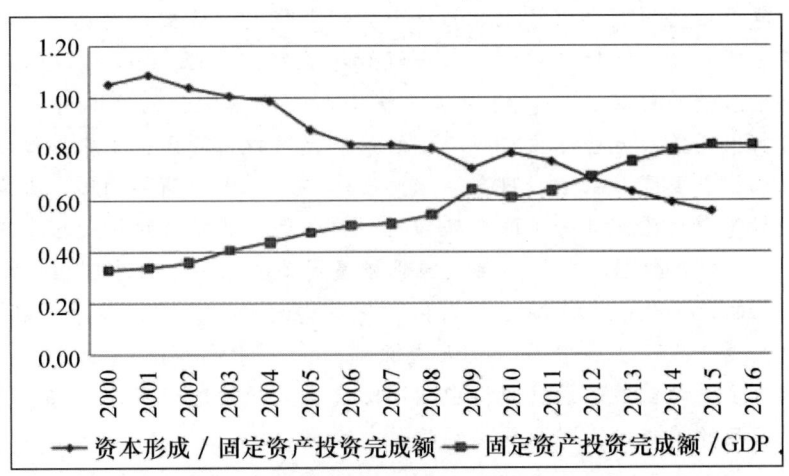

图 8-7 我国 GDP 的投资效率在逐年下降

从中国目前的人均国民收入来看，中国居民的消费仍有较大的上升空间。无论是与发达国家相比，还是与同样发展水平的金砖国家相比，中国的人均国民收入（GNI）水平不算高。人均收入处于快速增长阶段，将带动消费能力提升。从消费占 GDP 比重来看，消费也有提升空间。2016 年，美国个人消费支出占 GDP 的比例是 69%，而同期中国居民的最终消费支出占 GDP 的比例只有 39%，未来中国居民消费增长的空间巨大。未来消费增长存在一系列制约因素：一是目前国民收入的分配不合理，住户部门占比下降不利于消费增长。二是人口的老龄化也不利于消费。三是我国在养老、教育、医疗等社会保障制度方面的不健全也制约了消费的增长。四是贫富分化的扩大也不利于消费的增长。未来消费结构将不断升级。网上消费的迅速兴起在改善消费环境的同时提升居民的消费倾向；居民消费将从商品消费为主向服务消费为主转变；居民消费由必需品向可选消费品升级。

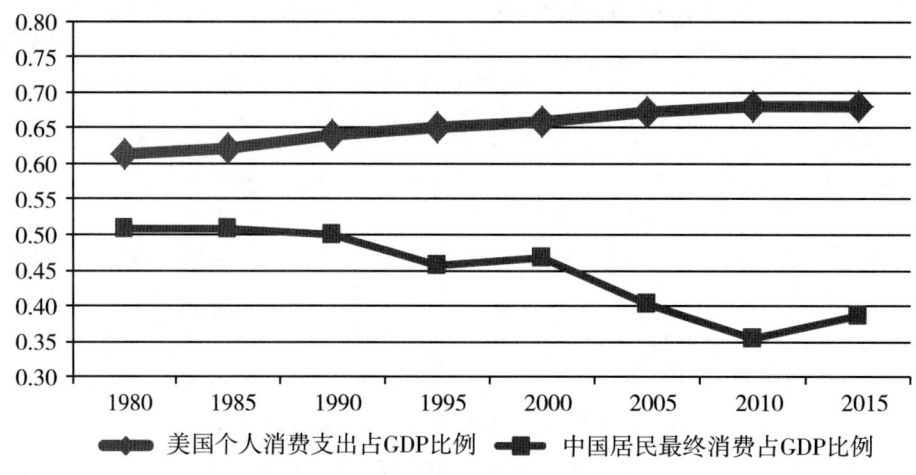

图 8-8　中美两国消费占 GDP 比例

从出口金额在全球占比来看，中国出口市场份额继续增长的空间已经不大。我国是全球第一大出口国，超过日本和德国曾经达到过的最高水平。国际贸易保护主义逐渐抬头，中国出口在全球市场的份额再继续上升的压力会越来越大。从出口的具体产品来看，中国有很多产品在全球市场已经位居首位，未来继续增长空间有限。在全球全部出口项目中，中国出口占有率第一的商品占比达到 31%，整体占比份额增长的空间有限。从主要贸易伙伴来看，目前中国已经是全球主要经济体的第一大进口来源国，未来继续增加份额的空间不大。我国已经是美国、欧盟和日本等主要发达经济体进口商品的第一大来源国。中国加工贸易的国际竞争力已经开始下降，从 20 世纪 90 年代最高时的接近 60% 下降至目前的 34%。这也表明出口导向型加工贸易在中国已经遇到了瓶颈。未来中国出口增长的空间在于提升出口产品的附加值。未来通过产业和贸易结构的升级、国内技术创新能力的提升、产品品质的提高等手段，实现中国制造从"低端"向"中高端"、"大"到"强"、从来料组装加工到自主设计创造等的转变，中国国际贸易大国的地位不但能够维持住，而且还可能会在全球产品的价值链上赚取更多的收益。

从投资、消费和出口三驾马车的未来增长空间看，由于受到基数较大等诸多条件的约束，未来总量增长将会进一步放缓。但投资、消费和出口都存在较大的结构升级的空间，通过结构升级实现中国经济从原来的高速增长过渡到中高速增长也是可以期待的。

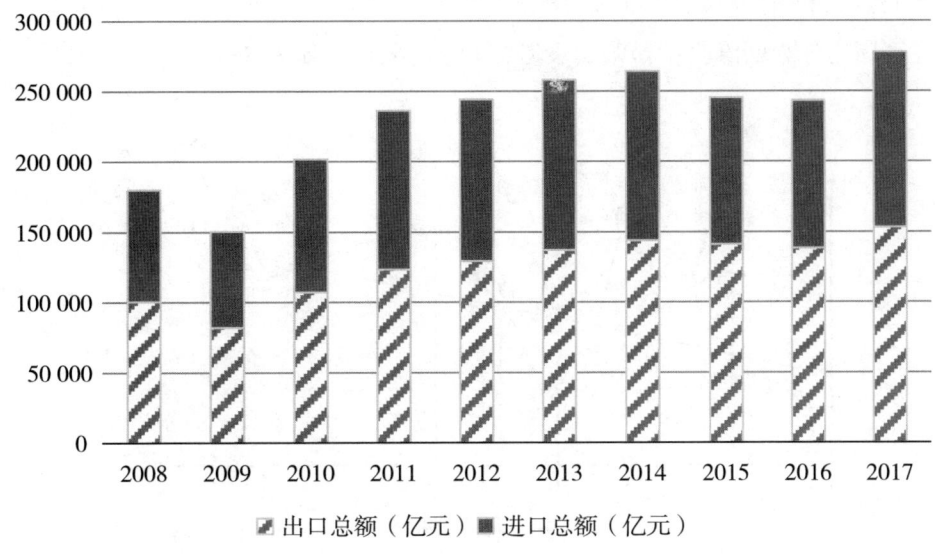

图 8-9　中国出口金额的结构占比

第二节　经济周期理论

一、经济周期的含义

(一) 经济周期概念

经济周期是指总体经济活动的扩张和收缩交替反复出现的过程,也称经济波动。每一个经济周期都可以分为上升和下降两个阶段。上升阶段也称为繁荣,最高点称为顶峰。然而,顶峰也是经济由盛转衰的转折点,此后经济就进入下降阶段,即衰退。衰退严重则经济进入萧条,衰退的最低点称为谷底。当然,谷底也是经济由衰转盛的一个转折点,此后经济进入上升阶段。经济从一个顶峰到另一个顶峰,或者从一个谷底到另一个谷底,就是一次完整的经济周期。现代经济学关于经济周期的定义,建立在经济增长率变化的基础上,指的是增长率上升和下降的交替过程。

经济周期波动的扩张阶段,是宏观经济环境和市场环境日益活跃的季节。这时,市场需求旺盛,订货饱满,商品畅销,生产趋升,资金周转灵便。企业的供、产、销和人、财、物都比较好安排。企业处于较为宽松有利的外部环境中。

经济周期波动的收缩阶段,是宏观经济环境和市场环境日趋紧缩的季节。这时,市场需求疲软,订货不足,商品滞销,生产下降,资金周转不畅。企业在供、产、销和人、财、物方面都会遇到很多困难。企业处于较恶劣的外部环境中。经济的衰退既有破坏作用,又有"自动调节"作用。在经济衰退中,一些企业破产,退出商海,一些企业亏损,陷入困境,寻求新的出路,一些企业顶住恶劣的气候,在逆境中站稳了脚跟,并求得新的生存和发展。

（二）经济周期阶段

将经济周期分为四阶段：繁荣、衰退、萧条、复苏（如图8-10）。

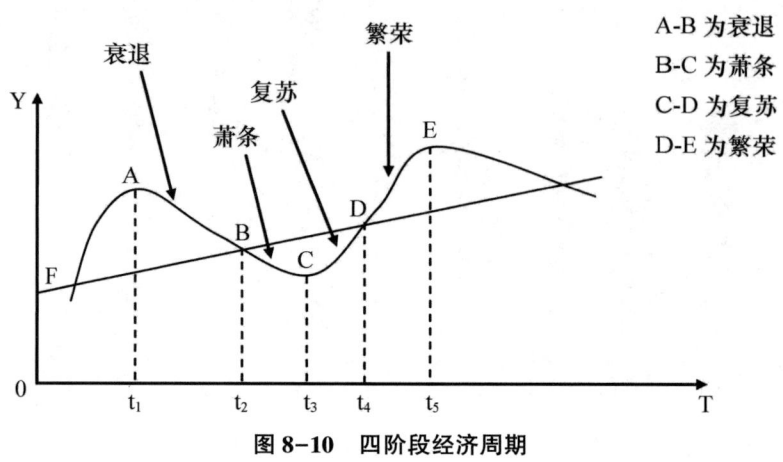

图 8-10　四阶段经济周期

A-B 为衰退，B-C 为萧条，C-D 为复苏，D-E 为繁荣。

经济周期的特点是国民总产出、总收入、总就业量的波动，它以大多数经济部门的扩张与收缩为标志。

经济周期四个阶段都有各自的特点：

复苏阶段开始时是前一周期的最低点，产出和价格均处于最低水平。随着经济的复苏，生产的恢复和需求的增长，价格也开始逐步回升。

繁荣阶段是经济周期的高峰阶段，由于投资需求和消费需求的不断扩张超过了产出的增长，刺激价格迅速上涨到较高水平。

衰退阶段出现在经济周期高峰过去后，经济开始滑坡，由于需求的萎缩，供给大大超过需求，价格迅速下跌。

萧条阶段是经济周期的谷底，供给和需求均处于较低水平，价格停止下跌，处于低水平上。在整个经济周期演化过程中，价格波动略滞后于经济波动。

这些是经济周期四个阶段的一般特征。不同国家、不同时期的经济周期可能具有自己不同的特点。比如，在20世纪60年代以前西方国家经济周期的特点是产出和价格的同向大幅波动。而20世纪70年代初期，西方国家先后进入所谓的"滞胀"时期，经济大幅度衰退，价格却仍然猛烈上涨，经济的停滞与严重的通货膨胀并存。而20世纪80和90年代以来的经济波动幅度大大缩小，并且价格总水平只涨不跌，衰退和萧条期下降的只是价格上涨速度而非价格的绝对水平。当然，这种只涨不跌是指价格总水平而非所有的具体商品价格，具体商品价格仍然是有升有降。进入20世纪90年代中期以后，一些新兴市场经济国家，如韩国、东南亚国家等，受到金融危机的冲击，导致一些商品的国际市场价格大幅下滑。但是，全球经济并没有陷入全面的危机之中，欧美国家经济持续向好。因此，认真观测和分析经济周期的阶段和特点，对于正确地把握期货市场价格走势具有重要意义。

（三）经济周期分类

自 19 世纪中叶以来，人们在探索经济周期问题时，根据各自掌握的资料提出了不同长度和类型的经济周期。

1. 基钦短周期

1923 年英国经济学家基钦提出的一种为期 3~4 年的经济周期。基钦认为经济周期实际上有主要周期与次要周期 2 种。主要周期即中周期，次要周期为 3~4 年一次的短周期。这种短周期就称基钦周期。

2. 朱格拉中周期

是 1860 年法国经济学家朱格拉提出的一种为期 9~10 年的经济周期。该周期是以国民收入、失业率和大多数经济部门的生产、利润和价格的波动为标志加以划分的。

3. 库兹涅茨长周期

1930 年国经济学家库涅茨提出的一种为期 15~25 年，平均长度为 20 年左右的经济周期。由于该周期主要是以建筑业的兴旺和衰落这一周期性波动现象为标志加以划分的，所以也被称为"建筑周期"。

4. 熊彼特综合周期

1936 年经济学家熊彼特"创新理论"为基础，对各种周期理论进行了综合分析后提出的。熊彼特认为，每一个长周期包括 6 个中周期，每一个中周期包括三个短周期。短周期约为 40 个月，中周期约为 9~10 年，长周期为 48~60 年。他以重大的创新为标志，划分了三个长周期。第一个长周期从 18 世纪 80 年代到 1842 年，是"产业革命时期"；第二个长周期从 1842 年到 1897 年，是"蒸汽和钢铁时期"；第三个长周期从 1897 年以后，是"电气、化学和汽车时期"。在每个长周期中仍有中等创新所引起的波动，这就形成若干个中周期。在每个中周期中还有小创新所引起的波动，形成若干个短周期。

【专栏 8-2】中国经济周期波动分析

经济周期存在于任何社会经济阶段，改革开放前我国经济周期呈现古典循环周期型；改革开放后，随着市场经济体制的逐渐确立，经济周期动摇运转特性与经济体制变革以前高度集中的方案经济体制下相比，有着明显的区别，我国经济周期进入了一个崭新的阶段。

关于中国经济周期的阶段划分存在分歧，一般来说，从 GDP 年增长率动手，依据传统的划分法能够将我国改革开放后经济运转时段划分为六个时段：1977—1981 年、1982—1986 年、1987—1990 年、1991—2001 年、2002—2010 年、2011 至今。

第一个周期（1977—1981 年）。"文革"后，我国经济得以迟缓恢复开展，GDP 增长率从 1977 年的 7.6%增长到 1978 年的 11.7%。1978 年改革开放初，十一届三中全会提出"调整、变革、整理、进步"新的调整措施，我国经济进入一个小小的调整阶段，之后 GDP 呈现下滑，到 1981 年经济周期走入低谷，谷值为 5.2%，从而完成了改革开放后的第一轮经济周期。

第二个周期（1982—1986 年）。经过 1981 年的低谷之后，我国 GDP 疾速地恢复了较快的增长，1982 年 GDP 到达 9.1%，1983 年又打破两位数到达 10.9%，到 1984 年呈现改革开放以来的最大值 15.2%。由于 1985 年我国投资范围特别是预算外投资不时收缩，使原资料、能源、交通等处于趋紧状态，1986年国度紧缩投资范围进程，实行了"双紧"的宏观调控政策，经济增长速度有所回落，1986年经济周期抵达谷底，谷值为8.8%。

第三个周期（1987—1990年）。1987年为上个周期的恢复期，1988年居民生产行为发生变化，社会生产品批发总额急剧增加，增长率高达27.8%，而此时居民的存款储蓄余额的增长率仅为23.7%，居民生产行为的突变形成物价涨幅快速上升。总的来说，面临经济过热和物价涨幅急剧上升的问题，1988年9月国度再次决议进行调整，实行了"双紧"的调控政策，1989年GDP增长率降为4.1%，1990年再降为3.8%，比1987年的高峰11.6%降落了7.8个百分点。

第四个周期（1991—2001年）。1990年国度采取经过扩展投资来刺激经济上升的措施，一年后我国经济增长在投资的带动下走出了低谷；1991年经济增长快速上升，至1992年GDP增长到达14.2%的顶峰，经济增长回转。从1993年开端，我国GDP增长率连续几年回落，从1992年的14.2%降落到1999年的7.6%，2000年有所上升，增长率为8.4%，2001又降落为8.0%，同比前一年降落了0.4个百分点。该轮经济周期，中国经济增速轨迹从1993年起到2001年阅历了长达10年的降落阶段，这是我国改革开放以来经济周期动摇中不曾有过的现象。

第五个周期（2002—2010年）。2002年我国经济周期进入到新一轮增长时期，GDP增长率开端缓缓上升，2003年以来，GDP增长完成了两位数的持续增长，2007年经济增长率达到峰顶，峰值为11.9%。2008年受全球金融危机的影响，经济增长下滑到9.0%，但受益于2008年后国家4万亿投资计划的实施，整个周期时间得以延长，GDP增速出现小幅回升，2010年经济增长进入调整期，全国的GDP增长10.3%。

第六个时期（2011—至今）。随2011年中国进入产能投放尾声，在2012年以后步入漫长的产能出清。自2012年到2016年，由于产能过剩、需求低迷，中国经济经历了长达54个月的通缩，所以这时候大量弱势中小企业退出，落后产能淘汰，市场在2012年以后已经自发地开始出清。

经济周期研讨的目的主要是经过察看经济周期的峰位、谷位、波幅和持续时间等的特征，得出我国经济周期的总体特征，从而为对将来经济周期进行更好的预测及制定国度宏观调控政策提供理论根据。我国改革开放后经济周期特征与改革开放前相比，其主要特征如下：

1. 1953—2010年，我国宏观经济阅历了10轮完好的周期，其中1953—1978年间阅历了5轮周期，1978—2010年间有5轮周期，2011年我国经济周期将进入迟缓时期，2015年开始进行供给侧改革。

2. 经济周期的幅度逐步变小，经济增长的稳定性较好。改革开放前，经济周期的扩张表现出大起大落的特征，最大谷峰落差接近50个百分点，经济增长稳定性差。改革开放后，特别是20世纪90年代中后期以来，宏观经济总体表现为峰位降落，谷位明显上升，经济周期增长大致表现为较平稳和高位的特征，峰谷落差坚持在4~7个百点，在第5个周期中，峰谷落差仅为4.3个百分点。

3. 峰位明显降落，经济增长的扩张力度效果较好。峰位是每个经济周期内波峰的经济增长率，描写了经济周期的扩张强度。改革开放之前，经济波峰从1958年的21.3%降到 1975 年的 8.7%，相差 14.4 个百分点，改革开放后，波峰从 1984 年的 15.2% 降为 1992 年 11.6%，只相差了 3.6 个百分点。

4. 改革开放以前的经济周期总体上表现出较为明显的对称性特征，即经济上升和降落所经历的时间和幅度大致相同，经济大起大落；而改革开放以来，非对称性散布特征逐渐加强，经济起伏逐步趋缓。1992 年到达了最高点，然后开端迟缓降落，不断持续到 2001 年，非对称性散布更为明显。

改革开放以来，我国经济周期经历了 6 个周期，从经济周期的特征来看，完成了起伏幅度的减少、峰位降落、谷位上升，经济在较高位稳定的状态，经济周期的扩张时期将不时延长。2018 年中国是否处于新周期的开端，国内专家争论不休。但是坚持市场化的改革，对内对外开放，围绕提高企业来做制度上的配套，用创新驱动经济增长，我们没有理由对中国经济的未来感到悲观。中国经济如果能够做到上面这几点，中国经济可以进入一个新的发展阶段，增长率也许不那么高，但是增长质量已经不会像过去，是一种高技术含量的高质量的增长，未来将大有可期。

二、经济周期理论

（一）古典经济周期理论

1. 纯货币周期理论

该理论认为，经济周期是一种纯货币现象，经济周期性波动主要是由于金融体系中信用规律性扩张和收缩的交替进行所造成的。

周期的高涨阶段是由信用扩张引起的。信用的扩张，则源于银行放宽了对客户的贷款条件。扩张的主要工具是降低贴现率、辅之以延长贷款期限，不严格审查客户借入资金的用途等方式。通常情况是，利息率略有降低，就足以促使商人向银行增加借款，从而增加向生产者的订货。这样，生产的增加必然引起消费者的收入与支出提高，一般商品的有效需求随之增长，而存货则更加减少。需求的提高又足以刺激生产活动，使生产活动变成累积性的扩张，这种累积性的扩张使经济进入繁荣阶段。还要指出的是，价格的提高在这一累积过程中是一个加速因素。

然而，信用扩张的能力并不是无限的。银行迟早总是要被迫阻止信用扩张，甚至从事信用收缩。当银行体系收缩信用时，商人难以得到借贷，于是不得不向生产者减少定货，严重时甚至完全停止定货。这时，消费者收入与支出降低了，需求减退了，生产过剩性的危机由此出现，经济进入累积性收缩的萧条阶段。要注意，这个收缩过程也是累积性的，在这一点上并不亚于扩张过程。

2. 消费不足论

该理论认为，随着人口的增加，新发明的出现，工具和其它生产手段的改进，生产量有一种长期增长的趋势，这样就要求要有相应的消费能力相适应。但由于购买力本身不足，或者由于收入分配的不均导致过度储蓄，使得人们的消费能力相对下降，出现消费不足，从而导致经济萧条。

消费不足论认为由于购买力自身的不足，使得可利用的购买力低于社会产品总价值，总产品不能按包括成本在内的价格全部销售出去，由此引起了产量过剩，经济萧条。发生危机和萧条，并不是人们没有充分的购买力，而是在现时收入内储蓄比重过大，人们的购买力未能充分地用于"消费"，从而造成了社会对消费品需求的不足，正是储蓄以及过度储蓄打乱了生产和销售之间的平衡。过度储蓄的起因是在于收入分配的不均等，储蓄的来源，多数是出于那些高收入阶层。大部分经济学家都相信，高收入阶层具有较高的储蓄水平，低收入阶层则储蓄水平较低。因此，要解决问题，消除危机和失业，就要通过资本主义国家的政府制定措施来实现财富和收入的再分配，将过度的储蓄转化为消费和投资。

3. 有效需求不足论

有效需求不足的原因是由于三个基本心理规律决定的。

（1）边际消费倾向递减，即边际消费倾向会随着收入的增加而发生递减，这毫无疑问必然会引起消费需求的不足。

（2）资本边际效率递减，即随着资本的不断增加，资本边际收入同样会出现下降趋势，因此资本边际效率的递减会极大地抑制企业投资的积极性，从而会造成投资需求的不足。

（3）流动性偏好，又称灵活偏好，灵活偏好规律是指人们愿意保持更多的货币的心理。

有效需求不足内在逻辑一致的三大心理规律，对于经济危机作了全新的说明，并在此基础上形成摆脱危机，走出萧条的全新思路。既然经济危机发生的原因是在于有效需求不足，那么为了解决经济危机，需要扩大投资，增加消费，从而增加有效需求，刺激就业和经济增长。

4. 投资过度论

投资过度论认为，生产资料或资本品工业，跟生产消费品工业对照下，有了过度的发展。也就是说，资本品工业受到经济周期的影响，远比消费品工业更为严重，资本品生产的波动比消费品生产猛烈得多。在周期的繁荣阶段，资本品生产有较快的扩张，在萧条阶段，资本品生产又有较快的萎缩。

经济周期还不只是一个纯货币现象，而且通过货币因素造成了生产结构的失调。由于在某种信用机构（银行体系）形式下活动的货币力量引起了投资过度，结果使繁荣趋于崩溃。经济周期的高涨阶段的出现，信用的扩张会引起投资增加，这种投资的增加首先表现在对资本品需求增加以及资本品价格的上涨，这时的价格具有加速作用。但是，消费品需求的增长，并不能跟信用创造与资本品需求的提高保持同样的速度。资本品生产的扩张必然会使消费萎缩。

当银行方面无力或不愿意继续扩张信用，它就会通过提高利率等方法停止信用扩张或实行紧缩政策。于是，生产资源逐步回流到消费品部门。危机过后是漫长的萧条时期，萧条是对生产结构的一种调整过程，以使资本品生产和消费品生产之间保持平衡。

5. 创新周期理论

该理论用创新来解释社会的发展，把创新作为社会前进的动力，也用创新来解释经济周期，说明经济中周期性波动根源于创新。

由于富有创新精神的企业家，借助银行扩大信用贷款的帮助，增雇工人，新建厂房增添设备，推动国民产品和国民收入的增加，促进消费品生产的增加，这就是经济周期的复苏和高涨。在经济高涨阶段，厂商在乐观情绪的支配下，投资盛行，借助银行贷款扩大的投资高估了社会对产品的需求。此外，消费者的乐观情绪高估了可能的收入，常以抵押贷款的方式购买耐用消费品，消费者负债购买反过来刺激企业的过度投资。

经济周期的衰退与萧条，意味着新产品、新技术对旧的厂商和部门的冲击，那些在经济高涨期间过度扩大了的投资在萧条阶段的毁灭是社会经济从失衡走向新的均衡之必然的和有益的过程，一旦萧条到达谷底，新的创新引致的复苏和高涨推动资本主义生产力在更高的水平上向前发展，均衡-失衡-在更高的水平上均衡，如此循环往复周而复始。

(二) 现代经济周期理论

1. 乘数-加速数理论

该理论认为，经济的波动表现为一种沿增长或趋于上升路线的上下运动状态。其波动的高涨阶段和低潮阶段是由乘数和加速原理结合的作用决定的。

由于加速数的作用，产量（收入）的增长会引起投资的加速度增加；又由于乘数的作用，投资的增长又引起产量和收入量按某一倍数增长，从而使生产能力迅速扩张。其扩张幅度受周期上限限制，周期上限取决于社会已经达到的技术水平和一切生产资源可被利用的限度。当扩张达到周期上限时，就会转向经济收缩。收缩时国民收入增长速度放慢，加速数起加速作用引致投资减少，投资的下降又会引起产量和收入按照某一倍数下降，从而进一步导致国民收入下降，因而注定了扩张必然结束，萧条必然随之而来。随着时间的推移，一旦资本存量被消耗完，就需要进行新的重置，结果引致投资再度出现，开始新一轮的扩张，从而形成经济周期。

该理论的特点：一是吸取凯恩斯的"有效需求说"，即国民收入取决于总支出或总需求，包括私人消费、私人投资、政府开支和进出口。二是投资的变化是决定经济波动的关键性因素。三是用"乘数原理"与"加速度原理"的相互作用、自我加强来解释国民收入的累积性的上下波动。

投资乘数理论是用来说明投资的变动将如何引起国民收入的变动，加速数原理是说明国民收入的变动将如何引起投资的变动。因此，把乘数与加速数原理的作用结合起来建立模型来说明经济周期。

这一模型实际上是引入时间因素的国民收入决定模型，即国民收入决定理论的动态化。在封闭经济中，国民收入（Y_t），由消费（C_t）、投资（I_t）、政府支出（G_t）构成，这样就有下式：

$$Y_t = C_t + I_t + G_t \tag{8.23}$$

消费由边际消费倾向 b 与前期的国民收入水平决定，其中边际消费倾向 b 为不变的常数，所以

$$C_t = b \cdot Y_{t-1} \tag{8.24}$$

假定消费量和国民收入保持固定比例，投资由消费增加量与加速数（a）决定，所以

$$I_t = a(C_t - C_{t-1}) = a(b \cdot Y_{t-1} - b \cdot Y_{t-2}) = a \cdot b \cdot (y_{t-1} - Y_{t-2}) \tag{8.25}$$

假定政府支出为常数 G_t，(8.24)、(8.25) 代入 (8.23) 式得到：

$$Y_t = C_t + I_t + G_t = b \cdot Y_{t-1} + a \cdot b \cdot (y_{t-1} - Y_{t-2}) + G_t \tag{8.26}$$

乘数与加速原理相互作用引起经济周期的具体过程是：投资增加因为乘数效应引起产

量的更大增加，产量的更大增加又引起投资的更大增加，这样，经济就会出现繁荣。然而，产量达到一定水平后由于社会需求与资源的限制无法再增加，这时就会由于加速原理的作用使投资减少，投资的减少又会由于乘数的作用使产量继续减少，这两者的共同作用又会使经济进入萧条。萧条持续一定时期后由于产量回升又使投资增加、产量再增加，从而经济进入另一次繁荣。正是由于乘数与加速原理的共同作用，经济中就形成了由繁荣到萧条，又由萧条到繁荣的周期性运动过程。

乘数-加速数原理表明国内生产总值的变化会通过加速数对投资产生加速作用，而投资的变化又会通过投资乘数使国内生产总值成倍变化，加速数和投资乘数的这种交织作用便导致国内生产总值周而复始的上下波动。因此政府可以通过干预经济的政策来影响经济周期的波动。即利用政府的干预（比如政府投资变动）就可以影响减轻经济周期的破坏性，甚至消除周期，实现国民经济持续稳定的增长。

2. 真实经济周期理论

直到 20 世纪 80 年代早期，凯恩斯主义、货币主义和新古典宏观经济学派都认为是需求冲击或货币冲击决定了短期波动，但是真实经济周期理论认为："把货币干扰视为纯短暂波动的动因，所有宏观经济模型对大多数产量变化永远不能做出成功的解释。"

真实经济周期理论用经济之内的因素来解释经济周期，其基本假设与前提有以下 5 点。

一是经济主体是理性的，也就是说在现有的资源约束下追求它们效用和利润的最大化。

二是理性预期假设成立，即以完全竞争的市场经济作为研究对象，假设经济行为人掌握的信息是对称的，也是完全的，能够形成"理论预期"。

三是市场有效性假设成立，即价格可以灵活的调整，能够确保市场持续出清，因此，均衡是经济的常态，经济波动是理性经济行为人面对外来冲击自我调节，从一个均衡状态到达另一个均衡状态的过程。

四是就业变动反映了工作时间的自愿变化，非自愿失业不存在，工作和闲暇在时间上具有高度替代性。

五是货币中性假设，货币政策的变动对经济没有实际意义。

在这些假设和前提下，真实经济周期理论表现出来的基本特征有：一是技术冲击替代货币冲击成为主导冲击因素，即认为总产量和就业的波动是由可应用的生产技术的大的随机变化引起的。二是不再关注有关总物价水平的不完全信息。三是通过整合增长理论与波动理论打破了宏观经济分析中经济周期的短期与长期的二分法。

实际经济周期理论经济学家认为，经济繁荣大多得益于有利的生产率冲击，而多数经济衰退则源于不利的生产率冲击。

真实经济周期理论代表经济学家基德兰德和普雷斯科特 1982 年合作完成的论文——《建造时间和总量波动》，是真实经济周期理论的开山之作，并由此贡献而获得 2004 年度诺贝尔经济学奖。从 1982 年开始起的 20 多年中，真实经济周期理论经历了迅猛的发展，至今已经成为宏观经济学中的一个主流派别。

本章术语中英文对照

Economic Cycle/Business Cycle 经济周期
Expansion 扩张
Recession 萧条/衰退
Recovery 复苏
Kitchin Inventory Cycleof 3 to 5 Years 基钦短周期
Juglar Fixed-Investment Cycleof 7 to 11 Years 朱格拉中周期
Kuznets Infrastructural Investment Cycleof 15 to 25 Years 库兹涅茨长周期
CreditExpansion 信用扩张
Theory of Inadequate Consumption 消费不足理论
Inadequate Effective Demand 有效需求不足
Diminishing Marginal Propensity to Consume 边际消费倾向递减
Diminishing Marginal Efficiency of Capital 资本边际效率递减
Liquidity Preference 流动性偏好
Over Investment 投资过度
Economic Growth 经济增长
The Sources of Economic Growth 经济增长的源泉
Human Resource 人力资源
Natural Resource 自然资源
Capital 资本
Technology Progress /Technology Development 技术进步
Exogenous Technology Progress 外生技术进步
Endogenous Technology Progress 内生技术进步
Neoclassical Growth Model 新古典经济增长模型
Solow Growth Model 索洛经济增长模型
Returns toScale 规模报酬
Growth Rate of Population 人口增长率
Labor Productivity 劳动生产率
New Growth Theory 新经济增长理论/内生技术变革理论
The Romer Economic Growth Model 罗默经济增长模型
Knowledge Spillover 知识溢出

思考题

1. 经济社会的发展是否只考虑 GDP 的发展？
2. 影响长期经济增长率的政策有哪些？
3. 用经济周期理论分析中国经济发展情况？
4. 用乘数-加速数原理解释经济周期的波动？

第九章　开放经济下的经济模型

学习目标　掌握汇率、国际收支的概念，理解两种汇率制度，并能利用 IS-LM-BP 模型分析在开放条件下的宏观经济运行。

知识点　两种汇率制度、蒙代尔—弗莱明模型的分析及应用。

注意点　本章在均衡分析的基础上增加了汇率因素，这个汇率应该是市场化的汇率，要注意国内宏观经济政策对外的影响力以及外国的宏观经济政策对内的影响力。

第一节　国际收支与汇率

一、国际收支

（一）国际收支的概念

1. 国际收支的产生

国际收支是由一个国家对外经济、政治、文化等各方面往来活动而引起的。生产社会化与国际分工的发展，使得各国之间的贸易日益增多，国际交往日益密切，从而在国际间产生了货币债权债务关系，这种关系必须在一定日期内进行清算与结算，从而产生了国际间的货币收支。国际间的货币收支及其他以货币记录的经济交易共同构成了国际收支的主要内容。

2. 国际收支概念的发展

国际收支的概念是随着国际经济交易的发展变化而变化的。资本原始积累时期，主要的国际经济交易是对外贸易，因而早期的国际收支概念是指一国一定时期的对外贸易差额。金本位货币制度崩溃后，演化为狭义的国际收支概念（仅指一国一定时期的外汇收支）。二战后，国际经济交易的内容和范围进一步增加与扩大，就发展为被各国普遍接受的广义的国际收支（指一国一定时期内全部国际经济交易的货币价值总和）。

国际货币基金组织自 1945 年成立后，为了统一认识，根据广义的国际收支概念，对国际收支做了解释，认为国际收支是一个经济体（一个国家或地区）与其他经济体在一定时期（通常为 1 年）发生的全部对外经济交易的系统记录。它既包括清偿债权债务所发生的货币收支，也包括无偿的对外援助、其他单方面转移及以货易货等不发生货币收支的行为。

3. 对国际收支概念的理解

（1）国际收支是一个流量概念。当人们提及国际收支时，总是需要指明是属于哪一段时期的，一般是一年。不要将其与国际借贷混淆，国际借贷是指对一定时点上一国居民对外资产和对外负债的汇总，是一个存量概念。

（2）国际收支所反映的内容是经济交易。所谓经济交易是指经济价值从一个经济单位向另一个经济单位的转移。包括商品和劳务的买卖、物物交换、金融资产和金融资产之间的交换、无偿的单向的商品和劳务转移、无偿的单向的金融资产转移。

（3）国际收支记载的是一国居民和非居民之间的交换。

（二）国际收支平衡表

1. 国际收支平衡表的主要内容

国际收支平衡表是一个国家对一定时期（如一年、半年或一个季度）内，该国与他国居民之间所进行的全部经济活动进行系统记录的一种统计表，按复式簿记原理编制。一些收入项目或负债增加、资产减少的项目都列为贷方，一些支出项目或资产增加、负债减少的项目都列为借方。每笔经济交易同时分记有关的借贷两方，金额相等。因此，原则上国际收支平衡表全部项目的借方总额与贷方总额相等，其净差额为零。但是在现实中，国际收支平衡表中某一具体项目的借方与贷方都经常是不平衡的，收支相抵后，总会出现差额。具体项目上出现的差额称为局部差额。收入大于支出，称为顺差，支出大于收入，称为逆差。各项局部差额的总和便是国际收支总差额，称为国际收支顺差或逆差，亦称国际收支盈余或赤字。根据国际货币基金组织规定的方法和内容，国际收支平衡表包括经常项目、资本项目和平衡项目三大项。

2. 国际收支平衡表的编制原则

（1）居民原则。即国际收支平衡表主要记载的是居民（指一国或地区的政府机关、团体、学校、企业、在该国或地区居住期限达1年以上的个人、派驻在国外的使领馆及其人员和设在该国或地区的外国投资企业。凡不属于居民范围的均为非居民）与非居民之间的交易。

（2）计价原则。即国际收支原则上按成交时的市场价格来计价。

（3）权责发生制原则。一旦经济价值产生、改变、交换、转移或消失，交易就被记录下来，一旦所有权发生变更，债权债务就随之出现。

（4）复式记账原则。任何一笔交易要求同时作借方记录和贷方记录；一切收入项目或负债增加、资产减少的项目，都列入贷方；一切支出项目或资产增加、负债减少的项目都列入借方；借贷两方金额相等。如果交易属于单向转移，计帐的项目只有一方，不能自动成双匹配，就要使用某个特种项目记帐以符合复式记帐的要求。

二、汇率

（一）汇率及其标价

1. 汇率的概念

我们对国内贸易都很熟悉。当你去商店买米的时候，你会很自然地支付人民币。当然米店也很乐意接受人民币。贸易可以用人民币进行。在一国之内的商品交换相对讲来是简单的。但是，若你想去买一台美国造的电子计算机，事情就复杂了。或许你在商店支付的是人民币，但通过银行等金融机构的作用，最终支付的还是美元，而不是人民币。同样，美国人如想买中国商品，他们最终支付的则是人民币。这样，我们就由国际贸易引进了汇率的概念：汇率，又称汇价，指一国货币以另一国货币表示的价格，或者说是两国货币间的比价，通常用两种货币之间的兑换比例来表示。比如：USD/JPY = 120.40，表示 1 美元等于 120.40 日元，在这里美元称为单位货币，日元称为计价货币。

汇率是国际贸易中最重要的调节杠杆。因为一个国家生产的商品都是按本国货币来计算成本的，要拿到国际市场上竞争，其商品成本一定会与汇率相关。汇率的高低也就直接影响该商品在国际市场上的成本和价格，直接影响商品的国际竞争力。

正是由于汇率的波动会给进出口贸易带来如此大范围的波动，因此很多国家和地区都实行相对稳定的货币汇率政策。中国的进出口额高速稳步增长，在很大程度上得益于稳定的人民币汇率政策。

2. 外汇汇率的标价方法

目前，国内各银行均参照国际金融市场来确定汇率，通常有直接标价法和间接标价法两种标价方式。

（1）直接标价法。又叫应付标价法，是以一定单位的外国货币为标准来计算应付出多少单位本国货币。就相当于计算购买一定单位外币所应付多少本币，所以叫应付标价法。包括中国在内的世界上绝大多数国家目前都采用直接标价法。在国际外汇市场上，日元、瑞士法郎、加元等均为直接标价法。

在直接标价法下，若一定单位的外币折合的本币数额多于前期，则说明外币币值上升或本币币值下跌，叫做外汇汇率上升；反之，如果要用比原来较少的本币即能兑换到同一数额的外币，这说明外币币值下跌或本币币值上升，叫做外汇汇率下跌。汇率的涨跌与外币的价值呈同向变化，与本国货币的价值呈反向变化：本币升值，汇率下降；本币贬值，汇率上升。

（2）间接标价法。又称应收标价法。它是以一定单位的本国货币为标准，计算能够折算为多少单位的外国货币。在国际外汇市场上，欧元、英镑、澳元等均为间接标价法。

在间接标价法中，本国货币的数额保持不变，外国货币的数额随着本国货币币值的对比变化而变动。如果一定数额的本币能兑换的外币数额比前期少，这表明外币币值上升，本币币值下降，即外汇汇率上升；反之，如果一定数额的本币能兑换的外币数额比前期多，则说明外币币值下降、本币币值上升，即外汇汇率下跌。汇率的升跌与本币的价值呈反向变化，与外币的价值变化呈同向变化：外币升值，汇率上升；外币贬值，汇率下降。

3. 汇率制度

（1）汇率制度的概念

汇率制度又称汇率安排：是指各国或国际社会对于确定、维持、调整与管理汇率的原则、方法、方式和机构等所做出的系统规定。按照汇率变动幅度的大小，汇率制度可分为固定汇率制和浮动汇率制。

（2）汇率制度的内容

①确定汇率的原则和依据。例如，以货币本身的价值为依据，还是以法定代表的价值

为依据等。

②维持与调整汇率的办法。例如是采用公开法定升值或贬值的办法，还是采取任其浮动或官方有限度干预的办法。

③管理汇率的法令、体制和政策等。例如各国外汇管制中有关汇率及其适用范围的规定。

④制定、维持与管理汇率的机构，如外汇管理局、外汇平准基金委员会等。

（3）汇率制度的主要形式及特点

①固定汇率制及其特点

固定汇率制是指以本位货币本身或法定含金量为确定汇率的基准，汇率比较稳定的一种汇率制度。在不同的货币制度下具有不同的固定汇率制度。

a. 金本位制度下的固定汇率制度

1880—1914 年的 35 年间，主要西方国家通行金本位制，即各国在流通中使用具有一定成色和重量的金币作为货币，金币可以自由铸造、自由兑换及自由输出入。只要两国货币的含金量不变，两国货币的汇率就保持稳定。即黄金具有货币的全部职能：价值职能、流通手段、贮藏手段、支付手段和世界货币。其特点有：第一，黄金成为两国汇率决定的实在的物质基础。第二，汇率仅在铸币平价的上下各 6‰ 左右波动，幅度很小。第三，汇率的稳定是自动而非依赖人为的措施来维持。第四，黄金作为唯一的储备资产，是最终的国际结算手段。

b. 布雷顿森林体系下的固定汇率制度

布雷顿森林体系下的固定汇率制也可以说是以美元为中心的固定汇率制。其基本内容为：第一，实行"双挂钩"，即美元与黄金挂钩，其他各国货币与美元挂钩。第二，在"双挂钩"的基础上，《国际货币基金协会》规定，各国货币对美元的汇率一般只能在汇率平价上下 1% 的范围内波动，各国必须同 IFM 合作，并采取适当的措施保证汇率的波动不超过该界限。

由于这种汇率制度实行"双挂钩"，波幅很小，且可适当调整，因此该制度也称以美元为中心的固定汇率制，或可调整的钉住汇率制度。其特点有：第一，汇率的决定基础是黄金平价，但货币的发行与黄金无关；第二，波动幅度小，但仍超过了黄金输送点所规定的上下限；第三，汇率不具备自动稳定机制，汇率的波动与波幅需要人为的政策来维持；第四，央行通过间接手段而非直接管制方式来稳定汇率；第五，只要有必要，汇率平价和汇率波动的界限可以改变，但变动幅度有限。

作用：固定汇率制是一种可调整的钉住汇率制度，从总体上看，在注重协调、监督各国的对外经济，特别是汇率政策以及国际收支的调节，避免出现类似 30 年代的贬值"竞赛"，稳定与促进战后各国经济发展等方面起了积极的作用。

缺陷：第一，汇率变动缺乏弹性，因此其对国际收支的调节力度相当有限。第二，引起破坏性投机。第三，美国不堪重负，"双挂钩"基础受到冲击。

②浮动汇率制及其特点

浮动汇率制是指一国不规定本币与外币的黄金平价和汇率上下波动的界限，货币当局也不再承担维持汇率波动界限的义务，汇率随外汇市场供求关系变化而自由上下浮动的一种汇率制度。该制度在历史上早就存在过，但真正流行是1972年以美元为中心的固定汇率制崩溃之后。

浮动汇率制的特点：第一，以美元为主导的多元化国际储备体系；第二，汇率制度多样化；第三，对国际收支失衡的调节主要通过汇率机制、利率机制、国际金融机构调节、直接管制等方式进行。

在实行浮动汇率制后，各国原规定的货币法定含金量或与其他国家订立纸币的黄金平价，就不起任何作用了，因此，国家汇率体系趋向复杂化、市场化。

随着全球国际货币制度的不断改革，国际货币基金组织于1978年4月1日修改"国际货币基金组织"条文并正式生效，实行所谓"有管理的浮动汇率制"。由于新的汇率协议使各国在汇率制度的选择上具有很强的自由度，所以现在各国实行的汇率制度多种多样，有单独浮动、钉住浮动、弹性浮动、联合浮动等。

三、国际收支均衡

（一）国际收支均衡的含义

简单地说，国际收支均衡是指国际收支的差额等于零，即在国际收支平衡表中，所有贷方项目总值等于借方项目总值。但是，国际收支平衡表中最终总计的国际收支差额总是等于零。由此看来，国际收支是否均衡的问题似乎是自相矛盾的。实际上，人们在考虑国际收支是否均衡时，并不是指国际收支平衡表中最终总计的平衡差额是否等于零，而是指其中的部分项目收支差额是否等于零。

从理论上说，国际收支项目按其性质可分为自主性交易与调节性交易，能够反映国际收支是否平衡的是自主性交易项目。若一国的国际收支均衡是以调节性交易保持的，这实际上是国际收支的不均衡。无论是国际收支的顺差还是逆差，都是国际收支的失衡。国际收支的均衡不是一个收与支在数量上相等的数学概念，而是一个与一国经济、资本流动、货币汇率、国际储备等有密切关系的综合性的经济概念。因此，对这一概念的界定要从以下几个方面来考虑：

第一，在存在着贸易限制、资本流出入限制、失业的情况下，如果一国的经常项目的差额可以由正常的资本流量来弥补，货币汇率基本稳定，国际储备能维持2~3个月的进口需要的水平，那么就可以说这个国家的国际收支达到了均衡。

第二，国际收支均衡不是一年、两年的均衡，而是一个较长时期的均衡。

第三，国际收支均衡是一个动态的概念，而不是一个静态的概念，即在经常项目差额、资本净流量与外汇储备的合理增长过程中达到一致。

（二）国际收支不平衡的调节

国际收支不平衡的现象是经常的、绝对的，而平衡却是偶然的、相对的，因此，国际收支的调节是无时不在进行着。国际收支持续出现不平衡，不管是顺差还是逆差，对其经济的协调、健康发展都非常不利，因此，各国政府都非常关心对国际收支不平衡的调节问题。国际收支的调节大体可分为两类，一类是自动调节，另一类是人为的政策调节。

1. 国际收支的自动调节机制

国际收支自动调节是指由国际收支不平衡引起的国内经济变量变动对国际收支的反作

用过程。

(1) 价格的自动调节机制

当一国的国际收支出现顺差时，由于外汇支付手段的增多，容易导致国内信用膨胀、利率下降、投资与消费相应上升、国内需求量扩大，从而对货币形成一种膨胀性压力，使国内物价与出口商品价格随之上升，从而削弱了出口商品的国际竞争能力，导致出口减少而进口增加，使原来的国际收支顺差逐渐消除。如果一国的国际收支出现逆差时，由于外汇支付手段的减少会导致国内信用紧缩、利率上升、国内总需求量减少、物价下跌，使出口商品成本降低，从而增强了其在国际市场上的竞争能力，与此同时，进口商品在国内相对显得昂贵而影响其进口，于是，国际收支的逆差逐渐减少，恢复平衡。

(2) 汇率的自动调节机制

汇率调节国际收支是通过货币的升值、贬值消除顺差或逆差，从而恢复国际收支平衡的。当一国国际收支出现顺差时，外汇供给大于外汇需求，本币汇率上升，进口商品以本币计算的价格下跌，而出口商品以外币计算的价格上涨，因此，出口减少，进口增加，贸易顺差减少，国际收支不平衡得到缓和。当一国国际收支出现逆差时，外汇需求大于外汇供给，本币汇率下跌，出口商品的价格以外币计算下跌，而以本币计算的进口商品的价格上升，于是刺激了出口，抑制了进口，贸易收支逆差逐渐减少，国际收支不平衡得到缓和。

(3) 国民收入的自动调节机制

国民收入的自动调节机制是指在一国国际收支不平衡时，该国的国民收入、社会总需求会发生变动，而这些变动反过来又会减弱国际收支的不平衡。当一国国际收支出现顺差时，会使其外汇收入增加，从而产生信用膨胀、利率下降，总需求上升，国民收入也随之增加，因而导致进口需求上升，贸易顺差减少，国际收支恢复平衡。当一国国际收支出现逆差时，会使其外汇支出增加，引起国内信用紧缩、利率上升，总需求下降，国民收入也随之减少，国民收入的减少必然使进口需求下降，贸易逆差逐渐缩小，国际收支不平衡也会得到缓和。

(4) 利率的自动调节机制

利率的自动调节机制是指一国国际收支不平衡会影响利率的水平，而利率水平的变动反过来又会对国际收支不平衡起到一定的调节作用。一国国际收支出现顺差时，即表明该国银行所持有的外国货币存款或其他外国资产增多，负债减少，因此产生了银行信用膨胀，使国内金融市场的银根趋于松动，利率水平逐渐下降。而利率的下降表明本国金融资产的收益率下降，从而对本国金融资产的需求相对减少，对外国金融资产的需求相对上升，资本外流增加、内流减少，资本项目顺差逐渐减少，甚至出现逆差。另一方面，利率下降使国内投资成本下降，消费机会成本下降，因而国内总需求上升，国外商品的进口需求也随之增加，出口减少，这样，贸易顺差也会减少，整个国际收支趋于平衡。反之，当一国国际收支出现逆差时，即表明该国银行所持有的外国货币或其他外国资产减少，负债增加，于是就会发生信用紧缩，银根相应地趋紧，利率随市场供求关系的变化而上升，利率上升必然导致本国资本不再外流，同时外国资本也纷纷流入本国以谋求高利。因此，国际收支中的资本项目逆差就可以减少而向顺差方面转化；另外，利率提高会减少社会的总需求，进口减少，出口增加，贸易逆差也逐渐改善，国际收支逆差减少。

国际收支自动调节机制的正常运行具有很大的局限性，往往难以有效地发挥作用，因为它要受到各方面因素的影响和制约。第一，国际收支的自动调节只有在纯粹的自由经济中才能产生作用。政府的某些宏观经济政策会干扰自动调节过程，使其作用下降、扭曲或根本不起作用。自西方国家盛行凯恩斯主义以来，大多数国家都不同程度地加强了对经济的干预。第二，自动调节机制只有在进出口商品的供给和需求弹性较大时，才能发挥其调节的功能。如果进出口商品供给、需求弹性较小，就无法缩小进口、扩大出口，或扩大进口、减少出口，改变入超或出超状况。第三，自动调节机制要求国内总需求和资本流动对利率升降有较敏感的反应。如果对利率变动的反应迟钝，那么，即使是信用有所扩张或紧缩，也难以引起资本的流入或流出和社会总需求的变化。对利率反映的灵敏程度与利率结构相关联，也与一国金融市场业务的发展情况息息相关。

由于自动调节机制充分发挥作用要满足上述三个条件，而在当前经济条件下，这些条件不可能完全存在，导致国际收支自动调节机制往往不能有效地发挥作用。因此，当国际收支不平衡时，各国政府往往根据各自的利益采取不同的经济政策，使国际收支恢复平衡。

2. 国际收支的政策调节

国际收支的政策调节是指国际收支不平衡的国家通过改变其宏观经济政策和加强国际间的经济合作，主动地对本国的国际收支进行调节，以使其恢复平衡。人为的政策调节相对来说比较有力，但也容易产生负作用，有时还会因时滞效应达不到预期的目的。

（1）外汇缓冲政策

外汇缓冲政策是指一国运用所持有的一定数量的国际储备，主要是黄金和外汇，作为外汇稳定或平准基金，来抵消市场超额外汇供给或需求，从而改善其国际收支状况。它是解决一次性或季节性、临时性国际收支不平衡简便而有利的政策措施。一国国际收支不平衡往往会导致该国国际储备的增减，进而影响国内经济和金融。因此，当一国国际收支发生逆差或顺差时，中央银行可利用外汇平准基金，在外汇市场上买卖外汇，调节外汇供求，使国际收支不平衡产生的消极影响止于国际储备，避免汇率上下剧烈动荡，而保持国内经济和金融的稳定。但是动用国际储备，实施外汇缓冲政策不能用于解决持续性的长期国际收支逆差，因为一国储备毕竟有限，长期性逆差势必会耗竭一国所拥有的国际储备而难以达到缓冲的最终政策，特别是当一国货币币值不稳定，使人们对该国货币的信心动摇，因而引起大规模资金外逃时，外汇缓冲政策更难达到预期效果。

（2）财政政策

财政政策主要是采取缩减或扩大财政开支和调整税率的方式，以调节国际收支的顺差或逆差。如果国际收支发生逆差，则第一，可削减政府财政预算、压缩财政支出，由于支出乘数的作用，国民收入减少，国内社会总需求下降，物价下跌，增强出口商品的国际竞争力，进口需求减少，从而改善国际收支逆差；第二，提高税率，国内投资利润下降，个人可支配收入减少，导致国内投资和消费需求降低，在税赋乘数作用下，国民收入倍减，迫使国内物价下降，扩大商品出口，减少进口，从而缩小逆差。可见，通过财政政策来调节国际收支不平衡主要是通过调节社会总需求、国民收入的水平来起作用的，这一过程的中心环节是社会企业和个人的"需求伸缩",它在不同的体制背景下作用的机制和反应的快捷程度是不一致的,这取决于其产权制约关系的状况。

(3) 货币政策

货币政策主要是通过调整利率来达到政策实施目标的。调整利率是指调整中央银行贴现率,进而影响市场利率,以抑制或刺激需求,影响本国的商品进出口,达到国际收支平衡的目的。当国际收支产生逆差时,政府可实行紧缩的货币政策,即提高中央银行贴现率,使市场利率上升,以抑制社会总需求,迫使物价下跌,出口增加,进口减少,资本也大量流入本国,从而逆差逐渐消除,国际收支恢复平衡。相反,国际收支产生顺差,则可实行扩张的货币政策,即通过降低中央银行贴现率来刺激社会总需求,迫使物价上升,出口减少,进口增加,资本外流,从而顺差逐渐减少,国际收支恢复平衡。

但是,利率政策对国际收支不平衡的调节存在着一些局限性:其一,利率的高低只是影响国际资本流向的因素之一,国际资本流向很大程度上还要受国际投资环境政治因素的影响,如一国政治经济局势较为稳定,地理位置受国际政治动荡事件的影响小,则在这里投资较安全,可能成为国际游资的避难所。此外,国际资本流向还与外汇市场动向有关,汇率市场,游资金融转向投机目的以获取更高利润,因此一国金融市场动荡,即使利率较高也难以吸引资本流入;其二,国内投资、消费要对利率升降有敏感反应,而且对进口商品的需求弹性、国外供给弹性要有足够大,利率的调整才能起到调节国际收支不平衡的效果。反之,若国内投资、消费对利率反应迟钝,利率提高时,国内投资、消费不能因此减少,则进口需求也不会减少,出口也难以提高。国际收支逆差也难以改善;其三,提高利率短期内有可能吸引资本流入本国,起到暂时改善国际收支的作用,但从国内经济角度看,由于利率上升,经济紧缩,势必削弱本国的出口竞争力,从而不利于从根本上改善国际收支。相反,为了促进出口而活跃经济必须降低利率,这又会导致资本外流,势必加剧国际收支不平衡,因此利率政策调节国际收支不平衡容易产生内外均衡的矛盾。

(4) 汇率政策

汇率政策是指通过调整汇率来调节国际收支的不平衡。这里所谓的"调整汇率"是指一国货币金融当局公开宣布的货币法定升值与法定贬值,而不包括金融市场上一般性的汇率变动。汇率调整政策是通过改变外汇的供需关系,并经由进出口商品的价格变化,资本融进融出的实际收益(或成本)的变化等渠道来实现对国际收支不平衡的调节。当国际收支出现逆差时实行货币贬值,当国际收支出现顺差时实行货币升值。

汇率调整政策同上述财政政策、货币政策相比较而言,对国际收支的调节无论是表现在经常项目、资本项目或是储备项目上都更为直接、更为迅速。因为,汇率是各国间货币交换和经济贸易的尺度,同国际收支的贸易往来、资本往来的"敏感系数"较大;同时,汇率调整对一国经济发展也会带来多方面的副作用。比如说,贬值容易给一国带来通货膨胀压力,从而陷入"贬值→通货膨胀→贬值"的恶性循环。它还可能导致其它国家采取报复性措施,从而不利于国际关系的发展等。因此,一般只有当财政、货币政策不能调节国际收支不平衡时,才使用汇率手段。

同时,汇率调整政策有时对国际收支不平衡的调节不一定能起到立竿见影的效果,因为其调节效果还取决于现实的经济和非经济因素:第一,汇率变动对贸易收支的调节受进出口商品价格弹性和时间滞后的影响；第二，汇率变动对资本收支的影响不一定有效，其影响要看外汇市场情况而定。如果一国汇率下跌引起一般人预测汇率还会继续下跌，则国内资金将会外逃，资本收支将会恶化，并且资本输出入主要还是要看一国的利率政策、融资环境等，这些都无法随汇率的变化而变化；第三，汇率变动对国际收支的调节还受制于各国对国际经济的管制和干预程度。这些管制和干预包括贸易壁垒的设置、外汇管制政策的松严等。

（5）直接管制政策

财政、货币和汇率政策的实施有两个特点，一是这些政策发生的效应要通过市场机制方能实现，二是这些政策的实施不能立即收到效果，其发挥效应的过程较长。因此，在某种情况下，各国还必需采取直接的管制政策来干预国际收支。

直接管制政策包括外汇管制和贸易管制两个方面：外汇管制方面主要是通过对外汇的买卖直接加以管制以控制外汇市场的供求，维持本国货币对外汇率的稳定。如对外汇实行统购统销，保证外汇统一使用和管理，从而影响本国商品及劳务的进出口和资本流动，调节国际收支不平衡。贸易管制方面的主要内容是奖出限入。在奖出方面常见的措施有：①出口信贷；②出口信贷国家担保制；③出口补贴。而在限入方面，主要是实行提高关税、进口配额制和进口许可证制，此外，还有许多非关税壁垒的限制措施。

实施直接管制措施调节国际收支不平衡见效快，同时选择性强，对局部性的国际收支不平衡可以采取有针对性的措施直接加以调节，不必涉及整体经济。例如，国际收支不平衡是由于出口减少造成的，就可直接施以鼓励出口的各种措施加以调节。但直接管制会导致一系列行政弊端，如行政费用过大、官僚、贿赂之风盛行等，同时它往往会激起相应国家的报复，以致使其效果大大减弱，甚至起反作用，所以，在实施直接管制以调节国际收支不平衡时，各国一般都比较谨慎。

（6）国际借贷

国际借贷就是通过国际金融市场、国际金融机构和政府间贷款的方式，弥补国际收支不平衡。国际收支逆差严重而又发生支付危机的国家，常常采取国际借贷的方式暂缓国际收支危机。但在这种情况下的借贷条件一般比较苛刻，这又势必增加将来还本付息的负担，使国际收支状况恶化，因此运用国际借贷方法调节国际收支不平衡仅仅是一种权宜之计。

（7）国际经济、金融合作

如前所述，当国际收支不平衡时，各国根据本国的利益采取的调节政策和管制政策措施，有可能引起国家之间的利益冲突和矛盾。因此，除了实施上述调节措施以外，有关国家还试图通过加强国际经济、金融合作的方式，从根本上解决国际收支不平衡的问题。其主要形式有：

第一，国际间债务清算自由化。第二次世界大战后成立的国际货币基金组织和欧洲支付同盟的主要任务是促使各国放松外汇管制，使国际间的债权债务关系在这些组织内顺利的得到清算，从而达到国际收支平衡。

第二，国际贸易自由化。为了调节国际收支，必须使商品在国际间自由流动，排除任何人为的阻碍，使国际贸易得以顺利进行，为此或订立国际间的一些协定，或推行经济一体化,如欧洲共同市场、拉丁美洲自由贸易区、石油输出国组织等。

第三,协调经济关系。随着20世纪80年代全球性国际收支不平衡的加剧,西方主要工业国日益感到开展国际磋商对话、协调彼此经济政策以减少摩擦,共同调节国际收支不平衡的必要性和重要性。如1985年起一年一次的西方七国财长会议,就是协调各国经济政策的途径之一,通过西方七国财长会议的协调,近几年来,在纠正全球性国际收支不平衡方面已取得了一些积极成果。

【专栏9-1】中美贸易战对人民币汇率的影响

2018年3月22日,美国总统特朗普签署备忘录,依据"301调查"结果,指令有关部门对从中国进口约600亿美元商品大规模加征关税,并限制中国企业对美投资并购。3月23日中国反击,拟对7类美进口产品加征关税涉及产品约30亿美元,以平衡因美国加征关税给中方利益造成的损失。4月2日凌晨,财政部网站发布消息称,自2018年4月2日起,中国对原产于美国的7类128项进口商品中止关税减让义务,在现行适用关税税率基础上加征关税,所涉金额30亿美元。4月4日,美国公布征税产品清单,涉及金额500亿美元;中国宣布对原产于美国的价值500亿美元商品对等采取加征关税措施。4月5日,特朗普要求额外对1 000亿美元中国商品加征关税,中美贸易战持续发酵。在这样的背景下,全球经济与金融的走势将何去何从?

一、中美贸易战的背景和原因

1. 中美贸易严重失衡是中美贸易战的直接原因

美国商务部公布的数据显示,2017年美国贸易逆差5 660亿美元,创2008年以来新高,其中2017年美国对中国贸易逆差3 752亿美元,也创历史新高。中国是美国货物贸易逆差第一来源地,占美国货物贸易逆差的46.3%,高于排第二位至第九位的8个国家之和(44%)。美国特朗普政府要想完成其所宣称的消灭贸易赤字的目标,紧迫性不言而喻。为了缩减中美之间的贸易逆差,美国可能采取的方法有两个:一是迫使人民币升值,间接削弱中国产品的竞争力;二是直接对中国出口商品加征关税。而实际情况中汇率与我国出口的关系并不完全符合理论预期,其对美国逆转中美贸易逆差的趋势作用有限,如2012至2015年间,人民币持续升值,对应出口却处于上行区间,并且人民币升值也不由美国完全掌控。但关税政策可完全由美国主导,同时将能够起到"精准打击"的作用,利于达到美国的战略目的。

2. 美国主要任务仍在于刺激经济增长

美国总统特朗普的种种言行实际上也是在贯彻他自从选举以来的口号与目标,就是"美国第一"或者说"美国优先"原则,其肆无忌惮的表现只为把美国经济增长放到第一位。当美国经济高歌猛进时,美国政府可能对强势美元听之任之;而当美国经济增长疲弱时,美国政府或会在汇率和贸易问题上变得越来越强硬。财政政策方面,虽然特朗普去年年底通过了减税法案,但由于巨大的财政赤字与政府债务,进一步实施刺激性政策的余地并不大。货币政策方面,美联储正处于加息周期,美联储的货币政策立场已经不再宽松。在这种情况下,通过改善净出口来推动经济增长,就成了美国的政策重点。

3. 试图遏制中国复兴或是中美贸易战的深层次原因

中国改革开放40年以来,经济总量从仅占全球的1.8%上升到了14.8%,2017年中国GDP达12万亿美元，相当于美国的63%，并且中国经济增长率6.9%，远高于美国的2.3%。如果按照6%左右的GDP增速，大约在2027年前后，中国有望取代美国，成为世界第一大经济体。面对中国复兴，美国产生强烈的危机感，所以美国试图重演20世纪80年代美日贸易战以遏制中国的复兴。

二、中美贸易战对人民币汇率的影响

从表面来看，一旦中美双方在贸易上冲突加剧，中国的出口很可能受到影响，而货物贸易顺差是我国经常项目顺差的主要组成部分，一旦货物贸易顺差萎缩，人民币升值压力自然增大。从近年来人民币汇率走势看，人民币兑美元出现了比较明显的贬值——2015年全年人民币平均汇率为6.2284，2016年为6.6423，2017年为6.7518，人民币兑美元累计贬值幅度8%左右。特朗普认为，人民币贬值是中国继续保持巨额贸易顺差、获得对美不公平竞争优势的关键因素，希望签署针对中国的"广场协议"，让中国政府积极主动引导人民币升值，削减中国的货物贸易和经常项目顺差，从而平衡和降低美国对外贸易赤字。2018年3月以来受特朗普挑起贸易战影响，人民币确实表现为上涨趋势。特别是4月2日，当日人民币兑美元中间价升至6.2764，创2015年8月11日汇改以来新高。

不过人民币汇率表现最初大涨迹象之后出现一定程度的回调。整体来看，人民币汇率波动虽然与中美贸易战有关联，但人民币汇率的升值更多是跟随美元贬值而升值。2017年以来，美元指数持续走弱，贬值幅度超过20%，今年以来美元指数一直保持在90以下，美元指数也一度突破89。2018年一季度以来，美元持续一路走跌，累计跌幅近2.5%，今年3月份，美联储如期加息也没有逆转其疲软走势。美元指数持续调整，也影响了市场信心。与此同时，中国经济继续呈现良好态势，为人民币汇率提供了有力支撑。

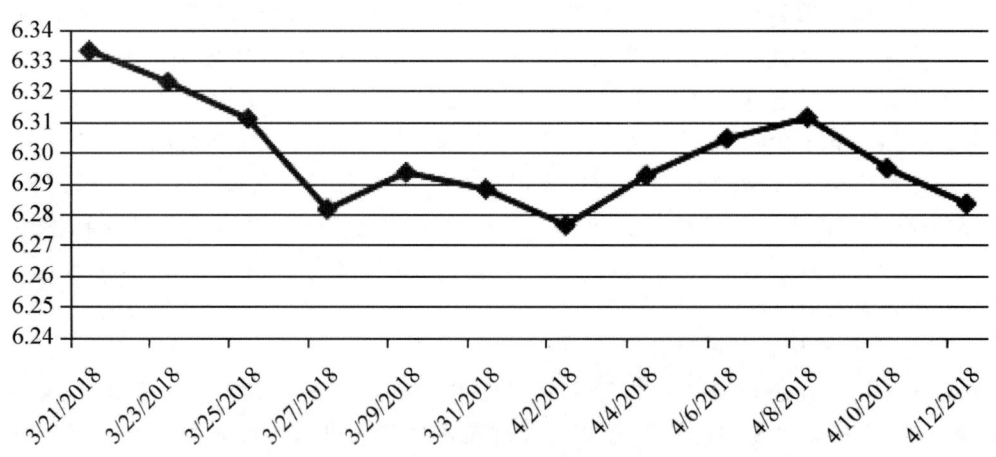

图9-1 中美贸易战以来美元兑人民币中间价

因此，中美贸易战对人民币汇率方向上的影响应该是高度不确定的，这主要是因为：

1. 中美贸易战"大打出手"可能性并不大

经济全球化的快速发展，中美经贸关系的不断深化，使中美两国联系更加密切，美国经济影响着中国，同样中国经济对美国也有一定的影响。中国出口产品中，有很大一部分会是美国在华的加工项目，如果美国遏制中国出口，也会给自己带来一定麻烦。此外，虽然从经济总量来看，中国与美国还有差距，但中国经济的增速却远高于美国，两国经济总量的差距正在逐步缩小，中美经济已经实力相当。而在两国经济总量中，外贸的重要性都不言而喻，无论哪一方，想独享贸易的大蛋糕，都是不可能的。所以两国理想的外贸关系应该是"你中有我、我中有你、互利共赢"。

2. 中国"有管理的浮动汇率制度"作为控制汇率简单有效的一个选项而存在

从蒙代尔的三元悖论可知，在开放经济条件下，本国货币政策的独立性、固定汇率、资本的自由进出不能同时实现，最多只能同时满足两个目标，而放弃另外一个目标来实现调控的目的。中国则选择了货币政策独立和固定汇率，多年来一直奉行"有管理的浮动汇率制度"。在有管理的浮动汇率制下，汇率在货币当局确定的区间内波动。人民币汇率走势的核心主要取决于国家的目标，如果国家的目标是维持稳定，可能会允许货币升值或者保持目前的水平，但这样对贸易战下的出口不利，对经济也不利；如果国家的目标是维持就业和经济增长，那么货币贬值将成为一个不错的选择。总之，人民币是不可自由兑换的货币，它的汇率受到官方的强力调控，官方可以随时干预外汇市场，保持汇率稳定。

中国目前汇率制度的一连串改革以及人民币国际化进程的不断加强都是为了使人民币与美元尽可能脱钩。尽管在中美贸易战的背景下，人民币汇率的波动幅度较大，但是影响相对来说是在可控范围内的，中国作为一个有能力控制汇率的国家，既不会引导汇率贬值，也不会放任汇率大幅升值。对于人民币汇率相关的稳定政策而言，会在稳定汇率的前提下允许人民币出现可控范围内的波动。

第二节 开放条件下宏观经济政策：IS-LM-BP模型

尽管当今很多国家，尤其是一些主要发达国家往往采用浮动汇率制度，但他们往往还是将其汇率钉住某一主要货币的汇率，尤其是许多发展中国家都实行相对固定的汇率制度，因而在实施财政政策和货币政策时不得不考虑固定汇率的影响。在固定汇率制度下，政府只能通过使用支出-改变政策来实现内外部平衡。美国经济学家蒙代尔提出了一个模型，指出使用财政政策实现内部平衡，使用货币政策实现外部平衡。因此，政府只使用财政政策和货币政策（支出-改变政策）可以同时实现内外部平衡。

一、国际收支曲线：BP曲线

蒙代尔模型放松了前面没有资本流动的假设，资本的国际流动在现实生活中受到利率变动的影响。为了便于分析，假设在经济达到充分就业之前，价格水平不变，并假设利率不变。蒙代尔模型的分析工具是三条曲线：IS、LM、BP曲线。该模型实际上是IS-LM模型在开放经济中的状况。IS曲线表示商品市场的均衡，即$I+G+X=S+T+M$，I为国内私人投资，G为政府支出，S为储蓄，T为税收，M和X分别为进口和出口。LM曲线表示货币市场均衡，即货币供给等于货币需求。在利率-收入坐标中，IS、LM的交叉点表示商品市场和货币市场同时实现了均衡。

关于IS-LM模型我们已经在宏观经济学中学过，这里不再重复其推导过程，下面我们介绍一下国际收支曲线——BP曲线。BP曲线表示为国际收支均衡的曲线，向右上方倾斜，即斜率为正，代表利率与实际国民收入同方向变动。并且，对于BP曲线上任何一点均代表国际收支平衡。

图9-2中表示的是BP曲线的推导过程。图9-2（a）显示了本国利率与短期资本净流出呈反比，r下降资本流出增加，r上升资本流出减少；图9-2（b）显示，若有资本净流出（使国际收支逆差）一定要有一等额的贸易差额的增加和为保持国际收支平衡需要更低的利率和更大的资本流出（或更小的资本流入）。图9-2（c）显示贸易差额与收入呈反比，假定国民收入上升，则会引起消费增加，接着进口也会增加。如果出口保持不变，就会产生贸易赤字，贸易差额即净出口减少。反之亦然。图9-2（d）显示利率和国民收入呈正比例关系，该曲线表明：收入上升，产生贸易赤字；利率也上升，从而使资本流入，由此弥补贸易赤字。

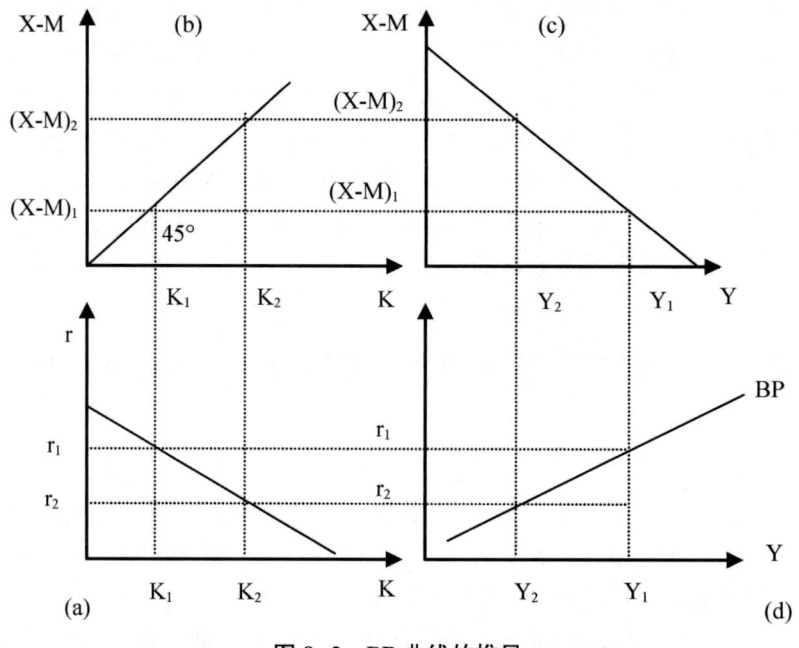

图9-2　BP曲线的推导

假定国民收入上升，则会引起消费增加，接着进口也会增加。如果出口保持不变，就会产生贸易赤字。为了消除赤字，保持国际收支平衡，必须减少资本输出，增加资本输入，而资本的输入必须以高利率来吸引。因此，为了保持国际收支平衡，利率必须同国民收入呈正比，于是在IS—LM曲线上增加了一条正斜率的国际收支曲线BP，从而形成IS-LM-BP模型。

二、IS-LM-BP模型

现在我们将IS、LM、BP曲线放在同一座标里进行分析，即描述商品市场、货币市场和国际收支同时处于平衡时情况，从而形成一个开放的宏观经济模型。如图9-3所示。

当IS曲线、LM曲线和BP曲线恰好交于E点的时候，便会有惟一的一组利率r_E和实

际国民收入 Y_E，使得商品市场均衡、货币市场均衡及国际收支均衡这三种均衡同时实现。三条曲线的共同交点 E 是此模型的唯一一个三重均衡点。而此模型的其它任何点都是非三重均衡点。例如，如果 BP 曲线位于 IS 与 LM 的交点 E 的左方，如 BP′所示，由于表示 r_E 与 Y_E 的组合点 E 位于 BP′线的右边，因此在商品市场与货币市场共同达到均衡时存在着国际收支逆差；如果 BP 曲线低于点 E，如 BP″所示，则意味着商品市场与货币市场同时达到均衡时存在着国际收支顺差。

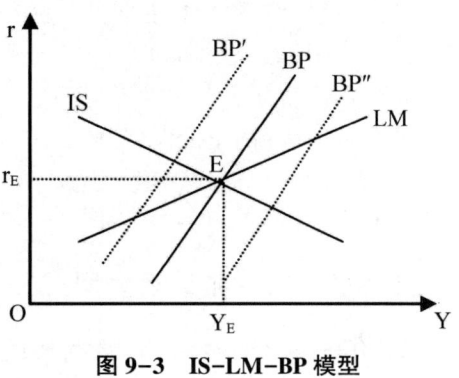

图 9-3 IS-LM-BP 模型

第三节 固定汇率制度下的宏观经济政策

在固定汇率制度下，政府面临内外平衡两个目标，根据丁伯根法则，政府至少需要两个政策工具。但在现实中，战后政府当局仅仅使用总需求政策（通过财政政策和货币政策来实现需求管理）一种方式来干预经济，结果形成了宏观经济政策的两难困境，即仅仅使用总需求政策不可能即改善国内需求水平，又改善国际收支。

一、开放条件下的财政政策和货币政策

罗伯特·蒙代尔和其它几位经济学家在对需求政策两难困境进行更深入的研究时发现，财政政策和货币政策对内部平衡和外部平衡有相对不同的影响，它们实际上是两个政策工具而不是一种。财政政策通常对内部平衡的影响程度比较大，且方向明确；而货币政策对外部平衡的影响比较大，且方向明确。因此可以将这两种经济政策作为两个政策工具搭配使用。

这两种经济政策作为两个政策工具可以搭配使用，将平衡内部经济的任务交给财政政策，将外部平衡的任务交给货币政策，以便同时实现内部和外部平衡。这样就解决了总需求政策解决不了的问题。

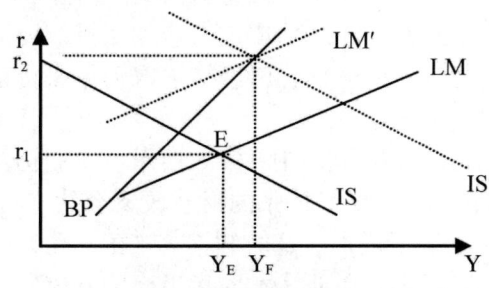

图 9-4 固定汇率下的财政政策和货币政策

高失业与国际收支赤字同时存在的情况来说，如果政府配合使用紧缩的货币政策和扩张的财政政策，图 9-4 中 E 点是国内均衡点，因该点在 BP 曲线的右边，因此，存在国际收支逆差。E 点只是国内均衡并非内部平衡点，因为此时均衡的国民收入小于充分就业的国民收入，即 $Y_E < Y_F$。此时应采取扩张性的财政政策，使 IS 曲线向右上方移动到 IS′，同时要采取紧缩性的货币政策，使 LM 曲线左

· 193 ·

移到 LM′。这样 IS′和 LM′在 E′处与 BP 曲线相交，从而实现了内外部同时平衡。这时利率提高到 r_2，国民收入增加到 Y_F。

如图 9-4 所示，当政策强度适当时，经济会刚好处于充分就业的国民收入水平（Y_F），同时也达到了国际收支平衡。

蒙代尔模型（IS-LM-BP 模型）还可用于分析一国经济处于各种内外不平衡情况时的调整过程。在此不再一一赘述。

二、蒙代尔—弗莱明模型

蒙代尔—弗莱明模型是以资本具有完全流动性为假设前提的开放经济模型，它是一类特殊的 IS-LM-BP 模型，其特殊性表现在 BP 曲线由于资本的完全流动性而成为一条水平线，这时资本流动对于利率的变动具有完全的弹性。此模型是在 20 世纪 60 年代浮动汇率盛行前，由美国哥伦比亚大学经济学教授蒙代尔和国际货币基金组织研究员弗莱明所创立的。尽管其分析后来被不断地修正，但最初的蒙代尔—弗莱明模型有关解释资本具有高度流动性情况下政策如何发挥作用的部分均被完整地保留下来。

在资本具有完全流动性的情况下，利率的微小变化都会引发资本的无限量流动。即任何高于国外利率水平的国内利率都会导致巨额资本流入，使国际收支处于顺差。同样，任何低于国外利率水平的国内利率都会导致巨额资本流出，使得国际收支处于逆差。因此在固定汇率制度下，各国利率均与世界均衡利率水平保持一致，任何国家的中央银行均不可能独立地操纵货币政策。假设一国货币当局希望提高利率，因而采取紧缩性货币政策使利率上升，很快世界各国的投资者为了享有这一更高的利率而将其资金转入该国。结果由于巨额资本流入，该国的国际收支出现大量顺差，从而使该国货币面临巨大的升值压力。由于是固定汇率，该国中央银行有责任干预外汇市场以保持汇率的稳定，因此中央银行在外汇市场上抛售本币、买进外国货币。结果该国的货币供应量增加，抵消了最初紧缩货币政策的影响，最终国内利率退回到最初水平。

上述过程可用图 9-5 来说明。图中假设经济的初始状态处于 E 点。这时国内利率水平 r 与国际均衡利率水平 r_E 一致，国际收支达到平衡，即 BP=0。由于资本具有完全流动性，所以 BP 曲线为一条水平线。现在假设中央银行使用扩张性货币政策，LM 曲线右移到 LM′，经济处于 E′点。但在 E′点由于资本大量外流存在国际收支逆差，对国内货币产生贬值压力，中央银行必须干预市场，抛售外汇，收回本币，使汇率保持稳定。与此同时，国内货币供应减少，LM′曲线又向左移，这一过程将一直持续到重新回到均衡点 E 为止。实际上，在资本完全流动的情况下，国民收入水平不会达到 E′点对应的水平。因为资本流动数量巨大且非常迅速，在经济达到 E′点之前中央银行就已经被迫取消扩张货币的措施了。

现在我们再来看资本完全流动下扩张性财政政策的效果，如图 9-6 所示。我们仍然假定经济最初处于均衡点 E。在货币供给不变的情况下，执行扩张的财政政策会使 IS 曲线右移至 IS′，经济达到 E′，利率 r 与国民收入 Y 都有所增加。这时利率高于国际均衡水平 r_E，吸引大量的国际资本流入本国，造成巨额国际收支逆差，本国货币面临升值的压力。为保持固定汇率，中央银行必须在外汇市场上买进外汇，卖出本币。结果本国货币供给增加，LM 曲线发生右移直至 LM″，这一过程将一直持续到经济达到新的均衡点 E″，使利率恢复到原来的水平，国际收支恢复平衡为止。但这时收入进一步增加了，由 Y′上升到 Y″。这说明在固定汇率和资本完全流动情况下，财政政策是有效的，一国只通过财政政策而不需任何货币政策就可以实现内外部平衡。

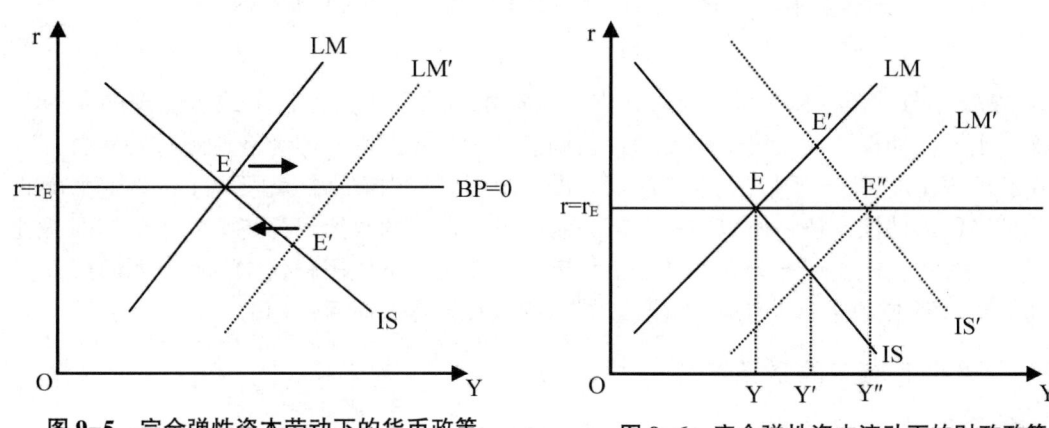

图 9-5　完全弹性资本劳动下的货币政策　　　　图 9-6　完全弹性资本流动下的财政政策

综上所述，在固定汇率制度下，如果资本具有完全的流动性，任何国家都不可能独立地执行货币政策，不可能偏离世界市场通行的利率水平。如何独立执行货币政策的企图都将引起资本的大量流入或流出，并迫使货币当局增加或减少货币供给，从而迫使利率回到世界市场上通行的水平，经济重新恢复到原来的状态。而财政政策则会收到意想不到的效果，由于上述相同原因而使国际收支恢复均衡，但对国民收入的影响却进一步扩大了。

【例 9-1】

现考虑不存在政府部门，不存在资本移动和价格变动的简单的"固定汇率制经济模型"这一模型的各种函数值和变量值有常数如下：$C=2+0.8Y$，$M=10+0.2Y$，$I=30$，$X=80$。试求：

(1) 对外贸易乘数为多少？能使商品市场达到均衡的国民收入为多少？

(2) 进口为多少？能使贸易收支达到均衡的国民收入应为多少？

(3) 进口减少多少？可使国民收入均衡？

(4) 若一国的边际进口倾向 m 变为 0.25，边际储蓄倾向 s 仍为 0.2，t=0.2。求政府支出增加 10 亿元时，对该国进口 M 的影响。

解：

(1) $K_X = \dfrac{1}{1-b+m} = \dfrac{1}{1-0.8+0.2} = 2.5$

$Y = K_X \times (C_0 + I + X - M)$

$Y = 2.5 \times (2+30+80-10-0.2Y)$

$Y = 510$

(2) $M = 10+0.2 \times 510 = 112$

(3) $NX = X - M = -32$

(4) $\Delta Y = K_x \times \Delta G = 1.79 \times 10 = 17.9$ 亿

$\Delta M = 10 + 0.2Y = 10 + 0.2 \times 17.9 = 10 + 3.58 = 13.58$ 亿

第四节 浮动汇率下的宏观经济政策

自1973年布雷顿森林体系崩溃后，许多国家相继采取了自由浮动或有管理的浮动汇率制度。由于浮动汇率可通过汇率变动自动调节国际收支，使一国经济达到对外平衡，因此在浮动汇率制度下，一国宏观经济政策只需着眼于实现内部平衡就可以了，外部平衡的实现，可以留给外汇市场。所以在浮动汇率制度下，政府的政策目标将只有一个，即通过宏观经济政策的实施实现充分就业和物价稳定。下面我们仍使用蒙代尔—弗莱明模型来探讨浮动汇率与资本完全流动情形下财政政策与货币政策是如何起作用的。

一、浮动汇率下的货币政策

浮动汇率下的货币政策在刺激国内经济作用方面，与固定汇率下的效果截然不同。在浮动汇率制度下，不管各国间是否存在完全的资本流动，货币政策对内部平衡都具有很强的影响。

当政府采取扩张性的货币政策时，即通过扩大货币供应量刺激经济时，利率会下降，国内需求水平上升，进而国民收入水平提高，同时由于需求增加，对进口产品的需求也会增加，结果贸易收支恶化。另一方面，利率降低将导致资本外流，因而引起资本项目恶化。所以当采取扩张性的货币政策以后，在刺激国民收入水平提高的同时，短期内会使国际收支恶化。然而，如果该国实行的是浮动汇率，这种外部的失衡可以留给外汇市场来调节。因为当一国国际收支恶化时，外汇的供给小于需求的情况不能持久，外汇市场上本国货币会贬值，进而刺激本国的出口，抑制进口，贸易收支因而会改善。同时国际收支恶化及因此引起的本国货币贬值导致本国的货币供给量减少，从而会使利率上升，利率上升资本将回流，该国的国际收支逐步恢复平衡。外部平衡的恢复完全是汇率的自由浮动带来的。下面我们用图9-7来说明浮动汇率下扩张性货币政策的作用。

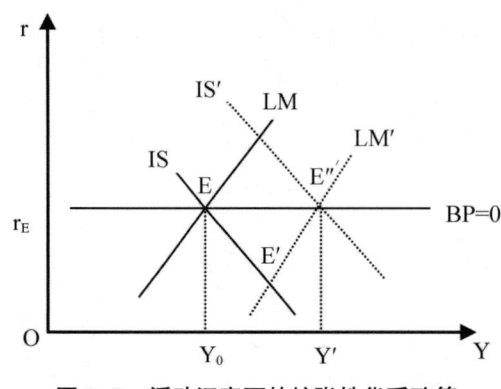

图9-7 浮动汇率下的扩张性货币政策

假设最初的均衡点为E，当货币当局增加货币供给量时，LM曲线右移至LM′。因货币供给量增加，利率下降，这会刺激国内需求，从而提高国民收入水平，所以国内均衡点移至E′点，但国民收入水平的提高也会使进口增加，因此贸易收支会恶化。在E′点，由于国内利率低于国际均衡利率水平，导致大量资本流出，从而出现国际收支逆差，于是本国货币贬值。本国货币贬值后，本国出口增加，进口减少，于是IS曲线向右移动至IS′，直至国际收支恢复平衡为止。最终，均衡点移至 E″点，在这一点上，国内收入水平提高了，利率也提高了，重新与国际均衡利率相等。结果，扩张性的货币政策导致了产量、就业的提高和汇率的上升。这一分析提出了一个有趣的命题：扩张性货币政策将有助于通过本币贬值改善经常项目的收支状况。

如果实行紧缩性的货币政策，则结果正相反。短期内，紧缩性货币政策会提高利率，降低国民收入水平，并导致资本大量流入，国际收支出现顺差。于是本币升值，净进口增加，IS 曲线左移，直至国际收支恢复平衡，达到更低收入水平的均衡点。

在固定汇率制度下，中央银行必须对外汇市场进行干预，货币当局实际上不能控制货币存量。因为当它扩张货币存量时，外汇储备的损失将会抵消国内货币存量的增长。而在浮动汇率制度下，中央银行不必干预外汇市场，所以货币存量的增加就不会构成对外汇市场的干预的抵消作用。在浮动汇率下，中央银行可以控制货币存量是上述分析的一个重要结论。这一政策也被看作是在国内减少失业的同时向国外转移国内的失业，或将国内失业向国外出口的一种政策。

二、浮动汇率下的财政政策

在浮动汇率制度下，一国的财政政策对外部平衡的影响比较复杂，它的作用方向是不明确的。如图 9-8 所示。假设最初的均衡点为 E，当政府采取扩张性的财政政策时，如减税或增加政府开支，会导致 IS 曲线右移至 IS′，国内经济均衡点也由 E 点移至 E′点（短期均衡点）。此时需求扩张，产量提高，对货币的需求也因此增加，导致利率上升。国内利率上升会造成资本大量流入国内，从而国际收支出现顺差。反映在外汇市场上，对本币的需求超过了本币的供给，由于是浮动汇率，于是本币升值。本币升值后，本国出口受到抑制，进口则会增加。这时 IS 曲线将往回移动，直到净进口的增加抵消国际收支顺差为止。图 9-8 中 IS 曲线又回到了原来的位置。这意味着合理的自由浮动机制对扩张性财政政策产生了一个完全的挤出效应，致使扩张性财政政策达不到降低失业、提高收入水平的目的。

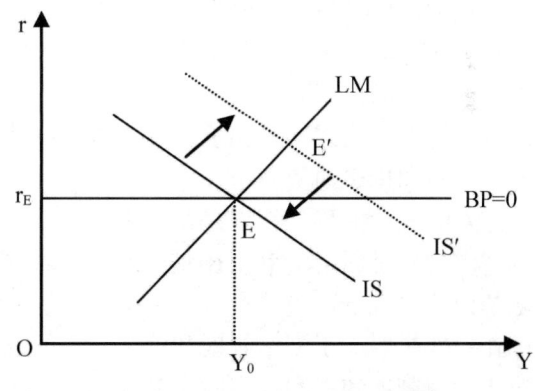

图 9-8 浮动汇率下的财政政策

上述分析表明，在浮动汇率制度下，如果资本具有完全的流动性，通过财政政策刺激总需求不会实现影响均衡收入的目的。

值得注意的是，以上对浮动汇率制度下货币政策和财政政策调整作用的分析只是一个概要的和粗略的分析，其具体的调整过程因众多变量之间相互交错的关系比我们的分析要复杂得多。

三、固定汇率与浮动汇率之争

经济学家们关于开放经济条件下的宏观经济政策的争议主要集中在两个方面：一是关于汇率制度的优劣的争议；二是关于国际宏观经济政策协调之利弊的争议。后者我们将在下一节介绍，这里我们主要介绍一下关于固定汇率与浮动汇率孰优孰劣之争的一些主要观点。

首先，从汇率波动对国际贸易和投资的影响看。赞成固定汇率制的人认为，浮动汇率易导致汇率的不确定性和不稳定性，这会阻碍国际贸易和国际投资的发展。例如，如果国际贸易合同规定用他国货币作为结算单位，那么出口商就要承担本国货币未来汇率不确定所带来的风险。虽然出口商可以采取套期保值的方式来降低风险，但这又会增加国际贸易成本。对进口商来说，也同样存在着这样的问题。这种观点实际上强调的是短期因素。但从长期看，浮动汇率将可降低国际贸易和投资中的风险。例如，假设一名美国出口商在英国市场上销售其产品，价格为 100 英镑，美元和英镑之间的汇率为 1 英镑兑换 2 美元。现在假设美国物价水平相对英国上涨了 50%。如果是固定汇率制，美国的出口商出口 1 单位产品收入是 200 美元。但若换成浮动汇率制，由于通货膨胀的差异，长期内美元汇率将变为 1 英镑兑换 3 美元，于是美国出口商出口单位产品的收入将增加到 300 美元，即其出口收益与美国物价水平保持同步变化，从而减少了出口收益的风险。汇率变化对国际贸易和投资究竟有何影响的问题在理论界一直争论不休。然而，大量的经验研究表明，浮动汇率增加了汇率的不确定性。

其次，从对外汇市场投机的影响看。一种比较流行的观点认为，浮动汇率制容易引发投机活动，导致汇率的不稳定。对此，最早提出批评意见的美国经济学家弗里德曼认为，投机只是一种非理性的行为，不会长久持续。但现在越来越多的学者认为，投机活动是一种长期性活动，它完全有可能使得汇率长期偏离其均衡水平。

最后，从宏观经济政策的运用来看，有很多理由支持浮动汇率制。例如，从政策目标来看，在固定汇率下，政府在运用宏观经济政策实现国内目标的同时，还要对外汇市场进行干预。这必然加大政府制定政策的代价，突出表现在政策的配套和干预程度很难正确确定上。而在浮动汇率下，政府无须干预外汇市场，只需关注国内经济目标即可；从货币政策的独立性看，在浮动汇率下，政府可实行独立地货币政策；从国际传递机制看，固定汇率易在国际间传递通货膨胀。

随着时间的推移，特别是在布雷顿森林体系崩溃后，争论的焦点转移到：当一国经济受到冲击时，是固定汇率制还是浮动汇率制更能起到"自动稳定器"的作用？对于这个问题的回答决定于冲击的类型。根据前面的分析，我们知道财政政策和货币政策对国内收入的作用效果取决于汇率制度和国际资本的流动性。同样，内外冲击对国内经济的影响也取决于货币制度和资本的国际流动性。

如果冲击来自内部例如，假设由于某种原因国内投资突然自主减少（或增加），我们可以想象一下，在 (r, Y) 坐标平面中 IS 曲线将向左（右）移动，但后续的变化过程将取决于汇率制度和资本的流动性。在资本完全不能流动的情况下，收入水平减少（增加）后，进口也随之减少（增加），国际收支出现盈余（逆差）。但汇率的变化可自行恢复国际收支平衡，不影响国内收入水平，因此冲击之后浮动汇率会导致国内收入水平的降低（提高）。但固定汇率不会引起收入水平的变化，这是因为国际收支出现盈余（逆差）后，货币当局为维持汇率的稳定就不得不增加（降低）货币供给量，于是抵消了收入水平的变动，维持原来的均衡水平。在资本完全流动的情况下，结果则正相反，即浮动汇率将保持收入稳定，而固定汇率则引起收入水平的变化。

如果冲击来自外部，例如，当一国面临出口需求的冲击时，国际收支会出现逆差（盈余），那么该国所采取的汇率制度，决定了该国经济可能受冲击的程度。在固定汇率制度下，本国的货币供给将不可避免的减少（增加），于是国内收入水平将成倍的减少（增加）。可见，在固定汇率制度下，出口需求冲击对一国经济的影响是比较大的。相反在浮动汇率制度下，汇率的自由调整可消除这一影响，使国内收入水平保持不变，浮动汇率有助于缓解出口需求的冲击。在现实中，许多国家经常受到国际市场对其出口需求的冲击，特别是一些原材料的生产和出口国。1997年发生在东南亚的金融危机在一定程度上，就是这些国家出口连续出现收支逆差，而又不愿意放弃可调整的钉住汇率制度带来的。当然这次危机还有其他方面的原因，但是其重要的原因之一是出口需求的减少所引起的贸易收支恶化，进而是国民收入水平的下降，使投资者损失了信心。危机发生后，经济的被迫紧缩带来了经济的全面衰退。假设如果这些国家当时采取的是浮动汇率制度，也许出口需求减少不会形成累计，从而对国民经济的冲击力也不会这样大。由此可以推论，对于那些对国际市场依赖比较强的国家，采取浮动汇率可能是比较好的。

总的来说，如果冲击来自外部，浮动汇率比固定汇率更能稳定经济；如果冲击来自内部，固定汇率比浮动汇率更能稳定经济。随着一国经济对外依赖性所增强，来自外部的冲击可能会逐步增大，该经济受外部影响的机率加大，所以一国的汇率制度的选择似乎应该逐步由相对固定的汇率制度过渡到相对浮动的汇率制度，或者应逐步加强其汇率制度的灵活性。

【专栏9-2】开放经济下政策选择的"三元悖论"

关于汇率政策与货币政策的协调问题，在20世纪60年代初，弗莱明和蒙代尔认为：货币政策独立性、汇率稳定和资本自由流动三个目标不可兼得，一国政府最多只能同时实现其中的两个目标。这一结论被后人称为蒙代尔"不可能三角"，又称"三元悖论"，或开放经济的"三难选择"。

蒙代尔的"不可能三角"可用下图表示。三角型的顶点表示开放经济的政策制定者希望实现的三个目标，即汇率稳定、货币政策自主权、资本自由流动。多数国家共同的三个目标最多有两个可以同时实现，同时实现所有三个目标是困难的或者似乎不太可能。要

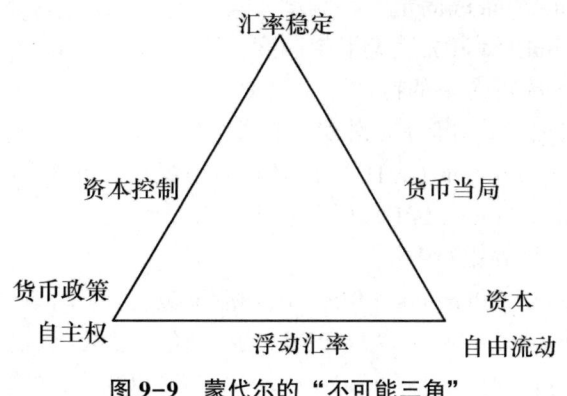

图9-9 蒙代尔的"不可能三角"

实现一个目标，就必须放弃其他两个目标中的一个。或者从图形上看，必须选择三角形的任意一条边，即资本控制、货币局、浮动汇率三种经济政策。三种政策体系中每一种与其在图上联结的两个目标一致。也就是说，开放经济的政策制定者有三种选择，要么选择货币局政策与汇率稳定、资本自由流动两个目标而放弃货币政策自主权目标；要么选择浮动汇率政策与货币政策自主权、资本自由流动两个目标而放弃汇率稳定目标；要么选择资本控制政策和货币政策自主权、汇率稳定两个目标而放弃资本自由流动目标。

本章术语中英文对照

Open economy 开放经济
International Economy 国际经济
International Balance of Payments 国际收支
Balance of Payments Statement 国际收支平衡表
Current Account 经常项目
Trade Account 贸易项目
Invisible Account 无形贸易项目
Unrequited Transfer Account 单方面转移项目
Capital Account 资本账户
Long-term Capital Account 长期资本项目
Short-term Capital Account 短期资本项目
Balancing Account 平衡项目
Double-entry Accounting 复式记账
Exchange Rate 汇率
Appreciation 升值
Depreciation 贬值
Direct Quotation 直接标价法
Indirect Quotation 间接标价法
Exchange Rate System (or Arrangement) 汇率制度
Fixed Exchange Rate System 固定汇率制度
Floating Exchange Rate System 固定汇率制度
Adjustable Peg system 可调整的钉住汇率制度
Crawling (or Sliding) Peg 爬行（滑动）钉住
The World Trade Organization (WTO) 世界贸易组织
International Monetary Fund (IMF) 国际货币基金组织
World Bank (WB) 世界银行
Bank for International Settlements (BIS) 国际清算银行
Asia-Pacific Economic Cooperation (APEC) 亚太经合组织
Organization of the Petroleum Exporting Countries (OPEC) 石油输出国组织
Theory of Absolute Advantage (Cost) 绝对优势（成本）理论

Theory of Comparative Advantage（Cost） 比较优势（成本）理论
Factor Endowment Theory 要素禀赋理论
Bretton Woods System 布雷顿森林体系

思考题

1. 试述国际收支均衡的调节方法？
2. 利用蒙代尔——弗莱明模型分析固定汇率制度下，在资本完全流动状态下财政政策和货币政策的效果？
3. 利用蒙代尔——弗莱明模型分析浮动汇率制度下，在资本完全流动状态下财政政策和货币政策的效果？

附录：宏观经济学流派

第一节 古典学派

一、概述

从两个世纪前经济学诞生以来，经济学家们就在争论：市场经济能否在不引入政府干预的前提下，自动实现长期的充分就业均衡。用现代经济学语言来讲，我们将那种强调经济中自我矫正力量的学说称为古典理论；古典宏观经济思想植根于亚当·斯密（1776年）、萨伊（1803年）和约翰·斯图亚特·穆勒（1848年）的著作。古典学派学说认为，价格和工资是弹性的，经济是稳定的，因而经济能够自动且迅速地实现充分就业均衡。下文的讨论中，我们将运用总供给和总需求分析来说明古典宏观经济学的科学原理及政策含义。

二、古典学派的基本理论

（一）供给会创造出对它自身的需求

凯恩斯提出其宏观经济理论之前，在经济繁荣时期，通常主要的经济思想家所追随的都是古典的经济学观点。早期的经济学家研究工业革命中的劳动分工、资本积累以及不断增长的国际贸易。尽管这些学者已经意识到商业周期的存在，但是他们将这种周期看作是一种可以自我矫正的暂时偏离。他们的分析都是围绕萨伊的市场定律展开的。这一定律由法国经济学家萨伊于1803年提出。他宣称，从本质上说，不可能出现生产过剩。今天这种观点有时被表述为："供给会创造出对它自身的需求。"那么萨伊定律的理论基础是什么呢？它建立在这样一种观点之上：货币经济与物物交换经济（在这种经济中，工人有能力购买工厂所能生产的任何产品）之间不存在本质区别。

（二）工资和价格足够灵活

许多杰出的经济学家，包括大卫·李嘉图、约翰·斯图亚特·穆勒、阿尔弗雷德·马歇尔等，都赞成古典学派的这种宏观经济观点，认为生产过剩是不可能的。他们认为通过完全自由的竞争，充分就业的强大趋势将始终存在。失业完全是由于摩擦性阻力妨碍了工资和价格能迅速做出适当调整这一点所致。古典观点背后的基本原理是工资和价格足够灵活，因而市场能够很快"出清"，或回到均衡状态。如果价格和工资能够迅速做出调整，那么价格呈黏性的时间就将如此之短，以至于在所有的实践活动中都可以忽略不计。古典宏观经济学家据此得出这样的结论：经济总是在充分就业或潜在产出水平上运行。

古典经济学家认为，持久的生产过剩是不可能出现的。如果 AS 和 AD 曲线移动，价格就会灵活的做出反应。从而确保充分就业的产出量能够销售出去。我们可以从图中看到，灵活的价格下降到足以使总支出量保持与充分就业的产出水平相匹配的水平处。根据古典学派的观点，总需求的变化会影响价格水平，但不会对产量和就业产生持久的影响。价格和工资的灵活性能够确保实际支出水平并足以维持充分就业。假设由于货币紧缩或其他外部力量使得总需求下降。结果，如图（附录-1）所示，AD 曲线向左移动到 AD′。最初，在初始价格水平 P 上，总支出下降到 B 点，而且可能存在一个很短时间的产量下降。但是，总需求变动之后工资和价格会迅速调整，从而使总体价格水平从 P 降到 P′。随着价格水平的下降，总产量又会回到潜在的产出水平并且在 C 点上又重新实现充分就业。

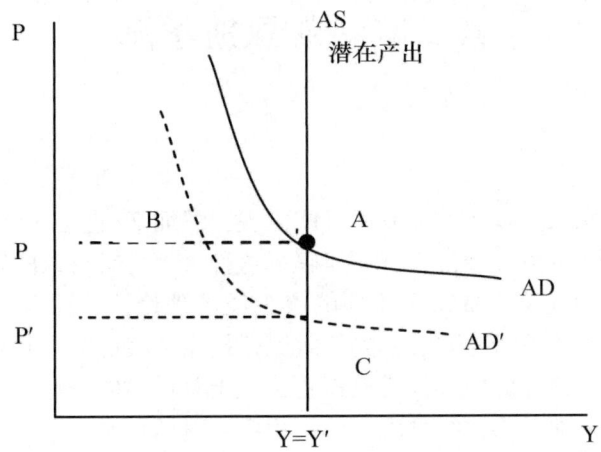

附录-1　根据萨伊定律，供给能够创造出对自身的需求

三、古典学派的基本观点

（一）长期中经济能够实现充分就业和资源的充分利用

古典学派认为，经济仅仅会在短期内暂时地偏离充分就业和生产能力的充分利用，而不可能存在长期而持久的衰退或萧条，合格的劳工在现行的市场工资下，能够迅速地找到工作。古典学派分析并不否认摩擦性失业，市场力量会产生微观经济中的失灵和非效率现象。但是，根据古典学派观点。经济不会出现持久的宏观经济的失灵，即由于总需求不足而造成资源的未充分利用。

（二）总需求政策不能影响失业和实际产出水平

这一命题可以从图（附录-1）中看出，假设经济均衡在点 A 即 AD 与垂直的 AS 曲线的交点，再假设中央银行决定紧缩货币供给抑制通货膨胀，在初始价格水平 P 上会出现短暂的超额供给。然而，随着价格和工资在供给过剩的压力下迅速下降，经济就会移向新的均衡点 C，紧缩性经济政策降低了总体价格水平。但是，由于价格和工资的灵活性确保了经济由原均衡点向新均衡点移动，产出与就业水平本质上并未发生变化。

四、古典学派的政策主张

自由放任的经济政策是古典学派论点的核心,即价格和工资是可以灵活变动的,而工资—价格的这种灵活性提供了一种自我矫正的机制,从而能够迅速恢复充分就业,使生产经常保持在潜在产出水平上。因此,古典学派强调自由放任的经济政策,政府只担当最基本的角色如国防、卫生等。这种古典观点在今天的新古典学著作中仍然是很有活力的,新古典经济学家超越了最简单的古典学说,考察了不完全信息、技术冲击的存在以及由于资源在产业之间进行转移所引起的摩擦等问题,但是,他们的政策结论仍与早期的古典经济学家紧密相联。

第二节 凯恩斯学派

一、概述

尽管古典经济学家认为持久的失业不可能出现,然而20世纪30年代经济学家们却很难忽视当时庞大的失业现象。经济学将如何解释这种大规模且持久的闲置现象呢?凯恩斯的《就业、利息与货币通论》提供了不同的宏观经济理论,也即一套观察经济政策和外部冲击影响的全新的理论分析框架。首先,凯恩斯提出了我们在前几章深入探讨过的总需求概念。其次另一个革命性的内容是凯恩斯主义关于总供给的理论。古典学说假定价格和工资是灵活可变的,从而总供曲线是垂直的。相反,凯恩斯主义坚决主张价格和工资缺乏弹件,总供给曲线向上倾斜。根据凯恩斯学说,供给绝不可能创造对其自身的需求;产出也会在不确定的长期内偏离其潜在产出水平。凯恩斯主义的理论体系是以解决就业问题为中心,而就业理论的逻辑起点是有效需求原理。其基本观点是:社会的就业量取决于有效需求,所谓有效需求,是指商品的总供给价格和总需求价格达到均衡时的总需求。由于在短期内,生产成本和正常利润波动不大,因而资本家愿意供给的产量不会有很大变动,总供给基本是稳定的。这样,就业量实际上取决于总需求,这个与总供给相均衡的总需求就是有效需求。

二、凯恩斯学派的基本理论

(一)凯恩斯的有效需求理论

凯恩斯进一步认为,由消费需求和投资需求构成的有效需求,其大小主要取决于消费倾向、资本边际效率、流动偏好三大基本心理因素以及货币数量。消费倾向是指消费在收入中所占的比例,它决定消费需求。一般来说,随着收入的增加,消费的增加往往赶不上收入的增加,呈现出"边际消费倾向递减"的规律,于是引起消费需求不足。投资需求是由资本边际效率和利息率这两个因素的对比关系所决定。资本边际效率,是指增加一笔投资所预期可得到的利润率,它会随着投资的增加而降低,从长期看,呈现"资本边际效率递减"的规律,从而减少投资的诱惑力。由于人们投资与否的前提条件是资本边际效率大于利率（此时才有利可图），当资本边际效率递减时，若利率能同比下降，才能保证投资不减，因此，利率就成为决定投资需求的关键因素。凯恩斯认为，利息率取决于流动偏好和货币数量，流动偏好是指人们愿意用货币形式保持自己的收入或财富这样一种心理因素，它决定了货币需求。在一定的货币供应量下，人们对货币的流动偏好越强，利息率就越高，而高利率将阻碍投资。这样在资本边际效率递减和存在流动偏好两个因素的作用下，使得投资需求不足。消费需求不足和投资需求不足将产生大量的失业，形成有效需求不足，形成生产过剩的经济危机。因此解决失业和复兴经济的最好办法是政府干预经济，采取赤字财政政策和膨胀性的货币政策来扩大政府开支，降低利息率，从而刺激消费，增加投资，以提高有效需求，实现充分就业。

(二) 凯恩斯通过利率把货币经济和实物经济联系起来

这一理论打破了新古典学派把实物经济和货币经济分开的两分法，认为货币不是中性的，货币市场上的均衡利率要影响投资和收入，而产品市场上的均衡收入又会影响货币需求和利率，这就是产品市场和货币市场的相互联系和作用。凯恩斯本人并没有直接使用模型把上述四个变量联系在一起，这个工作是由汉森、希克斯这两位经济学家完成的，他们将IS-LM模型把这四个变量放在一起，构成一个产品市场和货币市场之间相互作用共同决定国民收入与利率的理论框架，从而使凯恩斯的有效需求理论得到较为完善的表述。不仅如此，凯恩斯主义的经济政策即财政政策和货币政策的分析，也是围绕IS-LM模型而展开的。因此可以说，IS-LM模型是凯恩斯主义宏观经济学的核心。

(三) 投资乘数

凯恩斯由投资乘数原理出发，对投资与国民收入的关系作了进一步阐述。他认为投资的乘数作用表现为，一个部门的新增投资，不仅会使该部门的收入增加，而且会通过连锁反应，引起其他有关部门的收入增加，而且会通过连锁反应，引起其他有关部门追加新投资获得新收入，致使国民收入总量的增长若干倍于最初那笔投资。

三、凯恩斯学派的基本观点

(一) 非充分就业均衡

凯恩斯将失业的情况分为三种：一是由于某种专门劳动市场供过于求造成的，叫"摩擦失业"；二是由于各种原因人们对现有的工作不喜欢而情愿呆在家中，叫"自愿失业"；还有一种是由于在现行工资水平上，人们愿意工作而得不到工作，叫"非自愿失业"。摩擦失业可以通过对劳动力的技能训练和国民经济结构的调整而迅速解决，自愿失业则是劳动队伍自身的选择，所以这两类失业不算真正的"失业"。因此只要解决了"非自愿失业"的问题，就可说得上充分就业了。在三大心理因素的作用下，消费需求不足和投资需求不足将产生大量的失业，形成有效需求不足，国民收入的均衡不一定就是充分就业的均衡。只要需求不足，就会使社会资源利用不足，结果使在工人失业和资源闲置的条件达到国民收入的"均衡"。因此，在凯恩斯看来，如果仅仅依靠市场自行调节，那么充分就业的均衡只是一种特殊的情况，而通常的情况则是一种小于充分就业的国民收入均衡。

(二) 总需求决定产出

凯恩斯给宏观经济学带来了一场真正的革命。图（附录-2）展示的是凯恩斯观点的精髓。从中可以看出，现代市场经济可能会陷入一种非充分就业均衡，即总供给与总需求达到均衡，而产出水平远远低于潜在产出水平。且相当大一部分劳动力处于非自愿失业状态。例如，如图（附录-2）所示，如果AD曲线与AS曲线在靠近左侧的地方相交，如点E所示。那么均衡产量远远低于潜在产出水平。凯恩斯及其追随者们强调，由于工资缺乏弹性，因而不存在一种经济机制，能够迅速地恢复充分就业和确保厂商在充分开工的水平上进行生产。由于并不存在引导经济恢复到充分就业的自我矫正机制，因而一国经济有可能会在一个较长的时期内停留在低产出、高失业的痛苦状态之中。凯恩斯认为通过货币政策和财政政策，政府能够刺激经济，有助于保持一个较高的产出和就业水平。如果政府增加其购买量，总需求就会增加，即从 AD 增加到 AD′。其结果将是产出从 Y_E 增加到 Y'_E，从而缩小了实际 GDP 与潜在 GDP（即 Y^*）之间的差距。简言之，通过适当运用经济政策，政府能够采取措施保证较高的国民产出和就业水平。

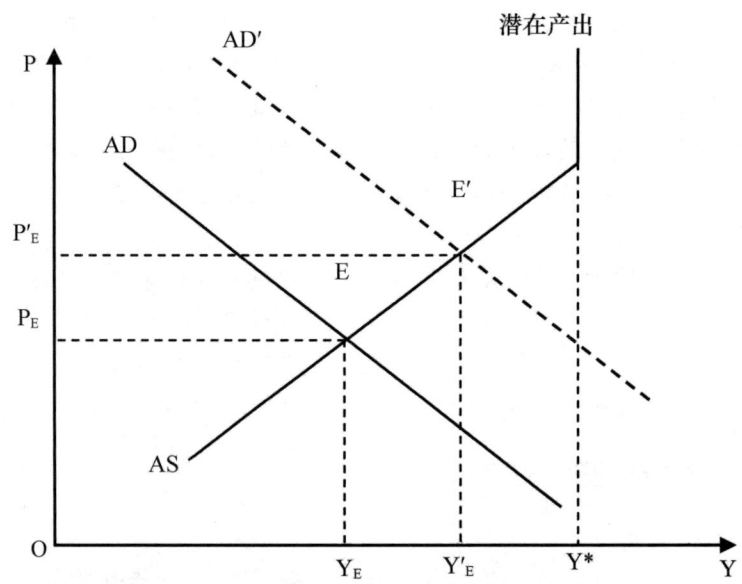

附录-2 根据凯恩斯的观点，总需求决定产出

总供给曲线向上倾斜，意味着只要存在未被利用的资源，总需求的上升就会使产量增加。当 AD 不足时，产出将处于均衡点 E′ 上，这时会出现大量的失业。如果总需求由 AD 增加到 AD′，实际产出水平就会从 E 增加到 E′，同时总价格也会上升。根据凯恩斯主义学说，增加总需求的经济政策能够成功增加产出和更高的就业水平。

凯恩斯主义者与古典经济学家争论的核心是经济是否具有强大的自我矫正机制，即能否通过灵活的价格和工资来维持充分就业水平。古典主义学说一般强调长期经济增长、主张放弃稳定商业周期的政策。而凯恩斯主义经济学家则主张通过适当的货币财政政策调控经济周期，稳定经济增长。

四、凯恩斯学派的政策主张

凯恩斯提出了国家干预经济的主张，他主张政府通过调节需求来达到充分就业。在有效需求不足的情况下，他主张扩大政府开支，增加货币供应，实行赤字预算来刺激国民经济活动，以增加国民收入，实现充分就业。应该说，这种主张基本上是符合当时资本主义世界的实际情况的，因此凯恩斯在许多方面取得了成功。他认为，平衡预算的概念对决定政策不起作用，呼吁财政政策要从旧式的预算平衡的概念中解放出来。于是，古典经济学的预算平衡的原则从此被打破，许多国家的政府从不得已的预算赤字，逐步走向主动的、无所顾虑的赤字预算。赤字预算的确刺激了有效需求，但却又产生了通货膨胀等新问题，引起后来的经济学家为此而争论不休。

第三节 货币主义学派

一、概述

货币主义是 20 世纪 50 和 60 年代，在美国出现的一个经济学流派，亦称货币学派，其创始人为美国芝加哥大学教授弗里德曼。货币学派在理论上和政策主张方面，强调货币供应量的变动是引起经济活动和物价水平发生变动的根本的和起支配作用的原因。布伦纳于 1968 年使用"货币主义"一词来表达这一流派的基本特点，此后被广泛沿用于西方经济学文献之中。第二次世界大战后，美英等发达资本主义国家，长期推行凯恩斯主义扩大有效需求的管理政策，虽然在刺激生产发展、延缓经济危机等方面起了一定作用，但同时却引起了持续的通货膨胀。弗里德曼从 20 世纪 50 年代起，以制止通货膨胀和反对国家干预经济相标榜，向凯恩斯主义的理论和政策主张提出挑战。

货币主义主张，货币供给是决定名义 GDP 短期变动的主要因素，同时也是决定价格长期变动的主要因素。当然，凯恩斯主义宏观经济学也承认货币在决定总需求时所起的关键作用，货币主义与凯恩斯主义的主要区别在于对总需求的决定持不同观点。凯恩斯主义的理论认为，除货币之外，还有许多其他因素影响总需求；而货币主义者则认为，货币供给的变动是决定产出和价格变动的最主要因素。货币主义学说假设货币的增长在短期内决定名义 GDP，而在长期内决定价格水平。货币主义者向凯恩斯主义宏观经济学提出了挑战，并强调货币政策在稳定宏观经济方面的重要性。

二、货币学派的基本理论

（一）自然率假说

自然率主要是指自然失业率而言。按照自然率假说，任何一个资本主义社会都存在着一个自然失业率，自然失业率的大小取决于该社会的技术水平、资源数量和文化传统，而在长期中，该社会的经济总是趋向于自然失业率。这就是说，人为的经济政策的作用可以暂时地或在短期中使实际的失业率大于或小于自然率，但在长期中，人为的经济政策却不会使实际的失业率趋向于自然率。凯恩斯以前的传统经济学承认，资本主义存在着摩擦失业和自愿失业两种失业，两种失业量之和与全部劳动力之比就是自然失业率。自然率的假说意味着：资本主义在长期中不会存在非自愿失业的现象。

(二) 货币供给数量与价格的关系

货币数量论在货币周转率相对稳定的前提下，揭示货币供给数量和价格水平变动的关系。

$$P = \frac{M \cdot V}{Q} = \frac{V}{Q} \cdot M = K \cdot m \qquad \text{(附录-1)}$$

这一方程式是由周转率的原始定义得出的，这个表达式是以变量 K（更简洁地）替换了原先方程中的 $\frac{V}{Q}$，然后解出 P。传统货币数量论认为货币流通速度 V 是一个不变的常数的同时，他们往往还假定就业是充分的，即实际产出 Q 平稳增长，并且势必与潜在 GDP 相等，将这两个假定条件结合起来，K 在短期内就接近常数，长期内则会逐渐有所增长。数量论的含义可以从上述方程式中看出，如果 K 为常数，价格水平的变动就会与货币供给量成比例。稳定的货币供给量将会带来稳定的价格；而当货币供给迅速增长时，价格也会同样变动。同理，如果货币供给扩大 10 倍或 100 倍，经济就会发生急剧的通货膨胀。货币和价格的数量论认为价格变动与货币供给变动成比例。尽管这种理论是一种粗略和近似判断，但它的确有助于解释货币增长缓慢的国家会出现温和的通货膨胀，而在货币增长迅速的国家物价水平则急剧上涨。

(三) 新货币数量论

货币主义的货币需求函数，在吸收和修正凯恩斯灵活偏好论的基础上，弗里德曼推演出了新货币数量论。弗里德曼提出的货币需求函数为：

$$M = f\left(P, r_b, r_e, \frac{1}{P} \cdot \frac{dP}{dt}, w, Y, u\right) \qquad \text{(附录-2)}$$

式中，M 为财富持有者手中保存的名义货币量，P 为一般价格水平，r_b 为市场债券利息率，r_e 为预期的股票收益率，$\frac{1}{P} \cdot \frac{dP}{dt}$ 为预期物质资产的收益率即价格的预期变动率（为了说明方便，现令 $r_p = \frac{1}{P} \cdot \frac{dP}{dt}$），$\omega$ 为非人力财富与人力财富之间的比例，Y 为名义收入，u 为其他影响货币需求的变量。

货币需求量主要取决于四个方面的因素：

第一，总财富。弗里德曼认为，总财富是决定货币需求的一个重要的因素。总财富包括收入或"消费性服务"的一切源泉，其中之一是个人的生产或挣钱能力，也就是弗里德曼早先在消费函数理论中发展的"永久性收入"的概念。由于很难得到总财富的估算值，故只能用收入来代替，Y 就代表永久性收入。

第二，非人力财富在总财富中所占的比例。弗里德曼把总财富分为非人力财富和人力财富两部分。非人力财富指有形的财富，包括货币持有量、债券、股票、资本品、不动产、耐用消费品等，人力财富指个人挣钱的能力，又称无形财富；非人力财富和人力财富的形式可以互相转换，但由于受到制度上的限制，这种转换有一定的困难，主要是人力财富转为非人力财富比较困难。比如，萧条时期存在大量失业量的时候，工人的人力财富就不容易转变为货币收入，而在转变为收入之前，人们又需要有货币来维持生存。因此，非人力财富在总财富中所占比例对货币需求量就产生影响。当人力财富在总财富中所占比例愈大，或非人力财富在总财富中所占比例愈小，则对货币的需求也愈大。反之亦然。因此 ω 就成为影响实际货币需求的一个变量。

第三，各种非人力财富的预期报酬率。弗里德曼认为，人们选择保存资产的形式除了各种有价证券外，还包括资本品、不动产、耐用消费品等有形资产；在各种资产中，货币与其他有形资产之间的分割比例，取决于各种资产的预期报酬率。一般情况下，各种有形资产的预期报酬率愈高，愿意持有的货币就越少。因为这时人们用其他有形资产的形式来替代货币的形式保存在手中对自己更为有利。因此，债券的预期报酬率（r_b）、股票的预期报酬率（r_e）和物质资产的预期报酬率（r_p）便成为影响货币需求的因素。

第四，其他影响货币需求的因素，例如资本品的转手量、个人偏好等，统统以变量 u 来概括。

同时，弗里德曼突出强调货币需求函数是稳定的函数，新货币数量论与传统货币数量论的差别在于，传统货币数量论把货币流通速度 V 当作由制度决定了的一个常数，而新货币数量论则认为流通速度 V 不是某些不变的数值的常数，而是决定它的其他几个数目有限的变量的稳定函数。说得明确点，稳定的是决定 V 的函数，而不是 V 的值本身。总之，货币主义在维持传统货币数量论关于 V 在长期中的一个不变的数量的同时，又认为 V 在短期中可以做出轻微的波动。

三、货币学派的基本观点

（一）货币供给对名义收入变动具有决定性作用

弗里德曼认为，货币供给完全取决于货币当局的决策及银行制度，而货币需求函数则表明，货币供给与影响货币需求的因素完全无关。新货币数量论的方程式（附录-2）式表明，在货币供求均衡时，由于货币流通速度 V 在短期仅仅可以作出轻微的变动，而在长期中又不会变化，于是，货币供给量 M 便是影响名义收入 Y 的决定性因素，即货币数量是名义收入波动的主要原因。

（二）在长期中，货币数量不会影响就业量和实际国民收入

货币数量的作用主要在于影响价格以及其他用货币表示的量（如货币工资等），而不会影响就业量和实际国民收入。根据自然率假说，就业量以及实际国民收入是由技术水平、风俗习惯、经济资源的数量等非货币因素决定的，因此（附录-2）式的 Y 与 M 无关。由于 V 在长期中是一个不变的常数，因此，货币数量 M 影响的只能是价格 P 以及由货币所表示的变量。换句话说，通货膨胀归根到底是一种货币现象。

（三）在短期中，货币供给量可以影响实际变量如就业量和实际国民收入

这一观点受到货币流通速度 V 在短期具有轻微变动以及自然率假说的支持。

（四）私人经济具有自身内在的稳定性

国家的经济政策会使其稳定性遭到破坏，自然率假说是货币主义这一观点的理论基

础。按照自然率假说，资本主义经济具有趋向于充分就业时的自然率的自行调节机制。因此，市场机制仍然是调节资源在不同用途之间合理配置的有效机制。虽然各种随机扰动使经济出现短期波动，但经济本身的发展仍具有长期均衡的趋势。如果国家的经济政策干扰了市场机制的作用，反而会导致宏观经济的严重失衡。

四、货币学派的政策主张

（一）主张经济自由，反对相机抉择的宏观经济政策

在过去30年中，货币主义在制定经济政策方面扮演了重要的角色。货币主义经济学家拥护自由市场和自由放任的微观经济政策。他们对于宏观经济政策最重要的贡献，在于他们主张固定的货币规则，而非相机抉择的财政政策和货币政策。货币学派认为，在社会经济发展过程中，市场机制的作用是最重要的。他们坚持自由市场和竞争是资源和收入合理分配的最有效方法，是导致个人和社会最大福利的最佳途径，如果政府干预经济，就将破坏市场机制的作用，阻碍经济发展，甚至造成或加剧经济的动乱。因此，他们旗帜鲜明地反对任何形式的国家干预，特别是反对战后凯恩斯主义的理论和政策主张，认为除了货币之外，政府什么也不必管。原则上，货币主义者也会建议利用货币政策对经济进行微调，但他们采取的方针却完全不同，他们认为私人经济部门是稳定的，而政府却倾向于使经济不稳定。

（二）提倡实行"单一规则"的货币政策

货币主义经济思想的主要政策就是货币规则：最佳的货币政策应使货币供给以固定的速率增长，并且在任何经济形势下都维持这一速率，固定的货币增长率（每年3%～5%）能够消除不稳定的主要因素。所谓"单一规则"，就是公开宣布并长期采用一个固定不变的货币供应增长率。弗里德曼认为，这不仅是中央银行控制货币供应量的最佳选择，也应该是中央银行货币政策操作的基本规则。

"单一规则"在内涵上强调以下三点。

（1）公开宣布。其目的是告示于众，减轻人们心理上的不安定感，避免人们因不同预期引起的紊乱和矛盾，同时也将货币当局的行为置于公众的监督之下。

（2）错误决策给经济造成的扰乱，并且可以消除时滞效应中不同时期的不同反映，促使初始效果和最终效果趋于一致。

（3）固定货币供应增长率。以利于加强货币政策的连续性和稳定性，并以其自身的稳定性抵御来自其他方面的干扰。这三个要点相互呼应，紧密相连，缺一不可。

弗里德曼认为，只有长期采用一个固定不变的货币供应增长率，才能确保稳定货币，稳定币值，实现物价、经济长期稳定的目标。货币增长率一经正确订定，就应该长期固定，而不能因长期经济波动或其他因素作随便调整。只有切实坚决地实施单一规则，才能有效地稳定货币，克服货币政策的摇摆性和失误，赢得公众对货币政策的信任，真正为经济社会提供稳定的货币环境。

（三）实行浮动汇率制

浮动汇率制度是指一国货币当局不再规定本国货币与外国货币比价和汇率波动的幅度，货币当局也不承担维持汇率波动界限的义务，而听任汇率随外汇市场供求变化自由波

动的一种汇率制度。弗里德曼坚持认为，货币政策必须保持其单一性、长期性和稳定性。货币政策只能以货币供应量增长率为控制指标，而不能仅仅盯住汇率的变动。浮动汇率制度使各国可以独立地实行自己的货币政策、财政政策和汇率政策。在固定汇率制度下，各国政府为了维持汇率的上下限，必须尽力保持其外部的平衡。如一国的国际收支出现逆差时，往往采取紧缩性政策措施，减少进口和国内开支，使生产下降，失业增加。这样国内经济有时还要服从于国外的平衡。在浮动汇率制度下，通过汇率杠杆对国际收支进行自动调节，在一国发生暂时性或周期性失衡时，一定时期内的汇率波动不会立即影响国内的货币流通，一国政府不必急于使用破坏国内经济平衡的货币政策和财政政策来调节国际收支。

第四节　新古典经济学派

一、概述

尽管大多数宏观经济学家都认为，货币主义政策至少在短期内可以影响失业和产出，但是古典学派的一个新分支却对这一观点提出了挑战。新古典宏观经济学家认为，短期的菲利普斯曲线也不存在。这种被称为新古典宏观经济学的理论，是由芝加哥大学的罗伯特·卢卡斯、斯坦福大学的托马斯·萨金特和哈佛大学的罗伯特·巴罗共同研究出来的，这一理论在强调工资和价格灵活性的作用方面与前面讨论的古典学派一脉相承，但增加了一个新特点即"理性预期"。正是由于卢卡斯对新古典宏观经济学，特别是理性预期的现代观点方面所做出的贡献，1996 年他被授予诺贝尔经济学奖。新古典宏观经济学又称作"新古典主义""货币主义Ⅱ"是 20 世纪 70 年代由货币主义和理性预期学派发展演化而来的一个经济学流派，这个学派的经济学遵循古典经济学的传统，相信市场力量的有效性；认为如果让市场机制自发地发挥作用，就可以解决失业、衰退等一系列宏观经济问题。

二、新古典学派基本理论

(一) 个体利益最大化

新古典经济学把微观经济学中的个体利益最大化这一假设与宏观经济学的研究结合在一起。新古典经济学认为，宏观经济现象是个体经济行为的后果，比如，一个社会的总消费量是各个个体消费量的总和。微观经济学表明，个体行为的一个最基本的假设是个体利益最大化。这就是说，宏观经济理论必须具有微观理论的基础，特别是，要符合最大化的基本假设条件。

(二) 理性预期

所谓理性预期是在有效地利用一切信息的前提下，对经济变量做出的在长期中平均说来最为准确的，而又与所使用的经济理论、模型相一致的预期。这一假设有三个含义：第一，做出经济决策的经济主体是有理性的。为了追求最大利益，他们总是力求对未来作出正确的预期。第二，为了做出正确的预期，经济主体在做出预期时会搜集有关的一切信息，其中包括有关的经济理论和模型、有关的资料与数据，力图对经济变量之间的因果关系做出系统了解。第三，经济主体在预期时不会犯系统的错误。这就是说，由于正确的预期能使经济主体得到最大的利益，所以经济主体会随时随地根据它所得到的信息来修正它的预期值的错误。当预期值高于正确值时，它会降低预期值；当预期值低于正确值时，它会提高预期值。及时修正预期，会使经济主体避免做出高估或低估的一时的错误，但不会犯系统性的错误。这样，从整体上看，在长期中，经济主体对某一经济变量的未来预期值与未来的实际值仍然会是一致的。说得更明确些，"理性预期"的意思是：在长期中，人们会准确地或趋向于预期到经济变量所有的数值。

(三) 市场出清

市场出清假设是说，无论劳动力市场上的工资还是产品市场上的价格都具有充分的灵活性，可以根据供求情况迅速进行调整。这种灵活性使得产品市场和劳动市场都不会存在超额供给。因为一旦产品市场出现超额供给，价格就会下降，直至商品价格降到使买者愿意购买为止；如果劳动市场出现超额供给，工资就会下降，直至工资降到使雇主愿意为所有想工作的失业者提供工作为止。因此，每一个市场都处于或趋向于供求相等的一般均衡状态。

三、新古典学派的基本观点

(一) 附加预期变量的总供给曲线

理性预期学派对传统总供给曲线所作的修改和补充主要在于给它添加了一个预期变量。关于传统理论的劳动的供给和需求取决于实际工资的说法，新古典学者是完全同意的，不过，他们认为，在决定实际工资的大小时，劳动供给方面所依据的价格和劳动需求方面所依据的价格并不是同一个价格，其原因如下：按照新古典学派的说法，社会中的各行业因为都熟悉本行业的行情，所以在任何时候都确切地知道自己产品的价格。但是，它们对整个社会的价格水平的变动，却未必确切地了解，至少在短暂的时期内如此。当通货膨胀出现时，各行业的价格都会上升。在短暂的时期内，各行各业都会感觉到自己产品价格的上升，然而却不知道这种上升是通货膨胀造成的。因此，各行各业都会按照原有的价格或预期的价格 P^e 来决定它们的供给量，而各行各业的需求量则取决于通货膨胀所造成的价格，或实际价格 P。作为社会许多行业中的劳动市场的情况也是如此，即：劳动的供给方面使用预期价格 P^e 来决定实际工资的大小，而在劳动的需求方面，则使用实际价格 P。把实际的 P（即在劳动的需求曲线方面的 P）和预期的 P（即在劳动的供给曲线方面的 P）的差别考虑在内，如图（附录-3）所示。

在图（附录-3）中，W 为货币工资，N_d 和 N_s 为相当于不同数值的 P 的劳动需求曲线和供给曲线，P^e 为预期价格，N_d' 是根据 P_1 数值的实际价格水平而做出的对劳动的需求曲线；假定 N_s 为劳动者根据 $P^e=P_1$ 做出的劳动供给曲线，即假定预期的价格水平正好等于实际的价格水平，或者说，在需求方面的 P 与在供给方面的 P 是相同的，因此，N_s 与 N_d' 相交的 E_1 点决定了就业量的数值为 N^*，从而得到对应的产量 Y^*。于是在右图中得到点 A_1（Y^*，P_1）。假设 P^e 的数值不变，而实际价格却由 P_1 上升到 P_2，这时，由于 P^e 不变，

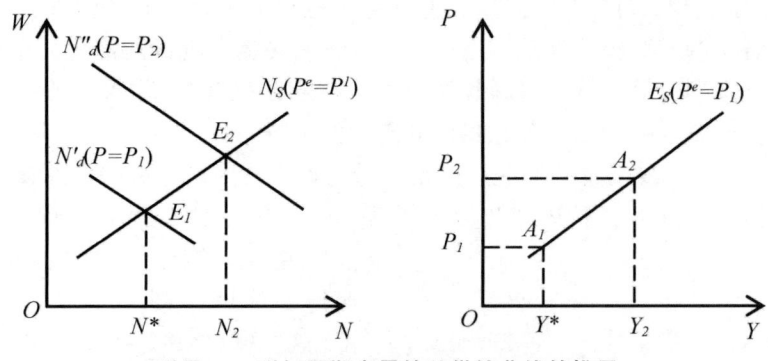

附录-3 附加预期变量的总供给曲线的推导

所以 N_s 的位置不变;然而,由于 $P_2 > P_1$,所以劳动需求曲线的位置由 N'_d 上升到 N''_d,其含义为,由于实际价格的提高,整个社会只有在 W 做出相同比例的上升时,才会雇用原有数量的劳动,现在 N_s 和 N''_d 相交于 E_2,E_2 点所对应的就业量为 N_2,由此产生出对应的收入 Y_2,从而又得到了右图中的点 A_2(Y_2, P_2)。按照这一思路继续下去,便可得到一系列点,将其用光滑的曲线连接起来便得到附加预期变量的总供给曲线 ES($P^e = P_1$)。它表示在一定预期的 P_1 下各个实际的价格 P 相对应的 y 的数值。

图(附录-3)右图中的 ES 曲线系以 P^e 为某一数值为前提,可以设想,P^e 可以具有许多不同的数值,而相当于每一 P^e 数值都存在着一条相应的 E_s 曲线,从理论上讲,E_s 曲线与传统总供给曲线都相交于一点。如图(附录-4)所示。

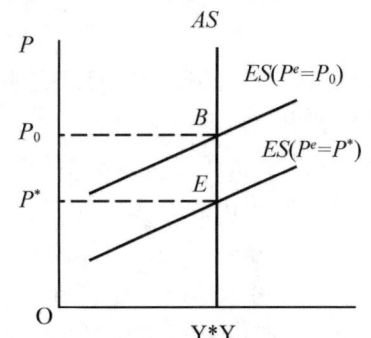

附录-4 附加预期变量的总供给曲线与传统总供给曲线

图中的 B 点代表预期的 P^e 与实际 P_0 相一致,E 点代表预期的 P^e 与实际的 P^* 相一致,如此等等。图中仅表示出两条 ES 曲线,然而,可以想象,该图应具有很多的 ES 线,其中每一条线代表某一数值的预期价格。

上面所论述的仅仅是劳动市场所导致的情况,新古典学派认为,社会一切市场导致的情况都是如此。因此,附加预期变量的总供给曲线必然存在。

(二)一个由附加预期变量的总供给曲线 ES 和总需求曲线 AD 构成的经济模型

假定经济社会在开始时处于 Y^* 垂直线、ES 和 AD 这三条线相交之点。又假设 AD 曲线在某些因素的影响下发生移动,则这一模型所决定的价格水平和收入水平这时是多少?新古典学派认为,这一问题的答案取决于 AD 曲线的位置是受到意料之中的因素的影响,还是受到意料之外的因素的影响。

按照西方学者公认的说法,AD 曲线的位置可以因许多外生变量或外界因素的影响而改变,这些外界因素包括财政政策、货币政策、外贸逆差或顺差、外汇行情的波动以及气候变化等自然现象。这其中,有些因素完全是意料之外的,如地震、台风、气候突然的改变等,某些因素则完全是意料之中的,如政府的财政政策、货币政策或其他经济政策

（假设这些政策是公开执行的）。还有一些因素则是介于两者之间的情况，如仅仅被部分地觉察到的外贸逆差或顺差，外汇行情的波动等，其中被察觉到的部分属于意料之中的因素，还没有被觉察到的部分算是意料外的因素。总之，AD 曲线位置的改变以可以受到两类因素的影响，即意料中的因素和意料外的因素的影响。

现在，假设 AD 曲线位置的改变全然是由于意料中的因素造成的，那么，ES 和 AD 的经济模型是如何决定价格水平 P 和产量 Y 的呢？这一问题的答案可以使用图（附录-5）加以说明。在图中，假定经济社会在开始时处于 A 点，即处于 Y^* 垂直线、ES 和 AD 这三条线相交之点，又假设意料之中的因素使 AD 的位置移动到 AD'，那么，由此而决定的 P 和 Y 各为多少？图（附录-5）表明：ES 和 AD' 相交于 B 点，相当于 B 点的价格水平和产量顺次为 P_1 和 Y_1，从表面上看 P_1 和 Y_1 可能是问题的答案。

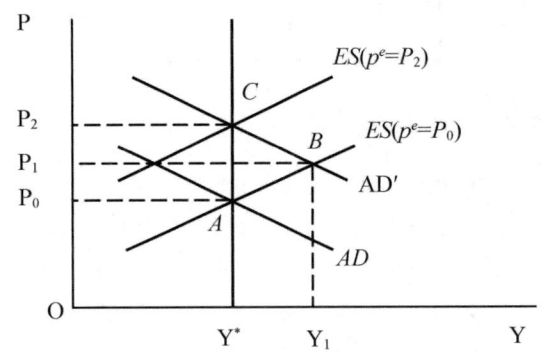

附录-5 意料之中的原因造成的后果

但是，新古典学派认为，答案不会是 B 点的 P_1 和 Y_1。因为 B 点的答案违反理性预期的假设。理性预期假设表明：对于经济变量的理性预期的数值必须等于根据经济理论而推算出来，即与使用的经济理论和模型相一致的数值。如果 B 点代表问题的答案，那么，根据经济模型（ES=AD'的交点）而推算出来的 P 必然是 P_1，此时的预期的 P（即 P^e）必然为 P_0。因为，在 ES 与 Y^* 垂直线的交点，预期的 P 必然等于实际 P，从而，$P^e=P_0$。因此，在这里，预期的 P 和根据经济模型而推算出来的 P 并不相等，从而，B 点所意味的 P^e 不是理性预期的 P，既然理性预期学派假设每个参与经济活动的人的预期都是理性的。所以 B 点不能存在，从而答案也就不是 P_1 和 Y_1 了。理性预期学派的答案：AD' 是意料之中的原因所造成的，即在有效地利用一切信息的情况下，AD' 的位置已众所周知，但图上的哪一点能使预期的 P 和根据模型而推算出来的 P 相等呢？很显然，图上的 C 点可以使二者相等，因为 C 点是根据 P^e 等于 P_2 而得到另一条 ES 线、Y^* 线和 $A'D$ 这三条线的交点。以 C 是 ES 线与 AD' 线的交点而论，P_2 是根据经济模型而推算出来的 P；以 C 是 ES 和 Y^* 交点而论，则 $P^e=P_2$。因此，三线相交于一点就是说预期的 P 和根据模型而推算出来的 P 相等。此时的预期是理性的预期，从而 C 点代表问题的答案。C 点所标志的价格和产量分别为 P_2 和 Y^*。把 C 点和原来的 A 点相比，价格已从 P_0 上升到 P_2，而产量却不变，仍然为 Y^*，因此，由于意料之中的原因而造成的总需求的变动只能使价格水平上升或下降，并不能导致整个经济社会的就业量或产量的变动。

新古典学派的上述结论具有明显的含意：既然一切公开执行的包括财政和货币政策在内的经济政策，都属于意料之中的因素，那么，经济政策只能改变价格水平的高低，不会造成就业量或产量的增加或减少，即凯恩斯主义所主张的通过宏观经济政策来改变就业量的说法是错误的。

虽然由于意料之中的因素而造成的 AD 的变动不能改变 y 的数值，但是新古典学派认为，意料之外的因素所造成的 AD 的变动却可以导致 Y 的变动。该学派认为，资本主义经济波动的唯一原因恰恰在于意料之外的因素。这一想法可以通过图（附录-6）加以说明。

在图（附录-6）中，经济社会在开始时仍然处于 A 点，但是，AD 移到 AD′ 的原因却是由于信息不能事先知道的意料外的因素造成的。因此，AD 已经移动到 AD′ 的位置，但参与经济活动的人并不能觉察到这一事实，他们还以为 AD 仍然处于原有的位置，在这

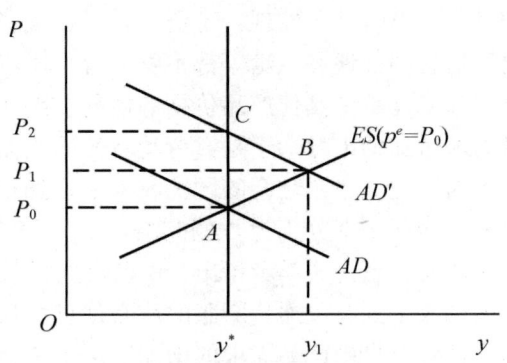

附录-6 意料之外的原因造成的后果

情况下，他们对价格的理性预期只能是 P_0。因为，如果 AD 没有移动，预期的 P 就是 P_0，而根据经济模型推算出来的 P 也是 P_0。这就是说，即使存在着理性预期，价格水平和产量却可以由于意料之外的原因而发生波动，在此例中，它们顺次波动到 P_0 和 y_1 的数值。可以看到，理性预期一方面维护了传统西方经济学的总供给曲线，另一方面又以意料之外的因素的影响来解释资本主义经济活动的变化。

对于意料之外的因素所造成的价格和产量的波动，理性预期学派认为，国家是不能运用经济政策来使之稳定的。由于意料之外的因素无法事先得知，所以参加经济活动的人，包括国家的经济管理人员在内，事先也都不知道这些因素的存在，更谈不到理解这些因素的作用。因此，即使经济政策是有效的，国家的经济管理人员也无从执行这些政策。理性预期学派的最终结论是，在任何情况下，宏观经济政策都是无效的。

四、新古典学派的政策主张

（一）宏观经济政策无效论

宏观经济政策既包括财政政策，也包括货币政策。根据自然率的假设，资本主义经济在长期中会处于自然失业率的状态。宏观经济政策的目的和效果在于使社会脱离这种状态。不管通过经济政策来造成这种脱离是否有必要，即使有必要，按照理性预期的假设条件，也不可能达到目的，即宏观经济政策是无效的。

例如，当经济社会处于自然失业率为 6% 的时候，假设实际通货膨胀为零，如图（附录-7）所示的菲利普斯曲线的 A 点所示。

人们是根据过去的通货膨胀率而形成现在的预期通胀率。在 A 点，由于过去的实际通胀率为零，所以现在的预期通胀率也为零。这时，如果政府企图把失业率降低到 4%，它必须使用财政政策或货币政策来造成 2% 的通胀率，使经济社会沿着菲利普斯曲线到达图中的 B 点，因为，B 点所代表的失业率为 4%，而 4% 正是政府的目标。当通胀率为 2% 时，由于所有的价格都上升了相同的

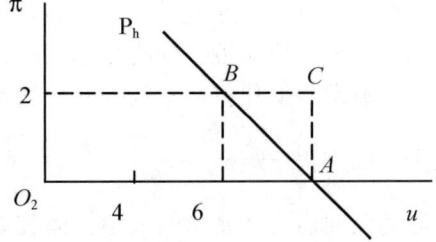

附录-7 菲利普斯曲线说明政策无效性

比例，所以劳动者发现，工资上升了 2%；企业家发现，他的产品价格上升了 2%。但是，由于信息的传递和供给等都不够完善，所以他们只看到自己劳动力或者自己的产品价格上升，却未能看到其他产品价格的情况。因此，他们误以为，自己产品价格的上升是自己产品需求增加的讯号。于是，劳动者便因之而增加劳动量，企业家便因之而扩大生产量。这些原因会促使整个社会的国民收入上升到相当于 4% 失业率，即到达 B 点。在该点，失业率和实际通胀率分别为 4% 和 2%。

然而，新古典学者指出，B 点仅能暂时存在，因为，根据理性预期，劳动者和企业家会很快收集到有关通货膨胀的所有信息，从而发现自己产品价格的上升是通胀的后果，而不是社会对自己产品需求的增加。由于 B 点的实际通胀率为 2%，所以他们的预期通胀率从零变为 2%。这样，他们会减少产量，使社会经济移到 C 点。在 C 点，失业率又回复到原有的 6%，而实际和预期的通胀率均为 2%。简言之，这一结果表明，财政和货币政策并没有达到它们的目标，而仅仅造成了通胀率的提高。根据上述结果，新古典学派得出结论，由于理性预期，一切宏观经济政策都是无效的。

政策无效性的结论意味着：要想使政策有效，它必须具有欺骗性，即让人们得不到有关政策的真实的信息。然而，这一点在事实上又是做不到的，因为政策的真正内容和后果迟早要为公众所知悉。作为新古典学派先驱的货币主义仅仅反对凯恩斯主义的财政政策，而理性预期学派反对一切宏观经济政策。从中可以看到，以反对凯恩斯主义而论，理性预期学派比货币主义又多走了一步。

（二）适应性预期错误论

适应性预期指人们仅仅根据过去而预测未来的说法。直到 19 世纪 70 年代，凯恩斯主义者还经常在他们的宏观计量经济学模型中使用适应性预期的说法。

然而，新古典学者坚持认为，适应性预期是错误的。因为，人们预期未来时，除了以过去的事实作为依据，也要考虑事态在将来的变化。例如，人们在估计某种商品的价格时，除了考虑该产品过去价格以外，也要照顾到将来的变化对该产品的供求影响。因此，适应性预期不但不符合现实，而且也违反了人们为使自己利益的最大化，必然会利用包括将来的信息等一切信息，来寻求最精确的预期这一原则。由于这一原因，一切使用适应性预期的模型都是错误的。

（三）反对凯恩斯主义的"斟酌使用"的或者对经济运行"微调"的经济政策

这个观点的理论基础是"卢卡斯批判"。卢卡斯指出，人们在对将来的事态做出预期时，不但要考虑过去，还要估计现在的事件对将来的影响，并且根据他们所得到的结果而改变他们的行为。这就是说，他们要估计当前的经济政策对将来事态的影响，并且按照估计的影响来采取对策，即改变他们的行为，以便取得最大的利益。行为的改变会使经济模型的参数发生变化，而参数的变化又是难于衡量的。因此，经济学者很难评价经济政策的效果。以方程 $\pi_t = \pi^e + h \cdot \dfrac{y_{t-1} - y^*}{y^*}$ 为例说明这一问题。在该方程中，π^e 是一个参数，代表人们的预期通货膨胀率的大小，而其大小又部分地取决于人们对目前的政策的态度。这就是说，"斟酌使用"或"微调"政策本身会造成的 π^e 改变，从而会改变政策的效果。例如，假设在过去，用 3% 的 y 的减少成功地使 5% 的通胀率降为零，那么，这并不意味着：

当通胀率为10%时，6%的 y 的减少就能达到通胀率为零的目标，因为，人们对3%和6%的所做出的 π^e 的反应不同，所以不能根据3%政策的经验来检验6%政策的效果。

由于"斟酌使用"或"微调"政策表示在某一种具体情况下所执行的特殊性政策，所以，政策的制定者不知道经济模型中的参数的数值的变动，从而也就无从决定政策的力度（3%或6%）以及效果。简言之，"斟酌使用"或"微调"政策是靠不住的。在货币主义的政策滞后性理由之后，新古典学派又加上一个反对斟酌使用政策的理由。

综上所述，新古典学派的提出以下政策建议：只要人们一旦预见到经济政策的目的，就会做出相应的对策，从而使经济政策劳而无功。因而，政府应该尽量不使用经济政策去积极主动地干预经济。当今社会中，，要政府完全不介入经济活动事实上是不可能的，特别是在经济衰退期，迫于选民的压力，政府必须采取一些行动来表示它关心经济。因而，政府在使用经济政策的时候，一定要注意政策的"信誉"，也就是政策的连续性。上述观点已经凸现出新古典经济学的倾向性，即沿袭货币主义的道路，以更大的步伐回归到凯恩斯主义前的被称为"古典学派"的传统的西方经济思想，它与传统思想不同的地方，仅在于提出不同的理由和论证的方式，与此同时，也就不可避免地提出更多的反对凯恩斯主义的见解。

第五节　新凯恩斯学派

一、概述

新凯恩斯主义是指20世纪70年代以后在凯恩斯主义基础上吸取非凯恩斯主义某些观点与方法形成的理论。为答复20世纪70年代所谓"凯恩斯主义理论危机"，20世纪80年代，便产生了新凯恩斯主义经济学。众所周知，20世纪70年代，兴起的新古典宏观经济学的学者们认为，凯恩斯主义经济学在理论上是不恰当的，他们断言，宏观经济学必须建立在厂商微观经济的基础上。他们主张，应当用建立在市场始终出清和经济行为者始终实现最优化的假定基础之上的宏观经济理论来取代凯恩斯主义经济学。20世纪80年代，美国一批经济学者致力于为凯恩斯主义经济学主要组成部分提供严密的微观经济基础。因为工资和价格黏性往往被视为凯恩斯主义经济学的主题，所以他们努力的目的在于更多表明这些黏性如何由工资和价格确定的微观经济学而引起的。他们试图建立工资和价格黏性的微观经济基础，反对恢复新古典经济学的传统；反对凯恩斯主义宏观理论与新古典微观理论的机械结合，试图给凯恩斯主义的宏观经济学建立一个不同于新古典传统的微观基础，这就发展形成了新凯恩斯主义经济学。新凯恩斯主义经济学派是以不完全竞争、不完善市场、不对称信息和相对价格的黏性为基本理论，坚持"非市场出清"这个最重要的假设，认为在货币非中性的情况下，政府的经济政策能够影响就业和产量，市场的失效需要政府干预来发挥积极作用。

二、新凯恩斯学派的基本理论

(一) 价格黏性和工资黏性假设

价格黏性指价格不能随着总需求的变动而迅速变化；工资黏性指工资不能迅速调整。名义价格黏性指名义价格不能按照名义需求的变动而相应地变化；名义工资黏性指名义工资不随名义总需求的变动而变动。价格黏性理论是针对均衡价格理论而言的。按照均衡价格理论，市场价格会根据供求关系的变化而自动进行灵活的调整，但实际上，企业价格调整往往滞后于供求的变化。新凯恩斯主义学派就价格黏性的成因进行了多方面研究，为此提出了许多模型加以解释。

(二) 市场机制的非完善性

新凯恩斯主义坚持市场的不完善性，从垄断竞争的市场结构出发，研究了经济中存在的实际刚性、风险和不确定性、经济信息的不完全性和昂贵性、调整的成本因素等，认为追求自身利益的经济主体不可能对未来能洞察一切并据此行动，因此一切经济资源的价格难以迅速调整并达到市场出清。新凯恩斯主义理论吸收了理性预期的思想，但却不同意新古典主义学派关于市场是完全竞争的说法。

(三) 非市场出清假设

新凯恩斯主义者认为，由于工资和价格的黏性，所以，市场的供求量未必经常相等，即处于和新古典学派的假设相反的"非出清"或"不出清"状态。新凯恩斯学派认为，不出清状态也是客观存在的事实。市场不完全竞争及价格刚性是传统凯恩斯主义的基本信条之一，新凯恩斯主义坚持和发展了这一信条。价格黏性问题的重要性在于，它可以转换为市场是否出清的问题。价格有弹性，则市场出清，市场机制有效；而价格有刚性，则市场不能出清，市场机制失灵，只有政府干预才能纠正市场失灵。

(四) 理性预期

新凯恩斯主义者虽然并不认为人们最终能够准确地预期到现实的情况，但是，他们也认为，为了自己的利益，人们会尽量收集信息，使他们的预测能够趋于正确；收集的信息不但涉及过去，而且牵涉到未来的事态。新凯恩斯主义理论把理性预期思想引入到宏观经济理论的分析中，突破了传统凯恩斯主义的理论框架，建立了基于个体最优化行为的微观基础。新凯恩斯主义理论认为，经济行为人根据对宏观经济变动的预期来选择对应的最优行动，这种微观行为引起了宏观总量关系的相应变化，所以对宏观经济理论的研究应当建立在微观个体行为理性和优化行为之上，目标是通过对个体行为的分析来说明宏观经济总量之间的关系。可以说，新凯恩斯主义理论的成功之处在于把理性预期思想引入到宏观经济理论的分析中，明确地把微观理论作为宏观分析的基础，从而提出了与宏观经济学逻辑一贯的微观基础。

三、新凯恩斯学派的基本观点

新凯恩斯主义经济学派与原凯恩斯主义学派在理论上的共同点在于坚持了凯恩斯主义的基本观点，他们承认实际产量和就业量的经常波动；承认实际产量和就业量波动的非均衡性质，特别是承认产品市场中的普遍生产过剩，承认劳动市场中非自愿失业的存在；认为名义总需求的冲击可以造成非均衡的产量和就业量的波动；经济体系本身的不完全性（而非经济主体的预期错误）是名义总需求的冲击产生实际效应的原因；主张应由政府对经济进行适度的干预，以弥补市场机制本身的缺陷。他们与原凯恩斯主义学派相比的特点主要表现在：

（一）强调工资和价格的黏性而非完全刚性

新凯恩斯学派在坚持政府干预经济的政策取向上与其他凯恩斯主义学派并无差异，他们的主要贡献在于力图为原凯恩斯主义的宏观经济政策补充微观理论基础。他们运用大量模型论证工资、价格具有黏性外，又从不完全竞争和信息不完全两方面论证了市场机制的失灵，阐明了货币的非中性，从而在有微观理论基础的前提下坚持了原凯恩斯主义的宏观经济政策有效性的思想。他们认为，由于价格和工资的黏性，价格在遭受到总供求的冲击后，从一个非充分就业的均衡状态回复到充分就业的均衡状态是一个缓慢的过程，经济均衡的恢复不能等待或完全依靠市场机制作用下的工资和价格的缓慢调整，因为这将是一个长期的痛苦过程，因此需要政府运用经济政策来调节总供求，这不仅是必要的，也是有效的。他们试图对这种黏性从微观的角度进行合理的解释，在此基础上说明非自愿失业、普遍生产过剩的可能性以及政府经济政策的作用。

1. 工资黏性

新凯恩斯学派认为，工资是由雇佣合同规定的，在协商合同时，劳动者根据他预期的价格水平来决定他要求的工资的高低，如果劳资双方同意某一水平的工资，合同便被签订下来。在合同期限内，劳动者必须按照根据他预期的价格水平而计算出来的工资提供劳动，即使在此期间实际的价格水平有所变动，劳资双方也必须遵守合同中规定的工资水平。基于这样的事实，新凯恩斯学派提出了两个工资具有黏性的主要原因，即合同的长期性与合同的交错签订。

（1）合同的长期性。合同总是具有期限的，而这种期限通常都不是短暂的，因为过于短暂的合同会增加劳资双方的谈判成本和调整成本。经调查研究发现，在美国占有决定性的重要行业中，劳动合同的期限往往为三年，即货币工资在三年内不能改变，这样，由于合同具有期限，而且期限往往较长，所以工资的调整总是缓慢的，这便使工资具有了黏性。

（2）合同的交错签订。一个社会经济中所有的劳动合同不可能是在同一时间签订的，也不可能同时达到终止期，因此，各种长期合同都是交错签订的，从而工资的调整也是交错进行的。这种合同的交错签订使得工资的调整不可能非常及时，这也是工资具有黏性的另一个重要原因。

（3）在对合同的长期性和交错签订进行分析的基础上，他们还深入到劳动市场领域，从另外的视角研究了工资黏性的原因，其中较有代表性的两个观点是效率工资论和集体谈判理论。效率工资论认为，企业的劳动生产率依赖于企业支付给工人的工资。企业支付的工资越高，工人的生产效率越高，从而企业获得的利润越多。因此，企业为了保持较高的劳动生产率，愿意向工人支付高于均衡水平的工资，而不愿轻易降低工资，从而使工资具有了黏性。

工会和集体谈判理论认为，现实社会中工会在劳动市场上具有垄断力量，加入工会的工人们的工资主要不是由劳动市场供求均衡决定的，而是由工会领导人与雇主之间的集体谈判决定的，最终的谈判结果往往是一种妥协的协议，通常情况下是把工资提高到均衡工资水平之上，雇主根据这种工资水平决定雇用多少工人。由工会参与确定的工资并不随着经济状况变化而变化，因此工资具有黏性。

（4）工资黏性下的货币非中性。新凯恩斯学派认为，当工资具有黏性时，货币是非中性的。中央银行增加货币供应量使物价总水平上升时，由于工资具有黏性，可以相对降低工人的实际工资。当工人实际工资降低时，降低了产品成本中的工资成本，单位工资的产出就会增加，企业利润也相应增加。企业利润增加后，就会扩大产量以谋取更大的利润，这就会雇用更多的工人，促使就业率上升。相反，当中央银行减少货币供应量使物价总水平下降时，由于工资具有黏性，使工人的实际工资相对提高。当工人的实际工资提高时，单位工资产出就会减少，这增加了产品成本中的工资成本，企业利润减少甚至有发生亏损的可能。此时，企业会缩减产量以免发生更大的损失，从而使失业率上升。可见，只要存在工资的黏性，货币量变动后，产量、就业量等实际变量都会发生相应的变动，货币就是非中性的。

2. 价格黏性

新凯恩斯学派对价格黏性提出了形形色色的理论说明，这些理论都以不完全竞争为假设前提。因为完全竞争条件下，企业不能单独决定价格。要分析企业如何决定价格，自然就要假设这些企业至少对自身产品的价格有某种垄断或控制能力。

（1）菜单成本说。经济中的垄断企业是价格的决策者，能够选择价格，而菜单成本的存在阻滞了企业调整价格，所以价格具有黏性。因为产品价格的变动如同餐馆的菜单价目表的变动，这类成本称为菜单成本，并将其定义为是"调整价格的成本"。菜单成本包括实际成本和机会成本两部分，实际成本是指研究和确定新价格的成本、重新编印价目表并将新价目表通知销售点的成本、更换价格标签的成本、为新价格作广告等所花费的成本，这些成本是企业调整价格时实际支出的成本；另一类成本是企业调整价格的机会成本，如价格变动的次数过于频繁，会使顾客感到麻烦和不快，有可能减少对此种商品的需求而造成损失，甚至包括处理顾客怨言的成本，这些虽然不是企业实际支出的成本，但同样阻碍着企业调整价格，也被称为菜单成本。企业只有在调整价格后的利润增量大于菜单成本时，才会调价。否则，企业将保持价格不变。由于有菜单成本的存在，使企业不愿意经常地变动价格，所以价格存在着黏性。

（2）交错价格调整论。该理论认为，与工资交错调整一样，经济中的价格调整也是交错进行的。因为在信息不完全的市场上，若所有企业同时确定和调整价格就失去了增加信息的一个机会；如果某些企业在其他企业确定价格之后再调整自己的价格，它们就可以通过观察其他企业稍早一点的价格决定而获得关于需求状况及其变化的更多信息，从而提高它们对当前总需求和局部需求即对某企业特定产品的需求及同行业或同地区中其他企业产品的需求状况的更多了解，提高需求估计的准确性。在这种信息有所增加的基础上确定自己的价格，就能够更加准确地使之接近真正的最优价格。因此，在信息不完全的条件下，垄断竞争企业出于自身利益的考虑，往往造成价格的交错调整。企业的这种近似理性的价格决策行为使价格总水平具有了黏性。

（3）投入产出关联论。这种理论认为，在现代经济中，由于生产力的提高和分工的发展，企业之间的投入产出日益紧密和复杂，任何一个企业的生产都不可能单独进行。从企业之间的相互联系看，直接或间接影响单个企业生产的企业很多，成百上千的企业直接或间接地为某个企业提供生产要素，某一企业一般仅知道直接供给生产要素的企业的价格决策，在这种情况下，单个企业要想预测需求变化对各类企业的直接或间接成本的影响，必须计算数以千计的需求价格弹性，这在目前的技术条件下几乎是不可能的。因此，企业最佳的行事方式是根据有直接要素供给关系的企业所提供的信息调整价格。需求的变化对单个产品的影响在错综复杂的投入产出链之间的传递十分缓慢。在这种情况下，即使总需求发生变动，单个企业在没有得到直接供应商价格变动通知之前，宁可保持自己的产品价格不变，以维持已经存在的相对价格比例。当所有企业都采取这种价格行为时，众多企业之间的投入产出联系就会出现成本的黏性，进而导致价格的黏性。

（4）价格黏性下的货币非中性。新凯恩斯主义经济学派的经济学家认为，当价格具有黏性时，货币是非中性的。中央银行减少货币供应量，使总需求减少，此时，由于价格黏性的存在，价格变动调节需求的作用无从发挥，市场上出现过剩产品，市场不能出清。当市场不能出清时，产品大量积压，最终迫使企业削减产量，以适应需求的变动，产量的削减伴随着对劳动需求的减少，失业增加。相反，中央银行增加货币供应量，使总需求增加。由于价格具有黏性，市场上出现了产品的供不应求，市场处于非均衡状态，此时，只要市场上还有闲置的资源，企业就会扩大生产，增加对劳动力的需求，使产量、就业量同时增加。可见，货币量变动后，企业不改变价格而变动产量，导致经济的大幅波动，货币是非中性的，至少在短期内是这样。总之，工资黏性和价格黏性理论是新凯恩斯主义经济学派理论体系的核心内容，它在为原凯恩斯主义提供微观经济基础的同时，坚持了原凯恩斯主义的中心论点：市场是非出清的，宏观经济政策是有效的，从而为国家干预经济的学说重新争得了一个生存和发展的空间。但是，新凯恩斯学派的工资与价格黏性理论并不系统和完善。

（二）新凯恩斯主义的短期总供给模型

新凯恩斯主义理论与传统凯恩斯主义理论的比较与分析中，我们应重新认识凯恩斯主义理论的总供给曲线。当经济处于均衡状态时，决定了价格水平、工资水平、均衡就业量和产出水平。现在假定价格水平上升，在劳动市场上，价格水平的上升意味着实际工资水平的下降，因而使劳动需求曲线向右上方平行移动。那么，劳动供给曲线如何变化？对于这一点，新凯恩斯主义和传统凯恩斯主义的观点是不同的。传统凯恩斯主义认为价格水平上升后，劳动者由于存在货币幻觉，对价格水平的预期不发生变动，因而劳动供给曲线不发生移动，结果是均衡就业量增加。这一思想表明传统凯恩斯主义的理论缺乏微观基础，其宏观经济理论无法与一般均衡的微观经济理论相协调。新凯恩斯主义理论认为当价格水平上升后，劳动者并不存在货币幻觉，劳动者能够理性地预期到工资水平将上升，并且会认为当前的劳动成本大于劳动收益，于是劳动者的理性决策是减少劳动供给。但是，新凯恩斯主义认为劳动者的这种由成本和收益比较后做出的理性决策却不能实现，原因在于，微观的市场是一个不完全市场，工资的调整是要付出代价的。如果劳动者撕毁劳动合同的成本大于减少劳动供给所得到的收益，劳动者就会在价格上升后选择不减少劳动供给，这

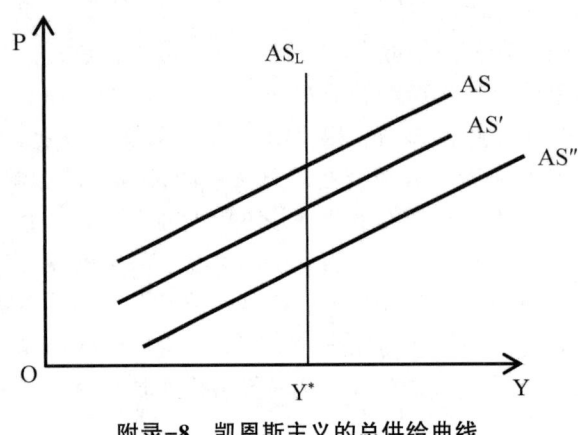

附录-8 凯恩斯主义的总供给曲线

样劳动供给曲线不发生移动。也就是说，在价格水平上升时，劳动者继续提供原有的劳动供给，使自己的成本大于收益，但这并不是说劳动者是非理性的，而是由于市场不完全，使得人们迫不得已地接受了工资刚性的现实。总之，当价格水平上升后，劳动需求曲线向右上方移动，劳动供给曲线不改变位置，由劳动市场决定的均衡就业量增加，经济中供给方面决定的国民收入增加，由此得到一条向右方倾斜的总供给曲线。虽然新凯恩斯主义与传统凯恩斯主义得到的总供给曲线在形式上是一样的，但形成的原因并不一样。

从图（附录-8）中可以得到，如果货币工资下降，短期总供给曲线将向右移动，在长期中会逐渐调整与预期的一致，所以新凯恩斯主义认为长期的总供给曲线是图中的相当于 Y^* 水平的垂直线 AS_L。

新凯恩斯主义理论摒弃了传统凯恩斯主义的完全货币幻觉思想，把理性预期思想作为自己理论分析的一个出发点，并坚持利用市场不完全竞争理论建立了一系列有微观基础的宏观经济模型。由于新凯恩斯主义者以工资与价格的刚性和市场不完全竞争的理论，代替了新古典宏观经济学的工资和价格弹性与市场完全竞争的理论，并将其与宏观层次上的产量和就业量相结合，建立了有微观基础的新凯恩斯主义宏观经济学。

四、新凯恩斯学派的政策主张

（一）抑制价格黏性，修复市场机制

新凯恩斯主义在政策主张方面所持有的观点是，由于价格和工资的黏性，经济在遭受到总需求冲击后（例如导致经济衰退），从一个非充分就业的均衡状态回复到充分就业的均衡状态，是一个缓慢的过程，因此用政策来刺激总需求是必要的，不能等待工资和价格向下的压力带来经济恢复，因为这是一个长期的痛苦的过程，如图（附录-9）所示。假定经济最初处于由总需求曲线 AD_0 和总供给曲线 ASK 的交点 A 所确定的充分就业状态，这时的收入和价格水平分别为 Y_0 和 P_0。在为期一年的劳动合同被签订后的某一天，由于经济遭受总需求冲击，使总需求曲线移动到 AD_1，这时，实际收入下降到 Y_1、价格水平下降到 P_1。这时，政府有两种选择：一是使该经济停留在价格水平为 P_1、收入水平为 Y_1 的萧条状态（至少短期如此），二是政府采取旨在刺激需求的政策。新凯恩斯主义主张

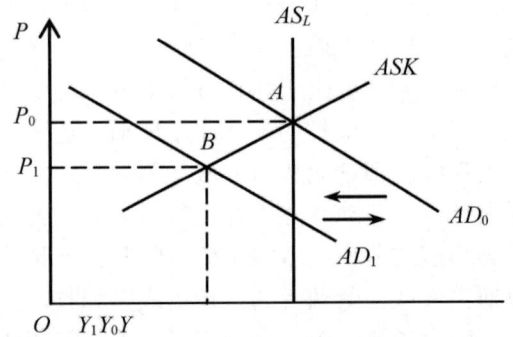

附录-9 新凯恩斯主义的稳定化政策

第二种方案。按照这一方案，总需求曲线会从 AD_1 回复到原来的 AD_0 的位置，从而经济又回复到原来充分就业的状态上。由于直到这一年的年末，尽管厂商和工人都有理性预期，但原有的劳动合同没有到期，这样，就没有新的劳动合同签订，这意味着 ASK 曲线并没有变动，从而上述稳定化政策是必要的。

除了迅速恢复充分就业的必要性以外，新凯恩斯主义者认为，斟酌使用的政策还有另外一个必要性，当外部冲击到来时，这种政策可以抵消外部冲击，使总需求保持在充分就业的水平。这就是说，在图（附录-9）中，使总需求曲线不从 AD_0 移动到 AD_1。例如，当出口下降时，可以采用扩大内需的政策来补充出口量的下降。

(二) 增加工资弹性，减少失业

一直对实际工资黏性展开各种解释的那些新凯恩斯主义者已得出一些政策结论，特别是降低持续高度失业的政策。从理论上说具体政策包括：①工作保障法规的软化以便减低雇佣和解雇劳工的流转成本；②工资关系的改良以便减少罢工的可能性；③再培训失业者以便增进他们的人力资本和边际产量；④改善劳工流动性的政策；⑤使工资具有更大灵活性的利润分享安排；⑥失业补偿制度的再设计以便鼓励寻找工作。

(三) 国家干预信贷市场，利用贷款补贴或贷款担保降低市场利率

新凯恩斯主义的信贷政策建议是政府从社会福利最大化出发，应该干预信贷市场。利用贷款补贴或提供信贷担保等手段去降低市场利率，使那些有社会效益的项目能够获得贷款。

参考文献

保罗·萨缪尔森，威廉·诺德豪斯.2012.宏观经济学［M］.第19版.北京：人民邮电出版社.
查尔斯·琼斯.2010.宏观经济学［M］.上海：格致出版社.
高鸿业.2011.西方经济学（宏观部分）［M］.第6版.北京：中国人民大学出版社.
格里高利·曼昆.2016.宏观经济学［M］.第9版.北京：中国人民大学出版社.
黄亚钧.宏观经济学［M］.第4版.北京：高等教育出版社.
靳迎迎.2014.宏观经济学［M］.上海：上海交通大学出版社.
克鲁格曼.2012.宏观经济学［M］.第2版.北京：中国人民大学出版社.
鲁迪格·多恩布什，斯坦利·费希尔，理查德.2017.宏观经济学［M］.第12版.北京：中国人民大学出版社.
罗伯特·J.巴罗.沈志彦，陈利贤译.2008.宏观经济学：现代观点［M］.上海：格致出版社.
斯蒂格利茨.1998.经济学小品和案例［M］.北京：中国人民大学出版社.
斯蒂格利茨.2013.经济学（上）［M］.第8版.北京：中国人民大学出版社.
《西方经济学》编写组.2012.西方经济学（下册）［M］.北京：高等教育出版社.
叶德磊.2014.宏观经济学［M］.第3版.北京：高等教育出版社.
尹伯成.2014.宏观经济学简明教程［M］.第2版.上海：上海人民出版社.
尹伯成.2017.现代西方经济学习题指南（宏观经济学）［M］.第9版.上海：复旦大学出版社.
袁志刚，樊潇彦.2015.宏观经济学［M］.第2版.北京：高等教育出版社.